精品课程新形态教材

21世纪应用型人才培养系列教材

新时代创新型人才培养精品教材

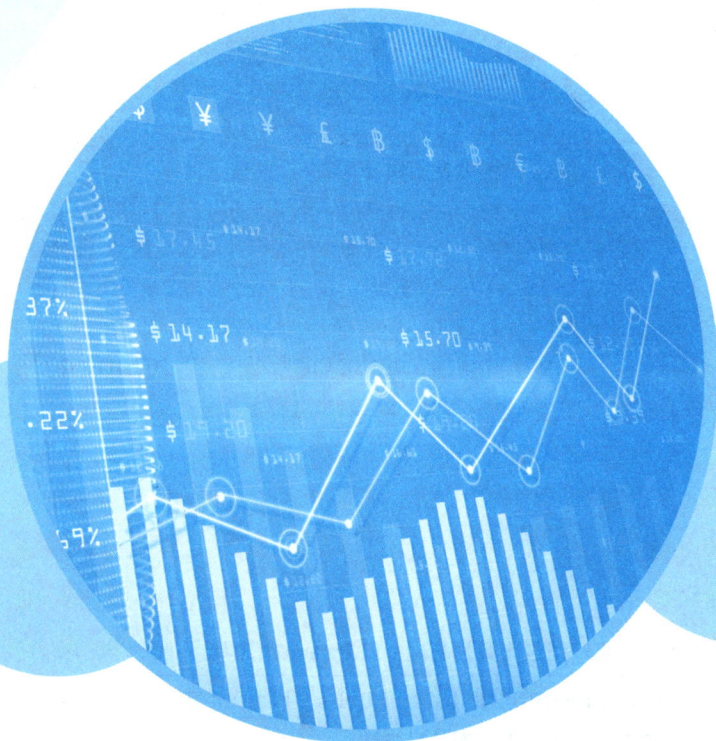

精品

U0662862

财经大数据基础
——以Python为工具

主编 王 婷 杨城强 杨贵兴

中国海洋大学出版社

CHINA OCEAN UNIVERSITY PRESS

·青岛·

图书在版编目（CIP）数据

财经大数据基础：以 Python 为工具/王婷，杨城强，杨贵兴主编. --青岛：中国海洋大学出版社，2025.3.

ISBN 978-7-5670-4169-1

Ⅰ．F208

中国国家版本馆 CIP 数据核字第 2025HY3620 号

书　　名	财经大数据基础：以 Python 为工具

CAIJING DASHUJU JICHU：YI PythonWEI GONGJU

出版发行	中国海洋大学出版社
社　　址	青岛市香港东路 23 号　　　　邮政编码　266071
出 版 人	刘文菁
网　　址	http：//pub．ouc．edu．cn
电子信箱	2258327282@ qq．com
订购电话	010-82477073（传真）　　　　电　　话　0532-85902349
责任编辑	王积庆
印　　制	涿州汇美亿浓印刷有限公司
版　　次	2025 年 3 月第 1 版
印　　次	2025 年 3 月第 1 次印刷
成品尺寸	185 mm×260 mm
印　　张	19.5
字　　数	449 千
印　　数	1—6000
定　　价	56.00 元

前　言

数字经济是构建现代化经济体系的重要引擎。我国《"十四五"规划和 2035 年远景目标纲要》中设专篇部署了"加快数字化发展，建设数字中国"。党的二十大也为我们指明了数字经济的发展方向。数据作为新型生产要素，将进一步推动产业发展模式向创新驱动转变，同时也正在一步步推动着经济管理类专业的教学改革。本教材是一门知识性、应用性、交叉性很强的经济管理类专业向数智化转型的基础性教材，主要普及大数据的基础知识及 Python 语言，从经管人员的第一行 Python 代码开始，通过经管工作中的实际案例来使学生熟练地掌握 Python 技术，并形成大数据思维、大数据管理与分析的能力。

本教材以大数据分析框架为章节，侧重于从数据获取、数据存储与判断、数据处理到数据可视化的过程，是数据建模、机器学习的前期阶段。本教材既包含了 Python 常用的数据类型、运算符、条件语句、循环语句等基本语法内容，又包含了数据来源、数据查看、数据筛选、数据清洗、数据合并、数据分组透视、数据规整等数据处理及数据可视化的基本知识。围绕这些基础知识，教材内容由浅入深，前后逻辑联系紧密，每章节例题多以经济管理数据为背景，知识点针对性强、程序与步骤详尽、运行结果截图清晰明了、通俗易懂，非 IT 专业的零基础学生也能轻易上手。

本教材强调"学以致用、融会贯通"。一是从软件的安装到 Anaconda 程序打包为".exe"可执行文件均有详细介绍，有利于学生将编写的程序落地，并与人分享，从而提升学习成就感。二是在经济管理专业的教学中多以虚拟数据进行演练，以致于学生对于真实数据从何而来知之甚少。为弥补此缺陷，本教材在数据获取章节详尽地介绍了各类数据来源，有图片有网址、真实可靠，并以具体实例让学生感受爬虫技术便利快捷的魅力。三是在经济管理实务工作中，人员多与 Excel 表格等办公软件打交道，因此本教材的数据处理与可视化均以 Excel 数据为来源，以提升学生处理 Excel 数据的能力；本教材还使用 Python 对 Excel、Word、PDF 等办公文档进行一些常用的批量处理操作示例，引导学生逐步走进办公自动化。四是详细介绍了一些官方源代码的获取方式，一步步引导学生学会找到并修改源代码以实现自己的需求，比如通过 API 接口获取数据及通过各类第三方库作图等。五是自 2022 年 11 月 OpenAI 发布 ChatGPT 以来，人工智能迎来了 AIGC 时代。本教材引导学生把 AIGC 当成自己最友好的老师，借助 AIGC 提高 Python 编程效率与正确率，充分培养学生提出问题、解决问题的能力。

本教材工具性、基础性较强，对 Python 语法与基本数据处理技能讲解详细，配备 Python 安装软件及详细安装过程、PPT、章节习题、源代码、程序需调用的各类文件、思政拓展阅读等教学配套材料，适用于"新文科"背景下普通高等学校经济管理专业向数智化转型的基础课程，可根据教学难度、广度制定 32 至 64 课时的教学，各经济管理类专业通用，零基础适用。建议修完本教材之后，后继课程以大数据分析、机器学习方法为主深入，并与各专业知识紧密结合，将 Python 工具深度应用于经济管理领域的各种场景。

《财经大数据基础——以 Python 为工具》由王婷副教授统筹规划整个教材编写工作并负责第 4 章编写，杨城强老师负责第 2 章编写，杨贵兴老师负责第 3 章编写，卢振兴老师负责第 1 章编写，黄铃君老师负责第 5 章编写，石巧玲老师负责第 6 章编写；陈颖、任程扬、郑丽青、楚沙沙、王耀宇等老师也参与了教材的编写与校订工作。除第二章爬虫获取的数据外，教材中出现的其它表格及数据均为虚构，仅用于教学使用，如有雷同、纯属巧合。

由于作者水平有限，书中难免有疏漏之处，恳请读者提出改进意见，以便我们进一步修订和完善。

编　者

目录
CONTENTS

目 录
CONTENTS

第 1 章

财经大数据概述

1.1 大数据与经济管理

▶▶ 1.1.1 大数据的定义 ▶▶ ▶

随着互联网、物联网、社交媒体等技术的快速发展，数据以惊人的速度生成和积累。互联网每天产生 50 亿次搜索、5 亿条微博、2940 亿封邮件……根据国际数据公司（IDC）发布的《数据时代 2025》报告，到 2025 年全球每天产生的数据量预计将达到 491EB（1EB = 10^{18}字节，5EB 相当于至今全世界人类所讲过的话语）。而数据又并非单指在互联网上发布的信息。比如全世界的工业设备、汽车、电表上有着无数数码传感器，随时测量和传递着有关位置、运动、温度及空气中化学物质的变化，这也产生了海量的数据。

麦肯锡全球研究所给出的大数据定义是：一种规模大到在获取、存储、管理、分析方面大大超出了传统数据库软件工具能力范围的数据集合，具有海量的数据规模、快速的数据流转、多样的数据类型和价值密度低四大特征。

1. 数据量大

海量的数据规模指大数据集合的数据量之大，超出了传统数据库软件的存储和处理能力。这种海量数据通常需要通过分布式计算、数据并行处理等技术来处理和管理。

2. 数据流动快

快速的数据流转指大数据集合不断产生、快速流转的特点。数据流动的速度往往非常快，需要采用实时分析、流计算等技术进行数据处理。

3. 数据类型多

多样的数据类型指大数据集合包含的数据类型非常多样，包括结构化数据、半结构化数据和非结构化数据。结构化数据、半结构化数据和非结构化数据是根据其数据组织形式和数据特点来进行分类的。这三种数据类型并不是完全独立的，实际的数据往往是多种类型的数据混合而成的，需要根据具体情况进行分类和处理。

（1）结构化数据（Structured Data）：结构化数据是指具有固定格式和明确定义数据模式的数据。它通常存在于关系数据库中，以表格的形式存储，每个数据项都有特定的字段和数据类型。常见的结构化数据包括数字、日期、文本等，如客户信息表、销售数据表等。

（2）半结构化数据（Semi-structured Data）：半结构化数据是介于结构化数据和非结构化数据之间的一种数据类型。它没有固定的表格结构，但具有一定的组织和标记，以便于数据处理和解析。半结构化数据通常使用各种标记语言（如 XML、JSON 等）进行表示和存储，不同数据项有不同的字段，但字段的类型是灵活的。常见的半结构化数据包括 XML 文档、HTML 文档、日志文件等。

（3）非结构化数据（Unstructured Data）：非结构化数据是指没有特定格式或明确定义结构的数据。它通常以自由文本的形式存在，难以通过传统的关系型数据库进行处理和组织。非结构化数据的文本可能包含大量的自然语言文本、图像、音频、视频等内容。常见的非结构化数据包括社交媒体帖子、电子邮件、报告文档、音视频文件等。

4. 价值密度低

价值密度低指大数据集合中有大量的垃圾数据或无关紧要的数据，这些数据的价值密度很低，需要通过数据清洗、预处理等技术筛选出有价值的数据。

总之，这些数据不仅数量庞大，而且类型多样。传统的数据处理和分析方法往往难以应对大数据的复杂性，面临着前所未有的挑战。因此，需要采用更加高效、智能的方法和技术来处理这些数据。

▶▶◀ 1.1.2　大数据的重要性　▶▶ ▶

数字经济是构建现代化经济体系的重要引擎。2020 年中共中央、国务院印发《关于构建更加完善的要素市场化配置体制机制的意见》，正式把数据列为第五大生产要素，与土地、劳动力、资本、技术等传统要素并列，并首次提出"加快培育数据要素市场"。2021 年我国《"十四五"规划和 2035 年远景目标纲要》中设专篇部署了"加快数字化发展，建设数字中国"。2023 年党的二十大报告强调，"加快发展数字经济，促进数字经济和实体经济深度融合，打造具有国际竞争力的数字产业集群"。

大数据在当今社会中扮演着重要角色。这些数据包含着丰富的信息和洞见，可以为企业、政府和个人提供巨大的价值。通过数据的分析和挖掘，一是可以揭示出隐藏在其中的模式、趋势和关联性，从而更全面地了解事物的复杂性和多样性；二是可以帮助企业做出更明智的决策，为政府提供更有效的公共服务，以及使个人获得更好的个性化体验；三是可以发现新的机会和价值点，从而推动各个领域的创新和发展。

▶▶ 1.1.3　大数据对经济管理的影响 ▶▶ ▶

随着大数据技术的不断发展，大数据在经济管理中扮演着越来越重要的角色。从企业决策到市场分析、消费者行为洞察，再到供应链管理和风险管理，大数据的应用已经深入经济管理的各个领域。通过利用大数据的分析和挖掘能力，企业能够更加准确地了解市场和客户需求，优化资源配置，提高决策的精确性和效率，实现经济管理的优化和提升。

1. 提升决策品质

相比传统的决策方式，大数据技术为决策者提供更为全面和准确的市场及客户需求信息，从而提升了决策的品质。大数据分析可以利用海量数据资源，通过数据挖掘、数据分析等技术手段，对市场趋势、消费者行为等进行分析和预测，为企业制定更为精确的营销策略和产品开发计划提供支持。同时，大数据技术具有快速处理和实时分析的能力，可以为决策者提供实时的市场信息和客户需求变化，使企业能够及时调整策略，快速响应市场变化，提高其灵活性和适应性。此外，数据可视化技术也可以将复杂的数据转化为直观的图形和图像，帮助决策者更好地理解和分析数据，揭示出隐藏在数据背后的模式、趋势和关联性，提高决策的洞察力和正确性。随着技术的不断进步和应用场景的不断拓展，大数据技术将继续为企业提供更加全面、精准和实时的数据支持，为企业经济管理带来更为广阔的前景和更深层次的帮助。

2. 实现个性化和定向市场营销

随着大数据分析技术的发展，企业能够更深入地了解消费者需求、喜好和行为模式，从而提供更加贴合客户需求的产品和服务，实现个性化和定向的市场营销。大数据分析为企业提供消费者洞察的能力，从而深入了解消费者的购买行为、消费偏好、兴趣爱好等信息。基于消费者的洞察，企业能够开发并提供更为个性化的产品和服务，并将消费者细分为不同群体，制定更为精准的市场营销策略。个性化和定向的市场营销能够显著提高企业的营销效果和投资回报率，同时通过双向的沟通和互动，企业能更好地满足消费者需求，进一步提升产品和服务质量，推动业务的发展。

3. 优化资源配置

通过大数据分析，企业能够深入了解市场需求、优化供应链、提高生产能力利用率精细化营销和广告投放等方面的资源配置。分析市场数据可以帮助企业调整产品组合、定价策略和市场定位，优化供应链可以及时处理问题和预测供应量，提高生产能力利用率可以降低生产成本，精细化营销和广告投放可以根据消费者特征和行为调整策略，降低营销成本。通过优化资源配置，企业能够更好地利用现有的资源，提高效率和降低成本，进而提高企业的竞争力和运营效率。

4. 提升预测和预警能力

在当今复杂多变的经济环境中，预测和预警能力的提升对于经济管理至关重要。为了提高预测和预警能力，企业需要关注数据收集、数据分析、建立科学的模型和监测评估。数据收集能够帮助企业收集大量与市场、竞争对手和客户需求相关的数据，以便企业了解市场趋势、客户需求以及竞争对手的动态，从而更好地制定决策。数据分析则可以深入了解市场的变化和规律，挖掘潜在商业机会，帮助企业识别市场趋势和规律以及制定营销策略和生产计划。建立科学的模型能够对市场变化进行科学预测，并制定相应的应对策略。最后，监测评估能够帮助企业及时发现市场中的风险和挑战，并采取有效措施进行应对。总之，随着技术的不断进步和应用范围的扩大，预测和预警将成为经济管理的重要工具，它将推动经济的稳定、繁荣和可持续发展。因此，提升预测和预警能力已经不再是可选项，而是必备的竞争力。

5. 催生新业态和创新

大数据是新业态和创新的催化剂。通过深入分析和挖掘大数据，企业可以洞察市场趋势、发现新的商业机会、优化业务流程、推动跨界融合与创新。不同行业之间的数据和信息交流可以产生无穷的创新火花。例如，金融行业与电商行业的数据融合，能够提供更便捷的金融服务；医疗行业与健康管理行业的数据共享，能够为患者带来更个性化的健康管理方案。这种跨界融合不仅可以催生全新的商业模式和服务，还能为消费者提供更丰富、高效的服务体验。同时，这种跨界合作也有助于打破行业壁垒，推动产业生态的完善和发展。充分利用大数据的力量，将有助于企业在激烈的市场竞争中立于不败之地，并为整个社会经济的持续发展注入强大动力。

6. 强化风险管理

在充满挑战和不确定性的经济环境中，风险管理对企业的稳健发展至关重要。大数据分析技术在风险管理中发挥着重要作用。通过大规模数据的整合与深度挖掘，企业可以及时发现潜在的风险因素。大数据分析能够为风险评估提供更为精确和客观的依据，为风险预警和防控提供有力支持。大数据分析还为企业制定更为精准和可操作的风险应对策略提供了丰富的数据支持和信息依据。因此，对于希望在不确定环境中稳健发展的企业来说，积极运用大数据分析技术进行风险管理是明智之举。大数据技术的不断发展和完善将持续扩大其在风险管理中的应用范围和深度。

7. 支持政策决策

在信息时代，大数据已成为政府制定有效政策的基础。政府通过对大数据的收集、整合和分析，可以全面、精准地了解经济和社会的发展状况，构建更为完善的政策决策支持体系。首先，大数据提供丰富的经济数据资源，如宏观经济指标、行业数据和企业数据等，帮助政府及时掌握经济运行态势，为经济政策的制定提供支持。其次，大数据分析助力政府精准满足社会需求，例如通过对民生数据的挖掘和分析，了解民众在教育、医疗、就业等方面的需求，为制定更有针对性、符合民意的政策提供依据。此外，大数据分析可以帮助政府评估政策实施效果，对政策进行调整和完善。最后，大数据在城市规划和地区发展规划中的应用也为政府提供了更多的支持，例如查看城市及周边地区居住、教育、商业等方面的关联性数据，有助于制订更为科学、精准的规划。随着大数据技术的不断发展和应用，政府应加强对大数据技术的研发和应用，提高政策决策的科学性和精准性，推动经济和社会的发展。

8. 促进就业和经济增长

大数据不仅是数据处理和分析的一种方式，它更是一种推动经济发展的强大引擎。随着大数据技术的不断发展，其产业规模持续扩大，对经济增长的贡献日益显著。大数据在各个领域中的应用不断深化，如能源、医药、金融等，为这些行业带来了巨大的机遇。大数据技术的应用不仅促进了经济的发展，更为各行各业创造了大量的就业机会。一方面，新兴业态为数据科学家、数据工程师等专业人才提供了广泛的就业机会。另一方面，大数据所创造的就业机会并不仅限于某一特定领域或地区。为了更好地发挥大数据的优势，推动经济的持续发展，社会各方应加大对数据技术的投入，重视人才培养，并积极探索大数据在各行业的实际应用。

▶▶| 1.1.4　大数据在经济管理中的应用场景　▶▶ ▶

大数据在经济管理中的应用场景非常广泛，比如在供应链管理、金融风险管理、营销推广、人力资源管理、制造业管理、健康管理、城市规划等方面。

（1）在供应链管理方面，大数据在供应链管理中的应用可以包括原材料及物流的优化和管理、库存控制、货物分配等，通过数据进行实时跟踪和控制，提高企业效率，减少成本。如物流企业通过大数据分析运输路线、交通状况、仓储需求等信息，优化配送方案和运输规划，提高运输效率和货物的准时送达率。

（2）在金融风险管理方面，金融领域可以通过大数据的技术与方法，精准地研判市场风险，分析不同金融产品的风险及其预测值，为金融机构提供投资和贷款决策上的支持。如利用大数据技术分析客户的借贷行为、信用记录、消费习惯等信息，做出风控决策，识别潜在的欺诈风险，以保护机构自身利益并提供更安全的金融服务。

（3）在营销推广方面，企业可以通过大数据分析社交媒体、客户数据等行为数据，了解消费者的需求和偏好及购买路径，从而进行更加精细化的营销推广策略的制定。如电商平台通过大数据分析用户的购买记录、搜索行为、浏览习惯等数据，可以针对用户个性化推送商品、优化推荐算法、制定促销策略，提升用户满意度和交易转化率。

（4）在人力资源管理方面，大数据分析技术可以帮助企业更加准确地了解员工能力和表现，进行更加科学的人员选拔和人才培养，从而提高企业整体竞争力。如企业利用大数据分析员工的绩效数据、培训记录、员工满意度等，定制个性化的人力资源规划，提高人才管理效果和员工满意度。

（6）在制造业管理方面，大数据在制造业中的应用可以包括工业物联网、机器学习、预测维护等技术，帮助企业实现可预测的生产和维护计划，减少停机时间，提高生产效率和产品质量。

（7）在健康管理方面，医疗机构利用大数据分析患者的病历、医疗记录、基因序列等数据，做出个性化的诊疗决策和治疗方案，提高医疗效果和病人满意度。

（8）在城市规划方面，政府部门利用大数据分析城市交通流量、人口分布、环境污染等信息，制订城市规划、交通规划、环境保护政策，提升城市发展的效率和可持续性。

这些例子只是大数据在经济管理应用场景的冰山一角，实际上，大数据技术和方法在经济管理的各个领域都有广泛应用，帮助企业和机构更好地理解和管理各个方面的业务和运营。

1.2　大数据分析思维及框架

▶┤1.2.1　大数据分析思维　▶▶　▶

1. 分类思维

分类思维是指通过将一些无序、不规则的数据分门别类、归纳总结，从而发现数据底层的规律和潜在的联系。主要作用是把海量数据根据不同的属性、特征或维度划分成不同的类别，然后进一步探索各个类别之间的联系和差异，挖掘出数据背后的隐藏模式和趋势。

比如：一家电商公司想要了解其客户的购买行为和偏好，以便更好地优化其产品和营销策略。该公司拥有大量的用户数据和订单记录数据，包括用户的基本信息、购买时间、购买商品类型、购买金额等多个维度的数据。该公司可采用以下分类方式。

（1）按时间分类。将订单数据按照不同的时间段分组，比如日、周、月、季度等，通过对比分析不同时间段的销售数据，了解产品销售季节性变化，进而调整产品的上架和营销时间。

（2）按商品类型分类。将订单数据按照商品类型分组，比如家电、服装、食品等，通过分析不同产品类型的销售数据，发现用户的偏好和需求，在此基础上调整营销策略，提供更符合用户需求的商品和服务。

（3）按地域分类。将用户信息按照不同的地域分组，比如按照省份、城市等，通过对比分析不同地区的购买行为和偏好，为该公司提供更精准的定位和市场开发策略。

（4）按金额分类。将订单数据按照不同的购买金额分组，以了解用户的购买能力和消费倾向，并调整营销策略，提供更符合用户需求的产品和服务。

2. 矩阵思维

矩阵思维是指利用矩阵分析工具来对数据进行分析和处理的一种思维方式。矩阵是一种数学工具，可以用来表示和计算多个变量之间的关系，尤其适合处理多维度、高维度的数据。在大数据分析中，矩阵思维可以用来实现对数据的降维、聚类和模式分析等操作，进而得出有价值的结果和结论。

假设一个企业想要分析其销售数据来了解各个产品类别在不同地区的销售情况和趋势，以便更好地制定销售策略。该企业拥有大量的销售数据，包括地区、产品类别、销售额等多个维度的数据。对于大量的地区和产品类别数据，可以应用矩阵降维技术，如主成分分析（PCA），将高维度数据转换为低维度数据，以便更好地理解和处理数据。根据矩阵中每个元素表示的销售额，可以应用聚类算法，如 K-means 算法，将相似地区和产品类别聚为一类，发现销售情况相似的区域和类别。还可以进行数据模式分析，通过对矩阵进行奇异值分解（SVD）等分析方法，可以找到矩阵中的主要模式（即特征向量），从而可以推断出哪些地区和产品类别在销售中起主导作用，以及哪些地区和类别之间有较强的关联性。

3. 漏斗分析思维

漏斗分析思维是一种基于漏斗模型的数据分析思维方法。这种方法适用于从大量数据中把重要的数据筛选出来，分析用户的行为特点，找出用户流失的原因，以便对用户进行维护和管理，提高产品用户的转化率。

4. 相关性思维

相关性思维，是一种用于分析数据之间关联程度的思维方法。相关分析可以帮助我们查找不同变量之间的关系，并使用相关系数量化这些关系，进而为我们提供有关业务决策的信息。一般通过数据的散点图、回归分析、Pearson 相关系数和 Spearman 秩相关系数等方式计算不同变量之间的相关性。最经典的案例就是啤酒与尿布的故事。20 世纪 90 年代的美国沃尔玛超市拥有世界上最大的数据仓库系统，在对顾客的购物行为进行分析时发现：跟尿布一起购买最多的商品竟是啤酒。产生这一现象的原因是美国的太太们常叮嘱她们的丈夫下班后为小孩买尿布，而丈夫们在买尿布后又随手带回了他们喜欢的啤酒。

5. 逻辑树思维

逻辑树思是一种基于树形结构的数据分析思维方法。它是一种将大量数据处理为树结构，然后分层次筛选、概括，分清主次关系，快速找到事物本质的思维方式。

假设一家企业想要分析其产品销售情况，可以使用逻辑树思维方法进行分析。按照不同的逻辑分支构建逻辑树，如销售渠道、产品属性、价格策略、营销费用等。每个逻辑分支下面又可以进一步细分信息，比如销售渠道包括线下、线上零售及 B2B 模式，产品属性包括颜色、尺寸等。通过分析逻辑树得到重要节点、规律和模式，并提出相应的业务建议。比如，在销售渠道这一分支上，可以发现线上渠道占比大于 80%。并且通过进一步细化可以发现：其中手机 App 占比又超过了 70%。因此可以建议加大科技投入，加速 App 技术升级，改善用户体验，提升销售额。

6. 留存/队列分析思维

留存/队列分析思维是一种用于分析用户行为和用户流程的思维方法。它着重于分析用户在不同时间段内的留存情况以及用户在流程中的表现，以便了解用户的转化和购买行为，并采取相应的策略来提升用户的留存和转化率。

例如一家电商企业想要了解用户在注册后的留存情况，可以使用留存/队列分析思维方法进行分析。根据用户注册时间，将用户划分为不同的时间段，比如第一天、第七天、第三十天等。然后计算在每个时间段内的用户留存率，例如第一天的留存率为30%，第七天的留存率为20%。通过留存分析可以了解用户在不同时间段内的留存情况，判断用户的黏性和活跃度。

7. 实验思维

实验思维是一种基于实验设计和数据分析的思维方法。它通过设计和进行实验，收集和分析大量的数据，以验证假设、发现规律，进而优化和改进业务决策。

例如，一家电商企业想要确定是否在特定时间段推出促销活动会对用户购买行为产生积极影响，可以使用实验思维方法进行分析。设计实验，将用户分为实验组和对照组。实验组在特定时间段内推出促销活动，对照组不进行任何促销。收集两组用户的购买行为数据，包括点击率、转化率、购买金额等。

8. 指数化思维

指数化思维是将多个因素量化，然后组合成综合指数，能够更直观地评估和比较不同因素对整个问题的影响。通过持续追踪和更新综合指数，可以了解问题的演化和变化趋势，进一步指导业务决策和改进。比如阿里云指数、百度指数。

▶▶| 1.2.2　大数据分析框架 ▶▶ ▶

一般情况下，大数据分析包括确定需求、数据提取、数据存储、数据处理、数据挖掘、数据分析、数据可视化、满足需求等。分析框架如图1-1所示：

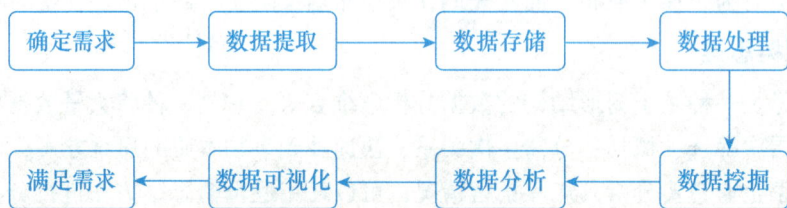

```
确定需求 → 数据提取 → 数据存储 → 数据处理
                                      ↓
满足需求 ← 数据可视化 ← 数据分析 ← 数据挖掘
```

图1-1　大数据分析框架图

1. 确定需求

根据业务背景信息，发现问题并清晰定义问题，确定数据分析与挖掘的目标。其中背景信息是指全面系统地掌握业务背景资料；熟悉相关行业知识、业务运作逻辑；分析业务背景中的具体问题进行归纳总结，并找出主要的矛盾。问题分析是指根据已有的知识、经验分析问题，并判断目标的达成需要有哪些衡量指标，问题产生的可能性假设与验证等等。

2. 数据获取

数据获取是大数据分析的第一步环节，目的是从各种数据来源中采集数据。数据来源一般分为内部数据和外部数据。

内部数据：信息管理系统（如 ERP、CRM、SCM 等）数据、下级上报的数据、问卷调查数据、深度访谈的数据、传感器数据（由各种传感器设备采集的数据，比如温度传感器、压力传感器、湿度传感器、位置传感器、运动传感器等），各种日志数据。

外部数据：可以是公开的数据、第三方数据提供商的数据或其他组织的共享数据等。可以包括市场数据、社交媒体数据、行业报告数据、天气数据、地理数据等。

3. 数据存储

在数据采集完成后，需要建立可靠的数据存储系统，用于高效地存储和管理数据。数据存储系统应能够支持大规模数据的存储和高并发的数据访问、查询，同时需要考虑数据的可扩展性和安全性。数据存储技术有关系型数据库（SQL）、非关系型数据库（NoSQL）、Hadoop 分布式文件系统（HDFS）等等。

4. 数据处理

数据处理是指对原始数据进行清洗、整理、转换和集成等操作的过程。它的目标是确保数据的质量和一致性，以便后续的分析和应用。一是对原始数据进行预处理，去除重复值、处理缺失值和异常值等，以确保数据的准确性和完整性。二是将来自不同数据源的数据整合在一起，以构建一个统一的数据集。这通常涉及数据合并、数据关联和数据格式转换等操作。三是对数据进行变换和重构，以获得新的特征或指标，或者使数据适应特定的分析需求。变换操作可以包括数据规范化、数据编码和数据离散化等。四是将经过处理的数据加载到目标系统或工具中，以便进行后续的分析和应用。

5. 数据挖掘

数据挖掘是大数据分析的核心环节。它是从大规模数据集中发现隐藏模式、关联规律和有意义信息的过程。它运用统计学、机器学习和计算机科学等技术和方法，从数据中提取有用的信息，并用于决策支持和问题解决，包括数据预处理、特征选择、模型建立、模式挖掘、模型评估、模型应用等等。

6. 数据分析

数据分析是至关重要的环节。数据分析是从挖掘模型的输出中提取有用的信息和结论、检查数据模型的有效性和对数据挖掘结果进行解释的过程。它涉及对数据的进一步探索、分析和解读，以帮助企业或组织做出更好的决策。

7. 数据可视化

数据可视化是大数据分析的重要环节，目的是将数据结果或结论以直观的方式展示出来，以便更好地理解分析。通过数据可视化，可以将复杂的数据转化为易于理解的图表和图像，帮助决策者更好地了解数据背后的规律和趋势。

本书按照数据获取、数据存储与筛选、数据处理、数据可视化的顺序安排，主要运用 Python 进行实践。因此，在第 3 章数据存储与筛选部分，没有使用数据库进行教学，而是介绍了 Python 的数据读取、数据类型、数据筛选等相关语法的使用举例。作为大数据基础类教材，本书尚未探讨数据分析与数据挖掘领域，但为数据分析与数据挖掘奠定了坚实的基础。

1.3　使用软件介绍

▶▶| 1.3.1　Python 简介　▶▶ ▶

Python 语言是一种由 Guido van Rossum 在 1991 年创建的高级编程语言，因其简洁性、易读的语法和强大的功能被广泛应用于包括软件开发、数据分析、人工智能、科学计算等多个领域。Python 在数据分析方面具有以下优势。

1. 语法简洁、易读、灵活

Python 的语法设计简洁明了、清晰易懂、容易掌握，降低了学习和使用的难度，使得初学者可以快速入门，使 Python 成为学习编程的非常优秀的入门语言之一。比如，以缩进来表示代码块，而不使用大括号等。

动态类型的机制使得 Python 编程更加灵活和便捷，无须过多的类型检查和声明，提高了开发效率和代码编写的灵活性。如变量的类型是根据其所赋的值动态推断得出的，不要求在编写代码时明确声明。这样，开发者可以更专注于解决问题和实现功能，而无须过多考虑类型的规范和限制，简化了代码编写过程。

2. 丰富的标准库及第三方库

Python 拥有丰富而强大的标准库及第三方库。通过这些模块，开发者可以避免从头开始编写重复的代码，提高开发效率。例如，在文件操作方面，标准库中提供了"os"和"shutil"模块，它们可以用于文件和目录的创建、删除、复制、移动等操作。pandas 是一个用于数据分析和处理的强大库，它提供了高性能、易于使用的数据结构和数据分析工具，如 DataFrame（二维表格数据结构）和 Series（一维标签数组），可以轻松处理和分析结构化数据。通过 Scikit-learn、TensorFlow 和 PyTorch 等库，Python 使得数据分析人员能够快速进行模型的训练和预测，并进行复杂的人工智能应用开发，这使得 Python 在处理大规模、复杂的数据集时具有显著的优势。Matplotlib、Seaborn、Pyecharts 则可以帮助用户创建各种高质量的图表和图形。除了上述库和框架，还有许多其他有用的第三方库，如 OpenCV（计算机视觉）、BeautifulSoup（网页解析）、Requests（HTTP 请求）、Django（Web 框架）等，每个库都有自己的特定用途和功能。

3. 跨平台使用

Python 具有出色的跨平台性能，可在各种主流操作系统上运行，如 Windows、MacOS、Linux 等。这种跨平台能力使得开发者能够轻松编写一次代码，然后在不同的操作系统上运行，而无须进行额外的修改。这种特性大大提高了代码的可移植性，简化了跨平台开发过程，减少了维护成本。开发者可以专注于业务逻辑的实现，而不必担心不同操作系统上的兼容性问题，从而加快开发速度和降低开发成本。

4. 社区支持

Python 的强大之一在于其庞大的开发者社区。社区成员积极贡献各种开源项目、教程和文档，为其他开发人员提供了获取帮助、分享经验和学习资源的平台。这种社区支持大大促进了 Python 的发展和应用。

▶▶ 1.3.2 Python 软件安装 ▶▶ ▶

直接从 Python 官网下载安装 Python 解释器，是一种非常常见的安装方式。虽然可以满足一些简单的 Python 开发需要，但是缺少诸如一键安装常用库、管理虚拟环境等重要功能，且可移植性差，对新手来说可能不太友好。

Anaconda 是一个开源 Python 集成开发环境。它内置了许多 Python 的第三方库，包括了 Python 解释器、各种常用的科学计算包（如 NumPy、SciPy、matplotlib 等），以及用于数据科学的其他许多工具。Anaconda 集成了 Jupyter notebook，可以轻松地使用 Jupyter notebook 进行数据分析和可视化。

PyCharm 是一个 Python IDE（集成开发环境），其具有高效的代码分析、错误检查、智能提示、自动完成、调试和测试等功能，适用于 Python、Django、Flask、Google App Engine 等 Python 框架。

因此建议在 Anaconda 或 PyCharm 中任选其一进行安装（新手推荐 Anaconda），或两者同时安装（高级开发时使用）。

1. 在 Windows 系统下安装 Anaconda

（1）下载安装包。

Anaconda 官网：https://www.anaconda.com/download/

清华大学开源软件镜像站：https://mirrors.tuna.tsinghua.edu.cn/anaconda/archive/

清华大学开源软件镜像站网站中有各种 Anaconda 版本，可根据自己计算机的操作系统进行合理选择。如图 1-2 中所示，Windows 代表为此版本适用于 Windows 系统，64 则代表适用于 64 位操作系统的计算机。

Anaconda3-5.3.1-MacOSX-x86_64.pkg	634.0 MiB	2018-11-20 04:00
Anaconda3-5.3.1-MacOSX-x86_64.sh	543.7 MiB	2018-11-20 04:01
Anaconda3-5.3.1-Windows-x86.exe	509.5 MiB	2018-11-20 04:04
Anaconda3-5.3.1-Windows-x86_64.exe	632.5 MiB	2018-11-20 04:04
Anaconda3-uninstaller-patch-win-64-2023.07-0.exe	707.1 KiB	2023-07-12 02:24

图 1-2 清华大学开源软件镜像截图

（2）安装 Anaconda。

第一步，打开安装包，点击 Next，如图 1-3 所示。

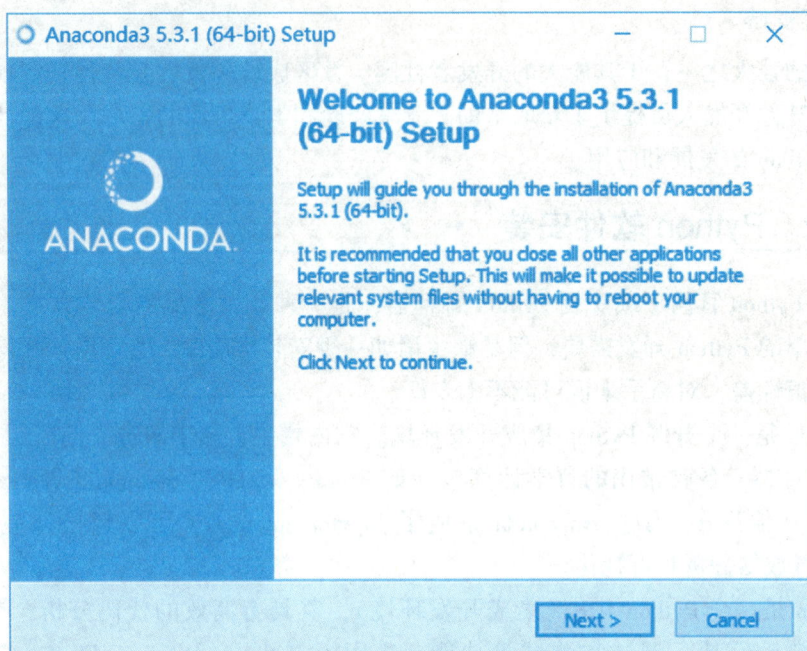

图 1-3　启动 Anaconda 安装向导

第二步，用户协议选择 I Agree，如图 1-4 所示。

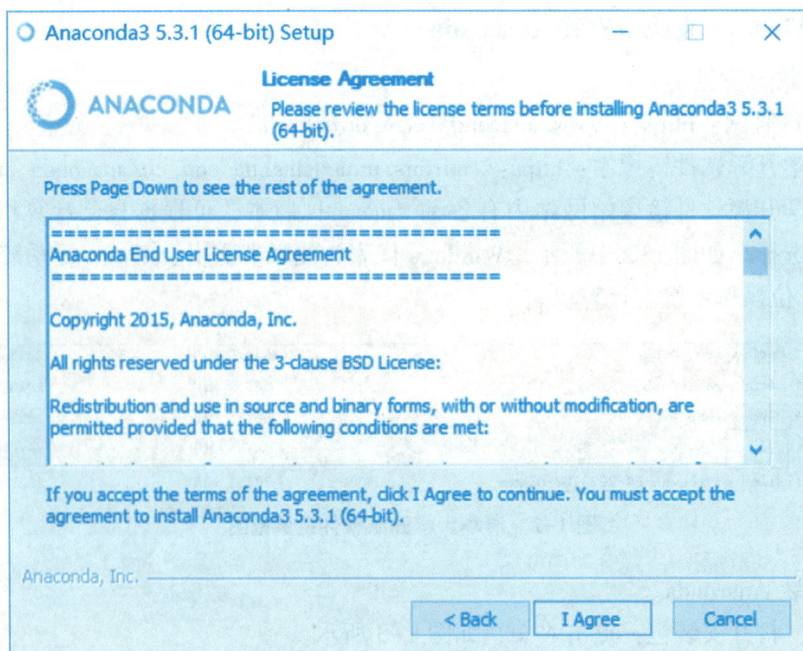

图 1-4　选择协议

第三步，Install for 两个选择都可，一般选择 just me 即可，如图 1-5 所示。

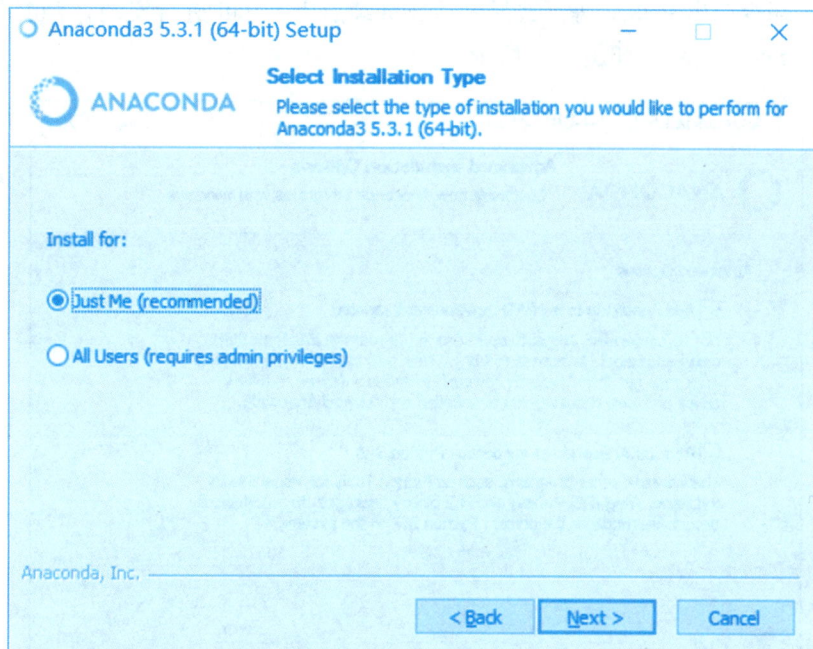

图 1-5　选择安装类型

第四步，可以自行选择安装路径，之后点击 Next，如图 1-6 所示。

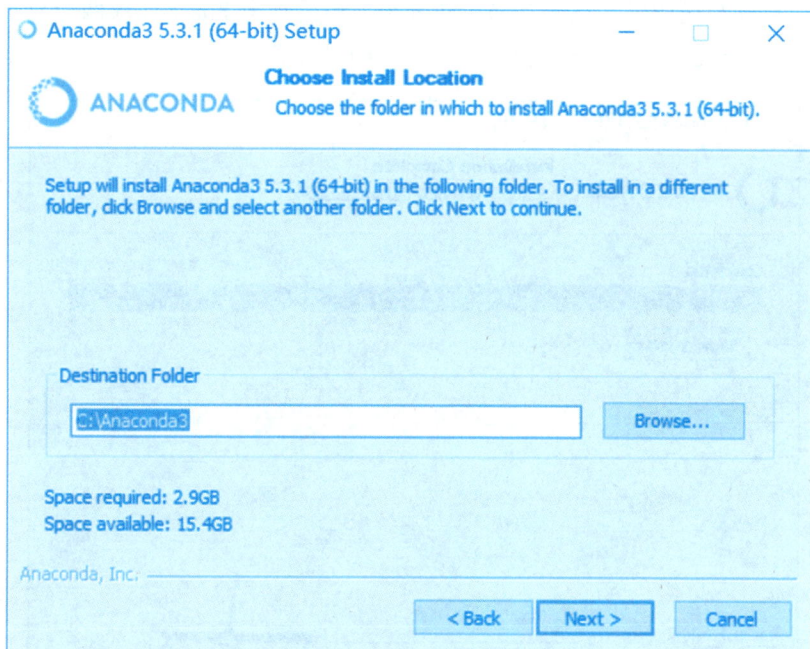

图 1-6　选择安装路径

第五步，第一个选项是添加环境变量，建议勾选，这样之后在 cmd（命令行）中可直接运行 conda 命令调出 Python 等。选择好后，继续点击 Install 进行安装。（也可以不选择第一个选项，继续安装），如图 1-7 所示。

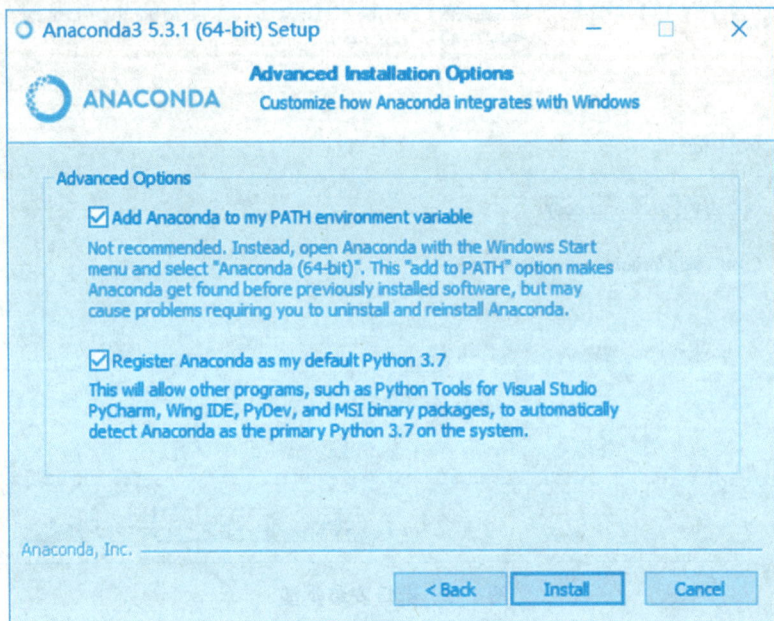

图 1-7　勾选高级安装选项

第六步，待安装完毕后，点击 Next、Skip 等，最后点击 Finish（那两个√可以取消）。这样 Anaconda 就安装完毕，如图 1-8、1-9、1-10 所示。

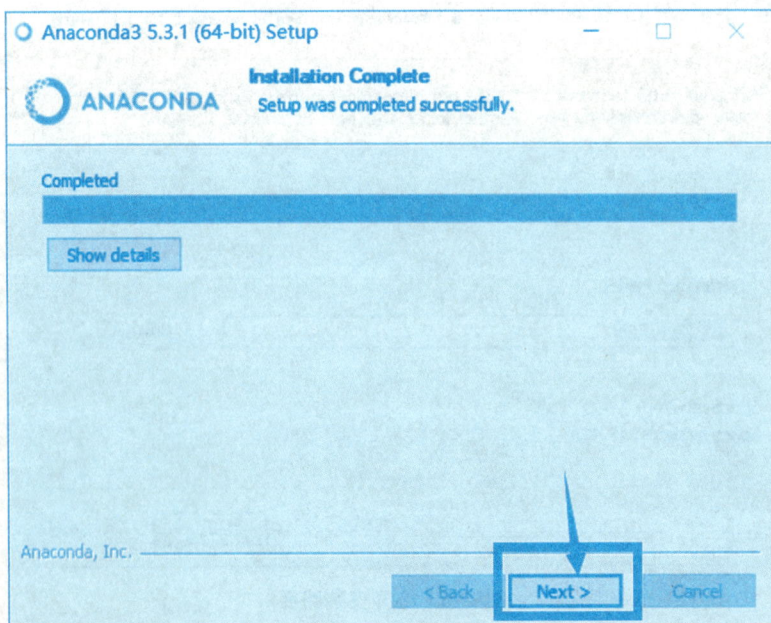

图 1-8　安装进度条

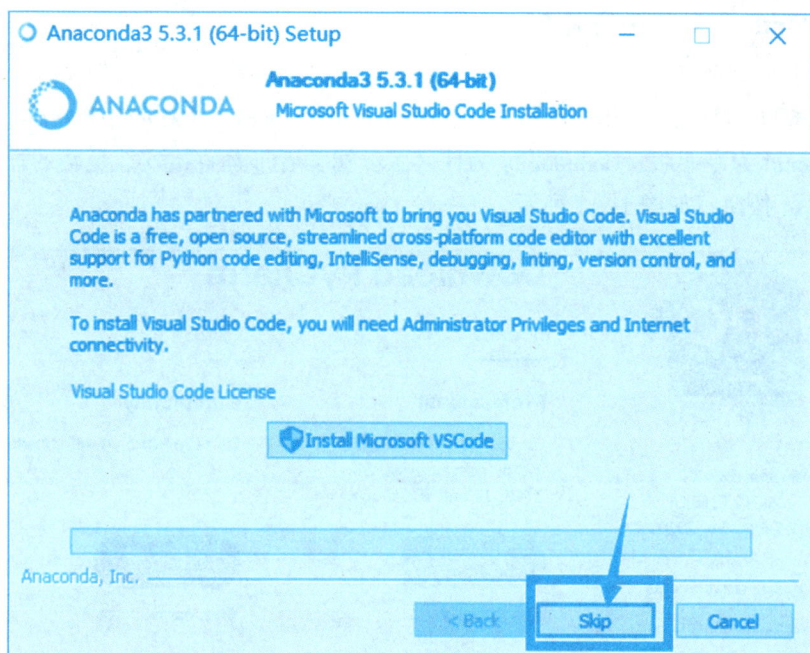

图 1-9　跨平台源代码编辑器安装选择

图 1-10　安装完成

注意：安装完成后，打开 Chrome 浏览器，把其设置为默认浏览器。

2. 在 Windows 系统下安装 PyCharm

（1）下载安装包。

PyCharm 的下载地址：http://www.jetbrains.com/pycharm/download/#section=windows

Professional 为专业版，Community 为社区版，初学者推荐直接安装免费的社区版即可，点击 Download 按钮，如图 1-11 所示。

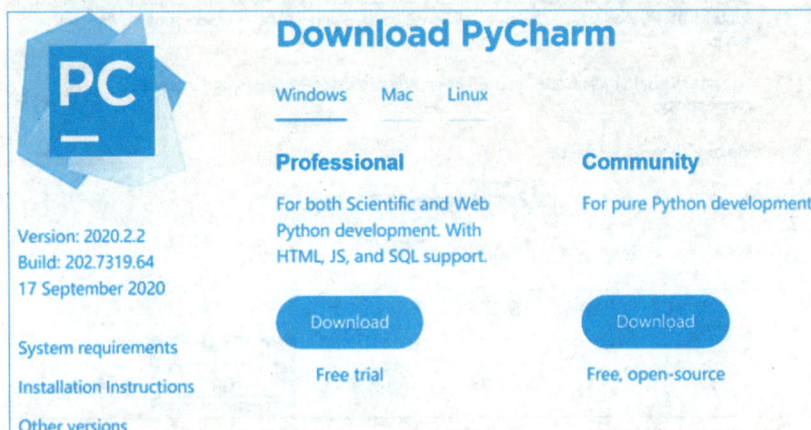

图 1-11　PyCharm 官网

（2）安装 PyCharm。

第一步，双击下载好的 exe 文件。点击 Next，继续安装，如图 1-12 所示。

图 1-12　启动 PyCharm 安装向导

第二步，自行选择所需的安装路径，选择完毕后点击 Next，继续安装，如图 1-13 所示。

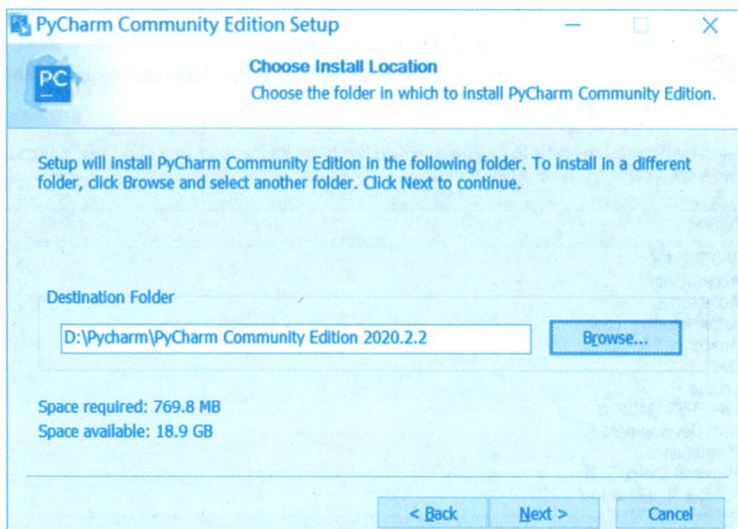

图 1-13　选择安装路径

第三步，安装选择。Create Desktop Shortcut（创建桌面快捷方式），根据自己系统选择 32-bit 或者 64-bit。Update PATH Variable（restart needed）更新路径变量（需要重新启动），Add launchers dir to the PATH（将启动器目录添加到路径中）选项需要勾选，否则需要自行配置。Update Context Menu（更新上下文菜单），Add Open Folder As Project（添加打开文件夹作为项目）。Create Associations 创建关联，关联 .py 文件后，双击将以 PyCharm 打开，建议此处全部勾选，如图 1-14 所示。

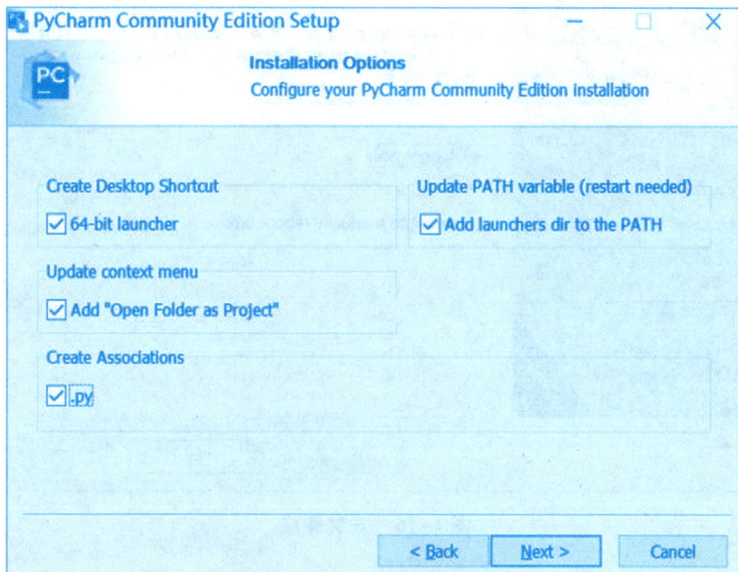

图 1-14　选择安装项目

第四步，点击 Install，等待安装，如图 1-15 所示。

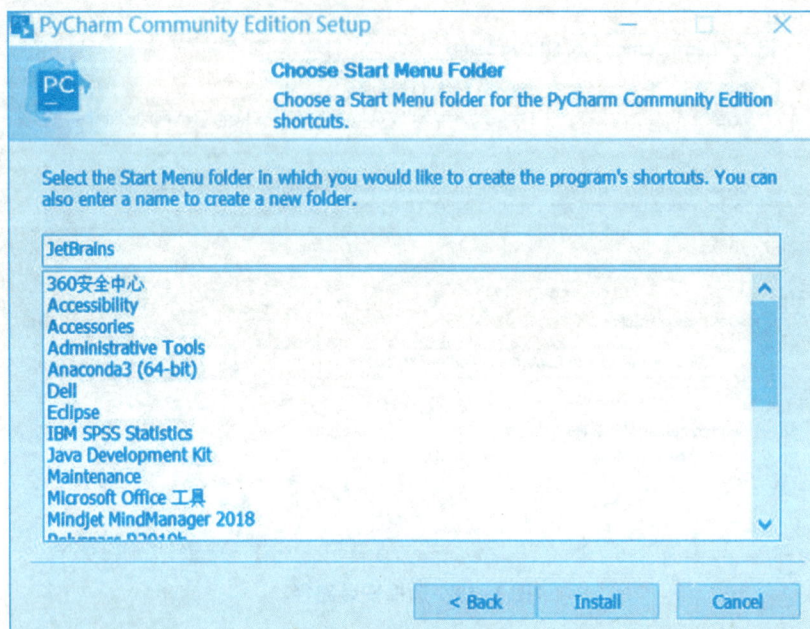

图 1-15　开始安装界面

第五步，此页面为是否立刻重启，是则选择 Reboot now，如图 1-16 所示。

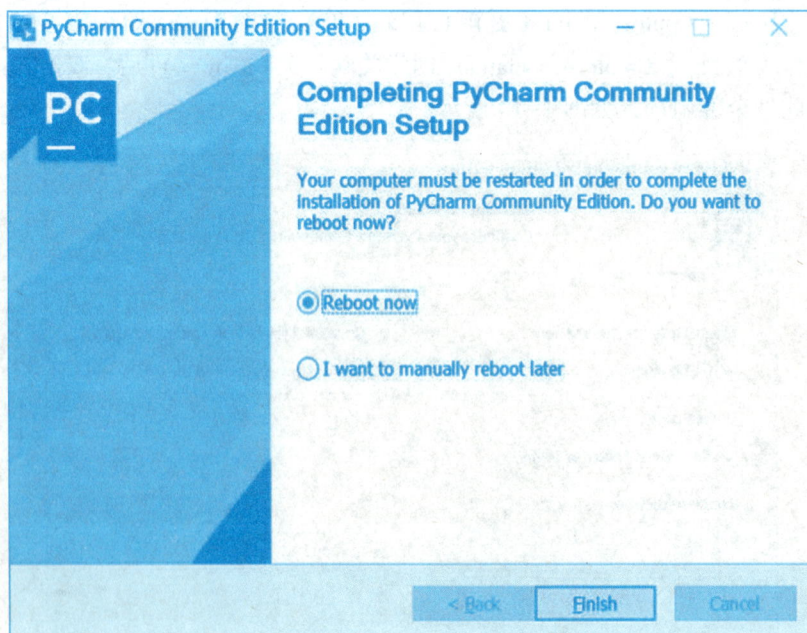

图 1-16　安装完成

（3）PyCharm 配置。

第一步，双击桌面的 PyCharm 图标，勾选后点击 Continue，如图 1-17 所示。

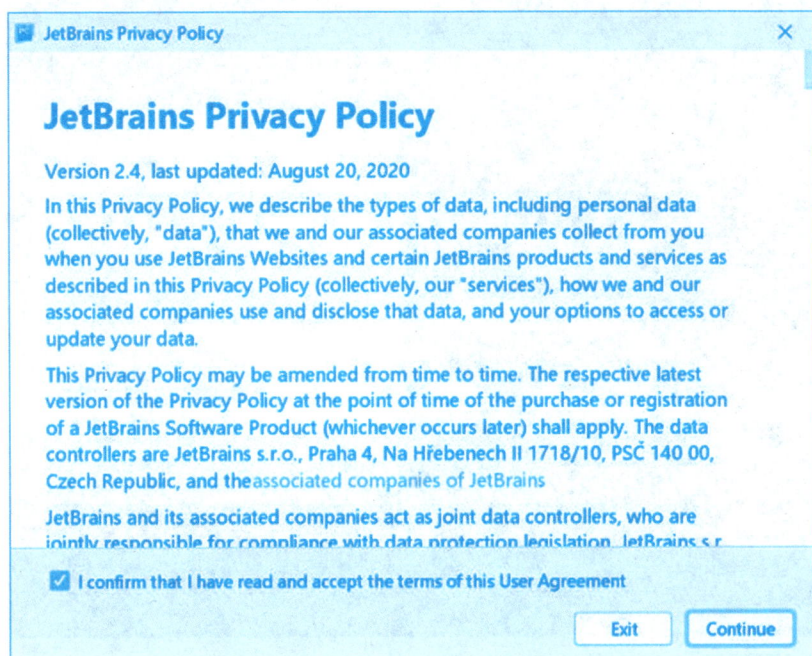

图 1-17　PyCharm 启动界面

第二步，根据情况选择是否将信息发送 JetBrains 来提升产品的质量，如图 1-18 所示。

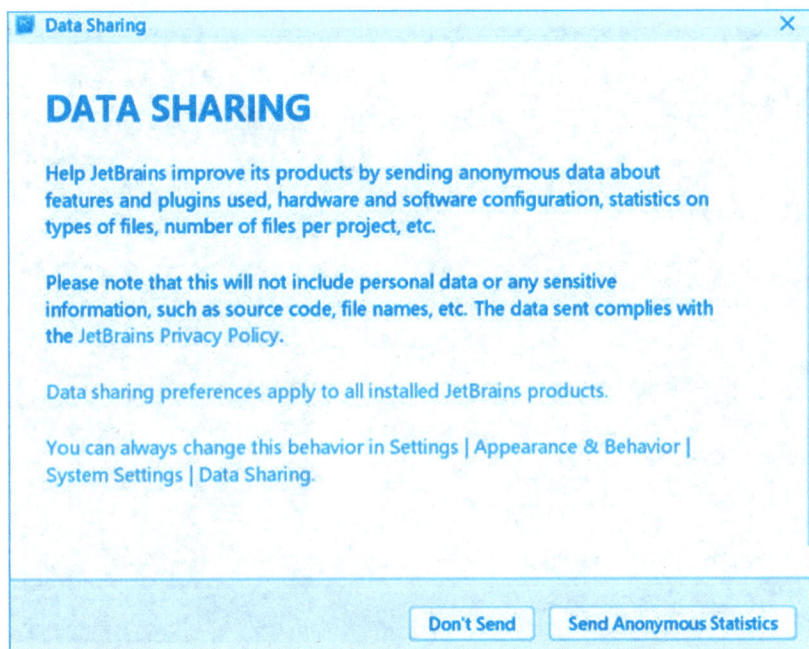

图 1-18　选择是否发送消息

第三步选择外观，有深色和浅色可选，如图 1-19 所示。

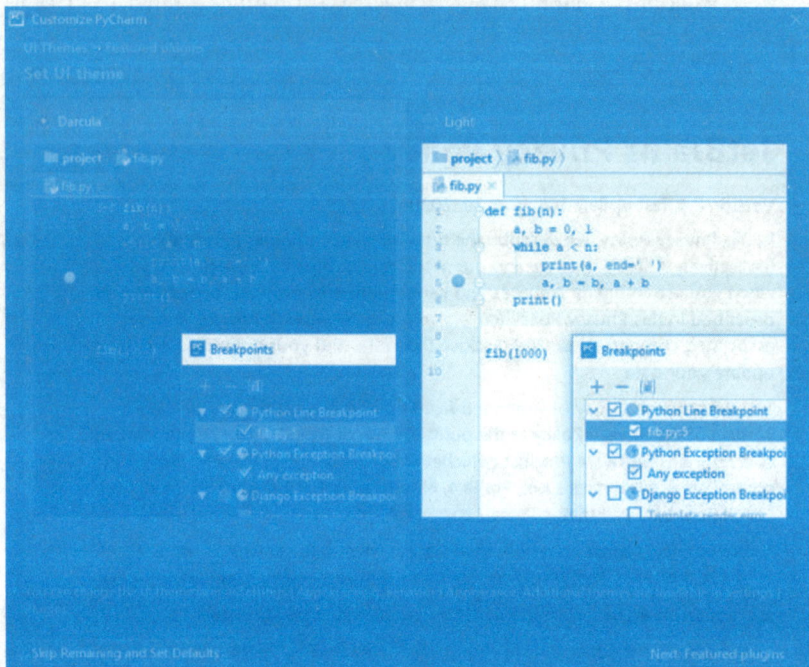

图 1-19　选择界面颜色

第四步，点击左下角 Skip Remaining and Set Defaults，跳过其余和设置默认值，如图 1-20 所示。

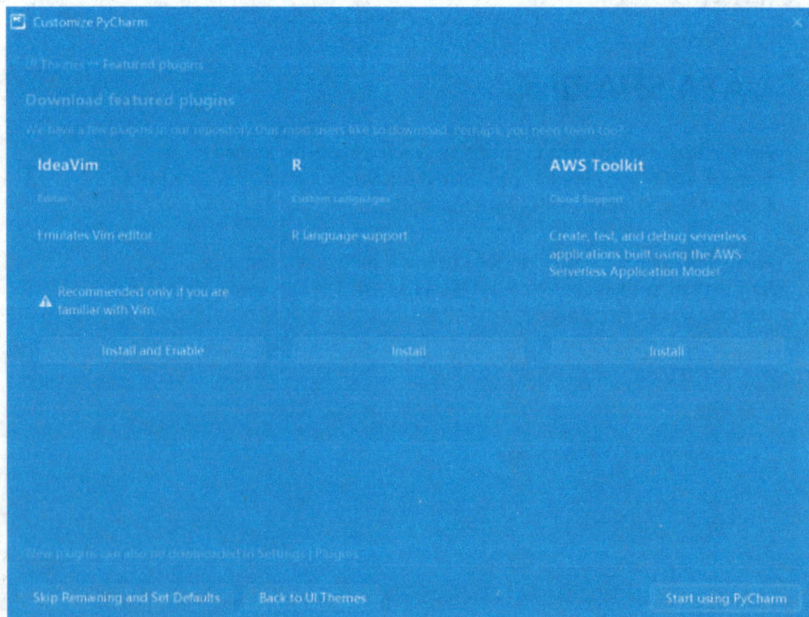

图 1-20　其他设置选择

第五步，配置完成，可以新建项目，开启编程之旅，如图 1-21 所示。

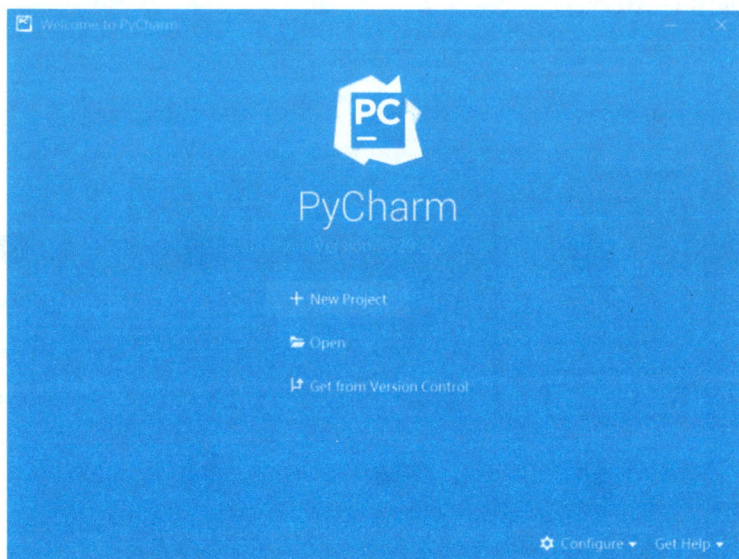

图 1-21　PyCharm 新建项目界面

▶▶| 1.3.3　在 Anaconda 上运行 Python　▶▶　▶

1. 使用 JupyterLab 创建新项目

第一步，点击菜单栏"开始"找到"Anaconda3"，启动程序。在运行过程中，可能运行较慢，需要耐心等待，如图 1-22 所示。

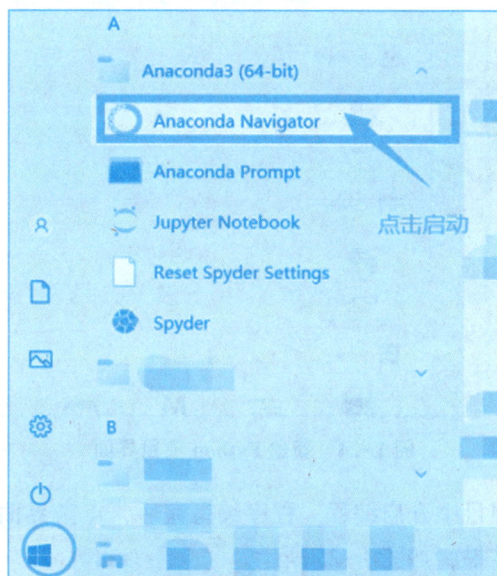

图 1-22　启动 Anaconda

第二步，在 Anaconda 软件选择界面，找到"JupyterLab"，点击"Launch"按钮，并且点击运行，如图 1-23。

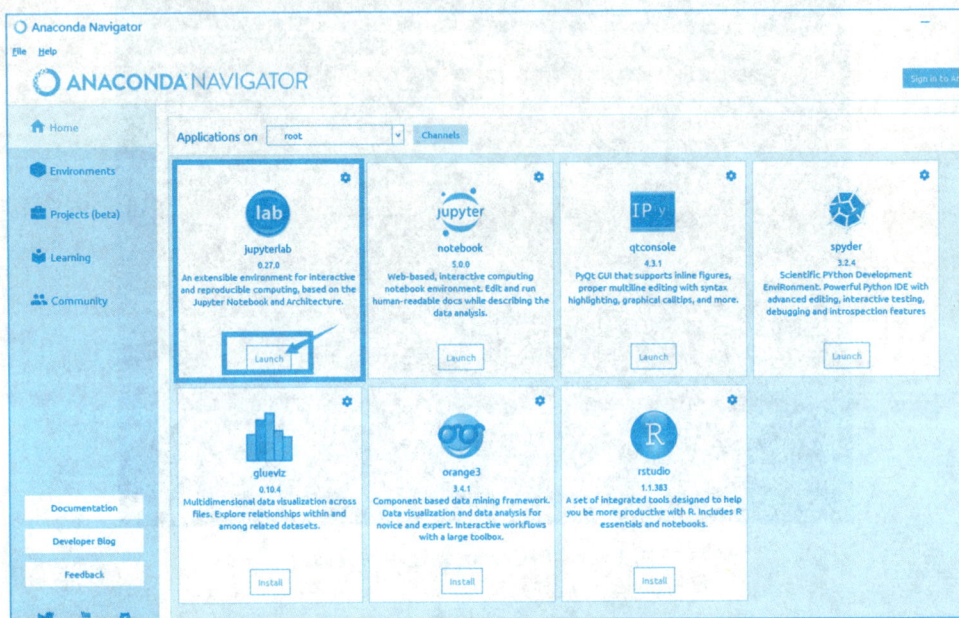

图 1-23　Anaconda 软件选择界面

第三步，进入后在程序中点击运行 Notebook，代表新建一个项目，如图 1-24 所示。

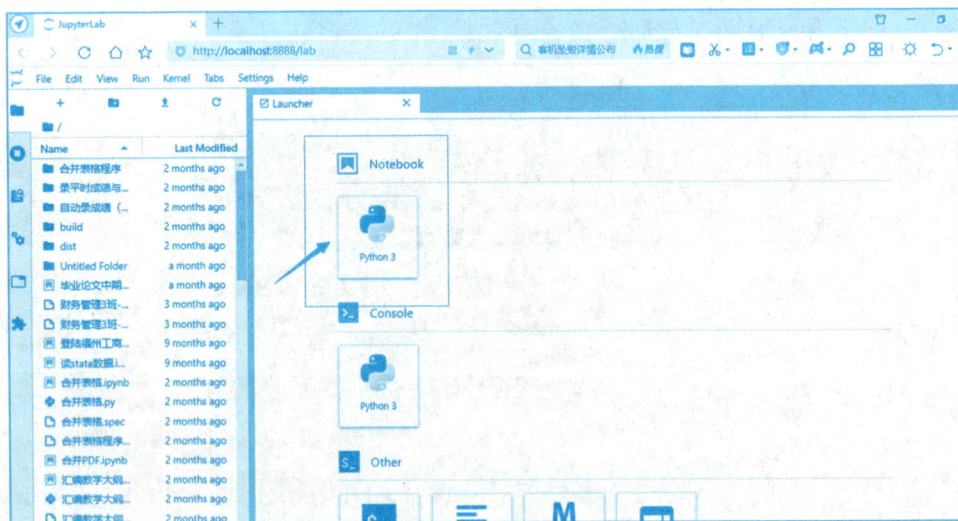

图 1-24　新建 Python 项目界面

第四步，在新建的项目中开启编程。程序编写完后，点击界面上方的三角形符号，就可以运行出当前程序的结果，如图 1-25 所示。

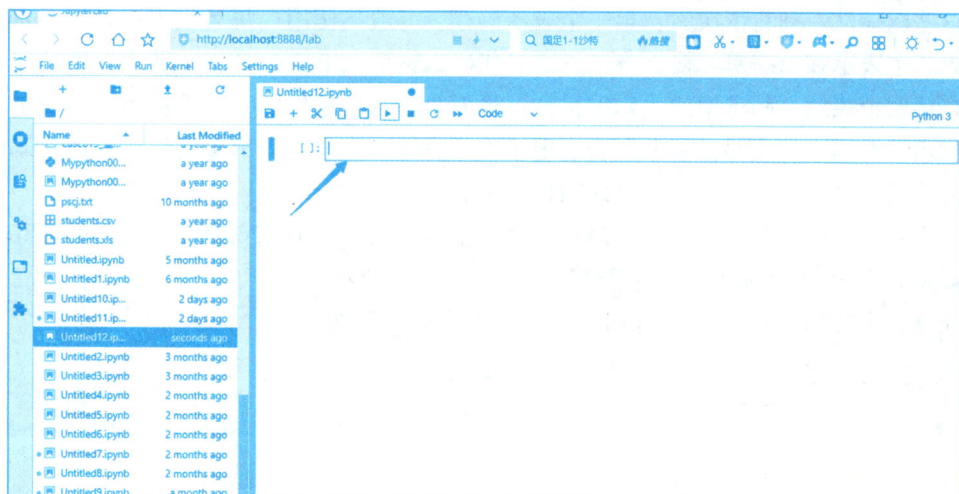

图1-25 代码编辑框

2. JupyterLab使用界面介绍

当打开JupyterLab时，会看到一个类似于文件管理器的界面。如图1-26所示，包括：

（1）主菜单栏：位于顶部的菜单栏，包含了文件、编辑、查看、插入、运行等功能菜单。

（2）标签区域：位于主菜单栏下方的标签区域，用于显示已打开的文件、Notebook和终端等页面的标签。

（3）侧边栏：位于左侧的侧边栏，可以打开并显示文件、笔记本、命令、扩展等面板。

（4）主区域：位于中间区域的主工作区，用于显示具体的文件内容和编辑界面。

（5）底部栏：位于界面底部的状态栏，可以查看和控制运行时的内核状态、快捷键绑定、缩放等。

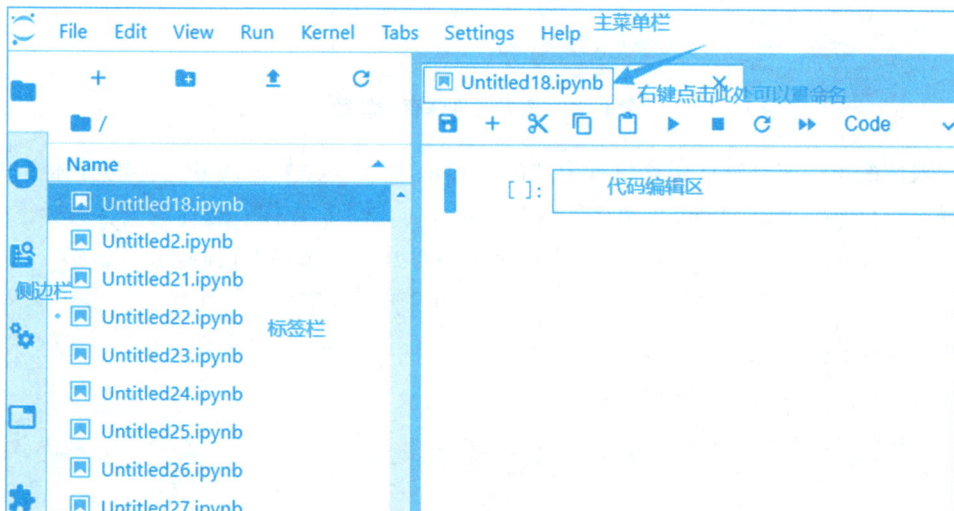

图1-26 Notebook使用界面

这些图标从左到右依次为：第一个表示保存，一般不使用，每条代码运行后会自动保存；第二个表示在当前单元格下方插入空白代码编辑框；第三个是表示剪切选中的代码编辑框；第四个表示复制选中的代码编辑框；第五个表示粘贴代码编辑框；第六个表示运行当前代码编辑框中的代码；第七个表示中止程序运行；第八节表示重新运行当前代码编辑框中的代码；第九个表示重新运行此项目下所有代码。

如需程序文件重命名时，右键点击文件名，如图 1−26 所示。选择"Rename Notebook..."，跳出界面后进行名称修改，如图 1−27 所示。

注意：文件的后缀名为".ipynb"，此后缀名不可更改。

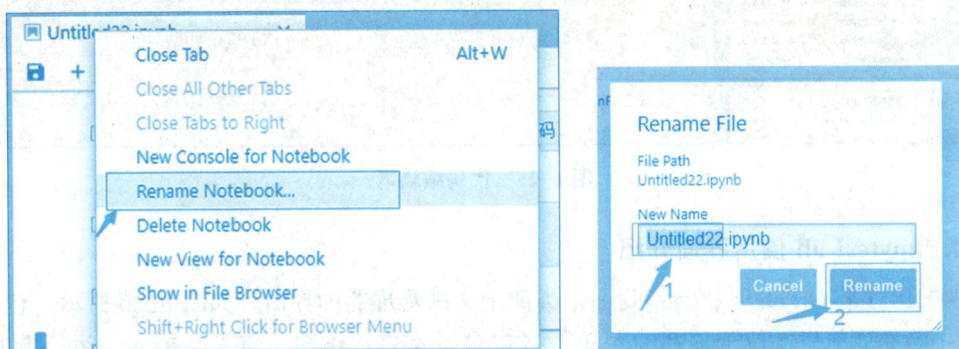

图1−27 文件重命名

新建的".ipynb"文件会自动保存某个文件夹，可通过以下语句查看文件保存的路径，运行结果如图 1−28 所示。

```
import os
os.getcwd()
```

```
import os
os.getcwd()
```

```
'C:\\Users\\ASUS'
```

图1−28 查看文件保存的路径

一般情况下，文件默认保存位置为"C：\ Users \ ..."，如需改变保存的目标文件夹，在路径 C：\ Users \ ... \ anaconda3 \ etc \ jupyter（在图 1−6 你所选择的安装路径下）找到 jupyter_notebook_config. json 文件，选择记事本打开、粘贴如下代码。

```
{
"NotebookApp": {
"nbserver_extensions": {
"jupyterlab": true
},
```

```
"notebook_dir":"D:/ "
   }
 }
```

其中"D:/"为自己设置的保存文件路径，需要修改成自己的路径。比如想将文件保存在"D:/MypythonProject"中，则如图1-29所示修改。注意路径中符号为斜杠 /，且不能出现中文！

图1-29 文件保存路径修改

3. 安装与卸载第三方库

（1）安装第三方库。

在图1-26所示的代码编辑框中输入以下代码：

```
import pdfplumber
```

import 为 Python 的保留字，代表导入；pdfplumber 为第三方库的库名，可按需要改为任意库名。当此程序运行结果如图1-30所示报错时，需要在编程环境中安装 pdfplumber 库才能使用。报错原因为：找不到模块。

```
import pdfplumber

---------------------------------------------------------------------------
ModuleNotFoundError                          Traceback (most recent call last)
<ipython-input-6-b3d6737fd8e1> in <module>
----> 1 import pdfplumber

ModuleNotFoundError: No module named 'pdfplumber'
```

图1-30 导入 pdfplumber 库报错

第一步，点击"Anaconda3"程序中的"Anaconda Prompt"，打开命令行界面，如图1-31所示。

图 1-31　启动命令行界面

第二步，在命令行界面内输入安装口令：

```
pip install XXX
```

XXX 为任一需安装的库名，输入完后按回车键。注意在输入过程中 pip、install 和"第三方库名称"之间有空格。安装 pdfplumber 库如图 1-32 所示。

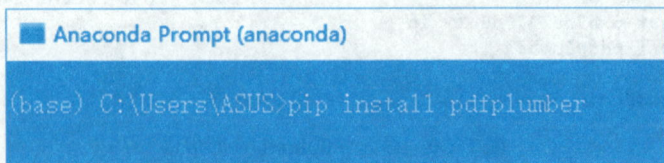

Anaconda Prompt (anaconda)

(base) C:\Users\ASUS>pip install pdfplumber

图 1-32　安装 pdfplumber 库

有些第三方库安装包由于容量较大，需要安装较久的时间，需要耐心等待。当出现 Successfully installed 库名及版本号时，代表安装成功，如图 1-33 所示。

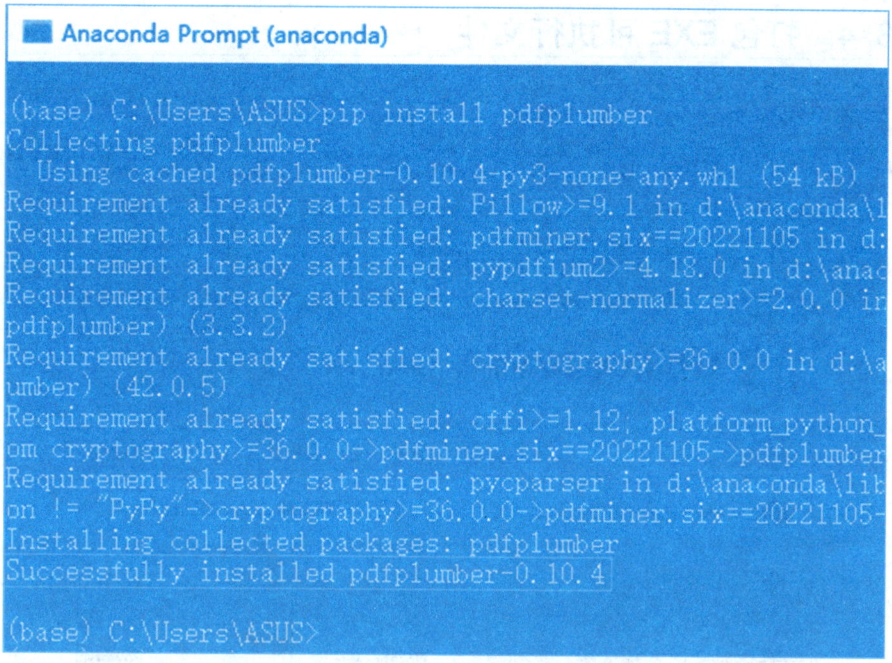

图 1-33　第三方库安装成功界面

（2）卸载第三方库。

当不需要再使用某第三方库时，可以将其卸载，卸载口令为：

pip uninstall XXX

XXX 为任一需卸载的库名，输入完后按回车键。需要提示时输入"y"，当出现 Successfully uninstalled 库名及版本号时代表卸载成功，如图 1-34 所示。

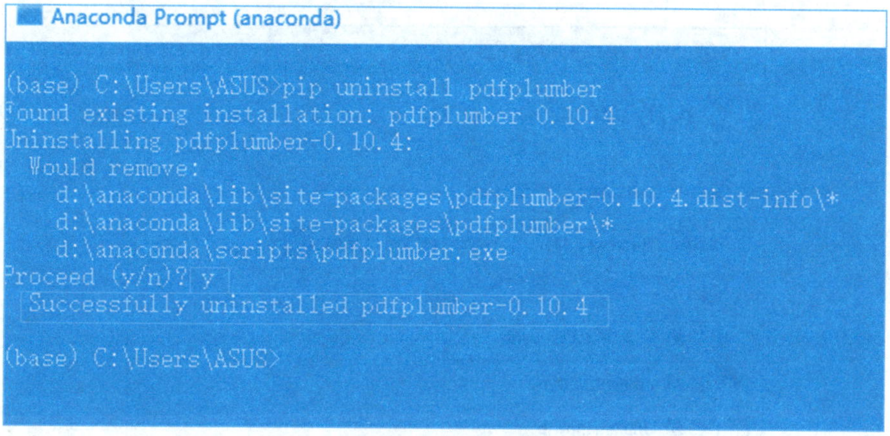

图 1-34　卸载第三方库

▶▌1.3.4 打包 EXE 可执行文件 ▶▶ ▶

1. 生成后缀名为 ".py" 的文件

将在 JupterLab 里编辑好的后缀名为 ".ipynb" 文件下载保存为后缀名为 ".py" 的文件。

第一步，打开 Anaconda 控制台，启动 Jupyter Notebook，如图 1-35 所示。

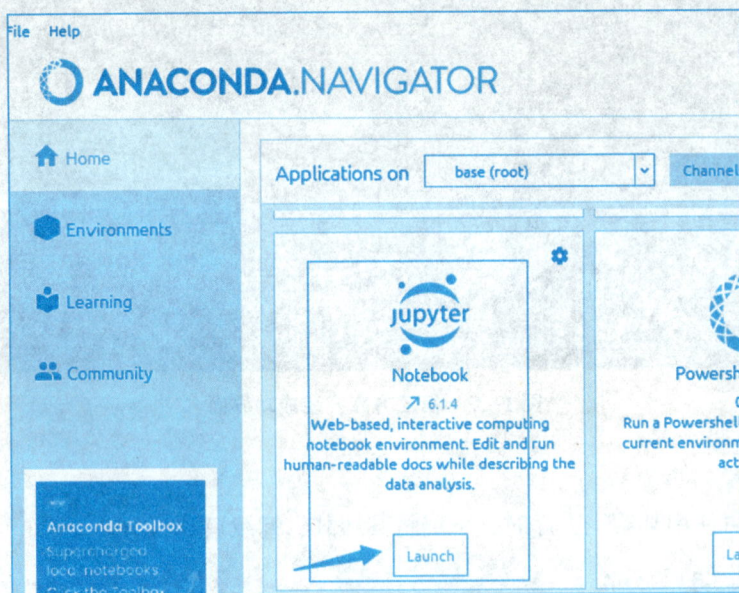

图 1-35　启动 Jupyter Notebook

第二步，如图 1-36 Jupyter Notebook 界面中找到需要打包的 ".ipynb" 文件，双击它。

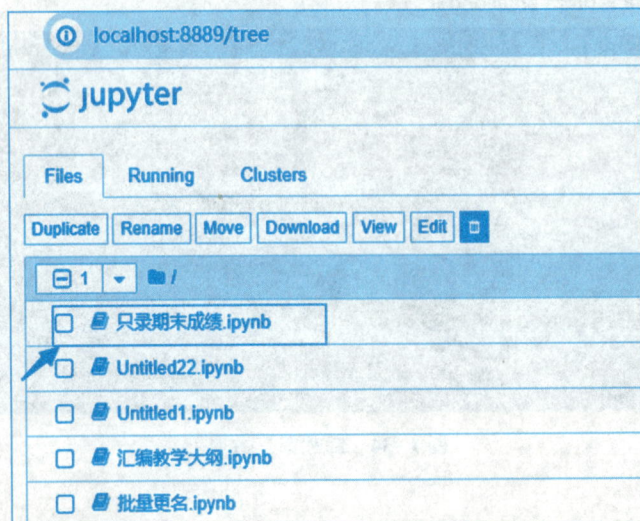

图 1-36　Jupyter Notebook 界面

第三步，在程序的编辑界面依次点击 File—Download as—Python（.py），如图1-37所示。

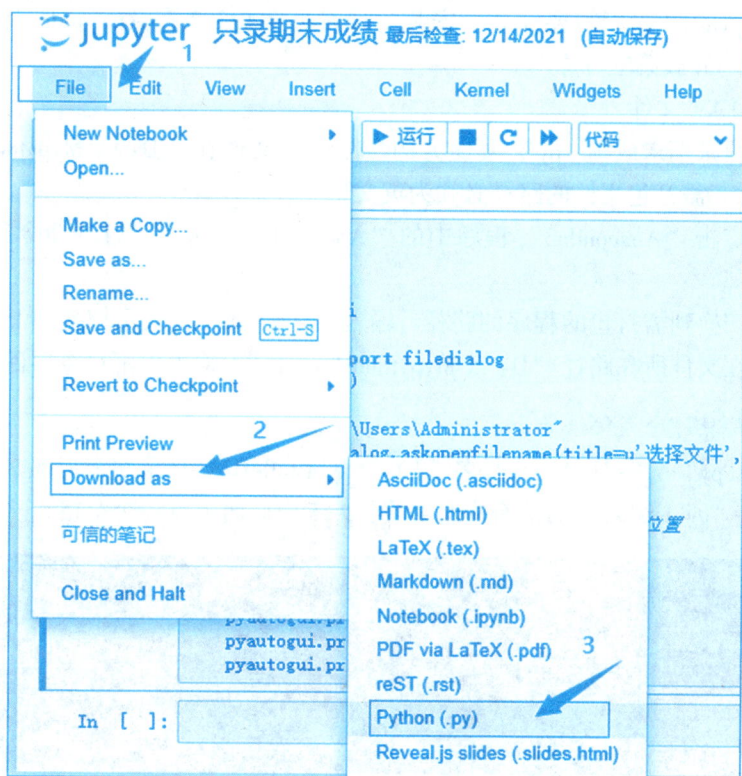

图 1-37　程序编辑界面

第四步，查看文件。默认下载路径是"我的电脑"—"下载"，自行查看此文件夹，是否有如图 1-38 中".py"的 Python 文件。

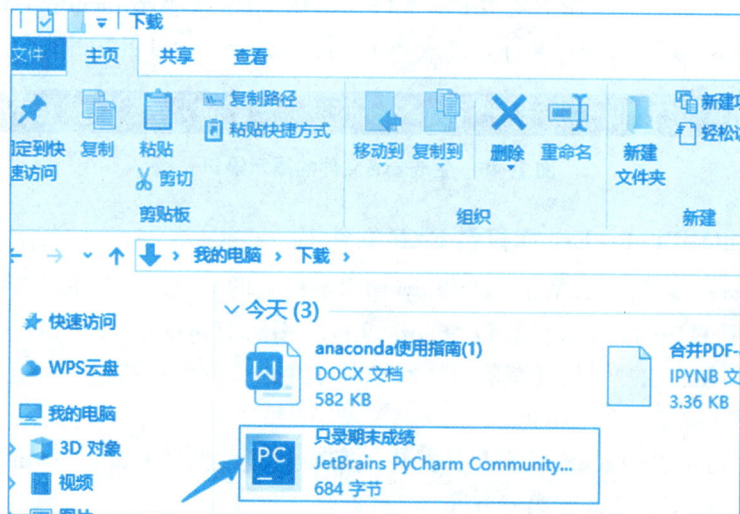

图 1-38　".py"文件所在位置

2. 使用 pyinstaller 库进行打包

（1）安装 pyinstaller 库。

首次使用 pyinstaller 库需要安装，安装过程参见"1.3.2 在 Anaconda 上运行 Python"中的"3. 安装与卸载第三方库"。

（2）打包 EXE 文件。

以打包"只录期末成绩.py"文件为例，假设该文件在"D：\ MypythonProject"文件夹中。（注意：需打包文件的路径必须为英文）

第一步，点击"Anaconda3"程序中的"Anaconda Prompt"，打开命令行界面，如前文图 1-31 所示。

第二步，切换到需打包的程序的路径。输入"D："回车，表示切换到 D 盘。

第三步，在文件所在路径"D：\ MypythonProject"下输入以下口令后回车。

```
pyinstaller -F xxx.py
```

其中"xxx.py"为需打包的文件名，如："pyinstaller -F 只录期末成绩.py"，如图 1-39 所示。注意"pyinstaller"后面有一个空格，"-F"后面也有一个空格。

```
(base) C:\Users\ASUS>cd ..

(base) C:\Users>cd..

(base) C:\>D:

(base) D:\MypythonProject>pyinstaller -F 只录期末成绩.py
```

图 1-39　pyinstaller 打包过程

第四步，查看打包好的程序。等待安装，此种打包方式需打包多个依赖模块，运行速度十分缓慢，需耐心等待。当出现如图 1-40 所示语句时代表打包完成。此时会自动在"D：\ MypythonProject"路径下新增 dist 文件夹，在"D：\ MypythonProject \ dist"中可以找到"只录期末成绩.exe"文件。进入 dist 文件，点击运行打包好的 exe 程序测试。

```
752053 INFO: Appending archive to EXE D:\MypythonProject\dist\只录期末成绩.exe
```

图 1-40　生成 exe 文件的提示语句

3. 使用 Auto-Py-to-Exe 库打包 EXE 文件

Auto-Py-to-Exe 是一个基于 Eel 和 pyinstaller 构建的工具，可通过直观简单的 UI 界面，将 Python 项目中的.py 文件打包为.exe 文件。相比于 pyinstaller，Auto-Py-to-Exe 界面友好，操作简便，用户只需简单的鼠标操作即可将 Python 程序打包为可执行文件。

（1）安装 Auto-Py-to-Exe 库。

首次使用 Auto-Py-to-Exe 库需要安装，安装过程参见"1.3.2 在 Anaconda 上运行 Python"中的"3. 安装与卸载第三方库"。

（2）打包 EXE 文件。

点击"Anaconda3"程序中的"Anaconda Prompt"，打开命令行界面，如前文图 1-31 所示。直接输入命令"auto-py-to-exe"回车，即可出现如图 1-41 所示界面。右上角可以改为中文。

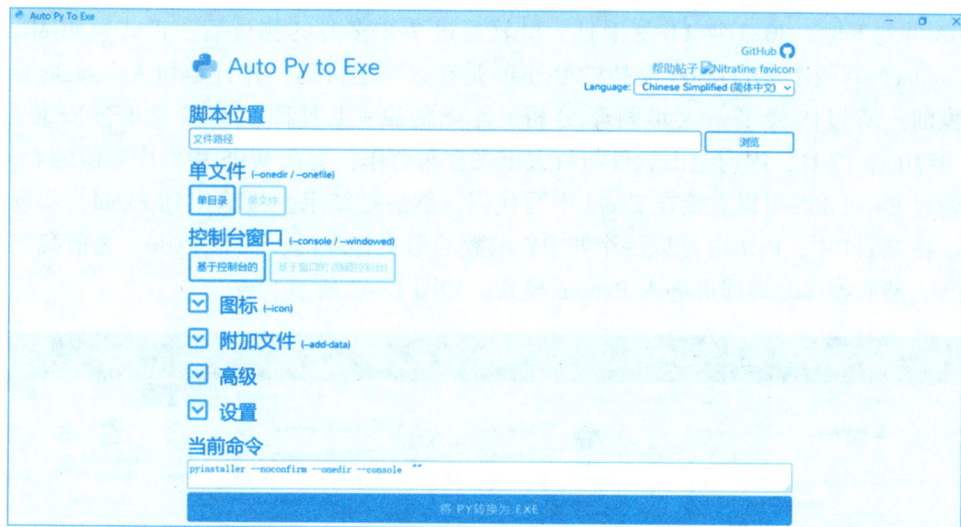

图 1-41　工具启动界面

各选项具体如下：

①脚本位置：设置需要被打包的程序的路径。如果项目包含多个脚本文件，需要选择主要的启动脚本文件放在这里。如果文件存在，输入框会变为蓝色，表示文件已被找到。相反，如果文件不存在，输入框会变为红色，表示文件未被找到。

②单文件：选择相关文件，这时候需要在文件和目录之间进行选择。该操作在当涉及将文件与图像或数据文件等额外文件一起使用时，需要修改脚本以适应路径的变化。

③控制台窗口：可以选择是否要显示控制台窗口。

④图标：为了让可执行文件有一个图标，可以通过界面中的"图标"添加一个图标。图标的文件必须是 .ico 的文件。不能简单地将 .jpg 图片文件直接文件重命名为 .ico，这不是同一类型文件，需要通过专业的图标制作软件完成。

⑤附加文件：将非 Python 文件添加到可执行文件中。由于 PyInstaller 找不到额外的文件，如图像、JSON、字体、HTML 等，因此需要手动添加它们。

⑥高级选项卡：包含所有 PyInstallers 的额外标志，以及保存项目和设置最大递归深度的位置。比如 name 为输出文件夹/可执行文件的名称。

⑦当前命令：主要用于指示在终端中执行此操作时要调用的命令。

基本参数配置详见：

https://pypi.org/project/auto-py-to-exe/。

最后：点击界面最下面的"将 .PY 转换为 .EXE"按钮，自动进行转换。

▶▶| 1.3.5　Python+Excel+AIGC ▶▶ ▶

1. Python+Excel

2023 年 8 月，微软开启 Excel 内置 Python 的 Beta 测试，Python 名正言顺地嵌入 Excel，与 VBA 并驾齐驱。2023 年 11 月 1 日，微软经过 7 个多月的测试后，正式发布 Microsoft 365 Copilot。新版本 Excel 365 支持的 Python 是在云端运行的，并且是和 Anaconda 合作一起开发的，所以内置了一大堆科学分析+各类爬虫+工具库，不需要单独安装环境。2023 年 10 月 17 日，国内金山软件与科大讯飞宣布合作，要在 WPS 中做中国版的 Copilot。

通过 Excel 365 可以直接在 Excel 中写代码，然后把结果直接输出到 Excel，实现一个闭环。在 Excel 中，Python 是以一个叫 PY 函数的形式存在的，在写 Python 之前我们先输入=PY，然后按 Tab 键即可进入 Python 模式，如图 1-42 所示。

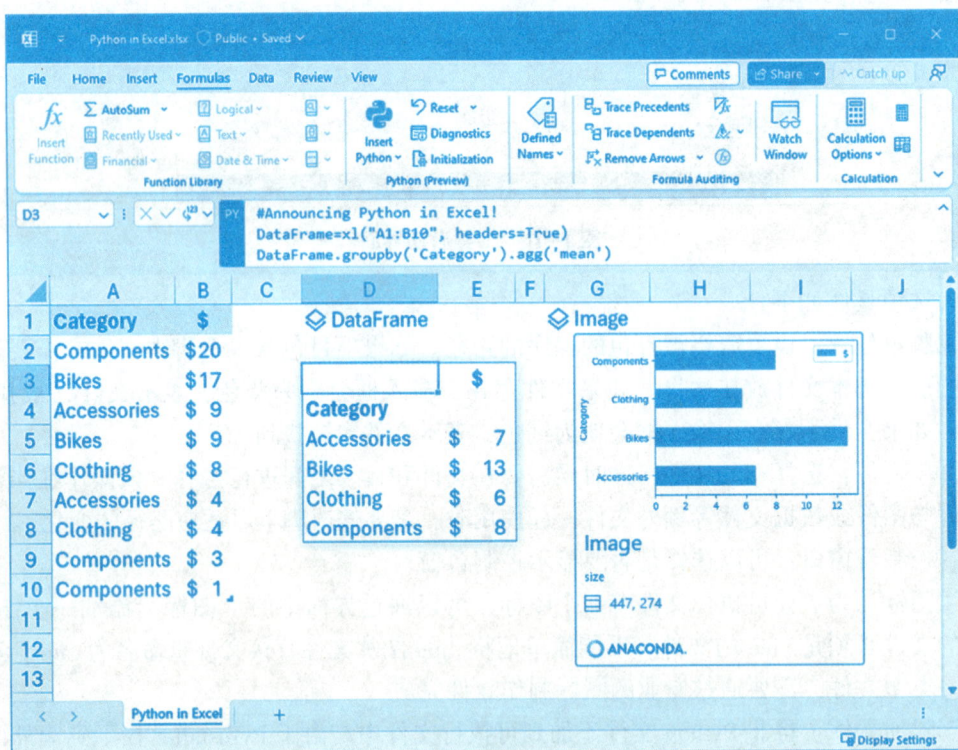

图 1-42　Python 在 Excel 中的应用

2. Python+AIGC

自 2022 年 11 月 OpenAI 发布 ChatGPT 以来，人工智能迎来了 AIGC 时代。AIGC 即人工智能生成内容（Artificial Intelligence Generated Content）凭借其出色的文本理解能力、长篇写作能力、编程能力，引发了教育领域的热潮。借助 AIGC 可以提高 Python 编程效率。初学者也可以将 AIGC 当成自己最友好的老师，因为它有问必答，回复迅速、正确率高。在使用 AIGC 生成 Python 程序时，要注意提示词的使用。要先提供问题或任务描述，然后提供上下文和约束，发送请求并解析回复、人工编辑和完善、最后测试和调试。目前，AIGC 辅助生成 Python 程序的过程是一个人工智能（AI）与人类的合作过程，人类的编程知识和经验仍然是不可或缺。

（1）提供问题或任务描述。

首先明确希望 AIGC 生成 Python 程序的问题或任务描述，可以是简单问题如"计算两个数字的和"，也可以是更复杂的任务描述。

①简单问题描述

问题：编写一个 Python 程序，计算两个数字的和。

AIGC 生成的代码可能是：

```
num1=float(input("请输入第一个数字:"))
num2=float(input("请输入第二个数字:"))
sum=num1+num2
print("两个数字的和为:", sum)
```

②复杂任务描述

问题：编写一个 Python 程序，从一个包含数字的列表中筛选出偶数，并计算它们的平均值。

AIGC 生成的代码可能是：

```
#假设列表已存在并包含数字
number_list=[1, 2, 3, 4, 5, 6, 7, 8, 9, 10]
even_numbers=[]
for num in number_list:
    if num % 2==0:
        even_numbers.append(num)
average=sum(even_numbers) / len(even_numbers)
print("偶数列表:", even_numbers)
print("偶数的平均值:", average)
```

通过清晰明确的问题描述，AIGC 可以更准确地生成符合您需求的 Python 程序。根据实际需求的复杂程度和具体问题，可以提供相应的问题描述，以获得更精确的代码生成。

（2）提供上下文和约束。

为了让 AIGC 更好地理解需求，提供一些上下文信息和约束条件，例如特定的库、框架或编程风格等。

①指定库和框架。

问题：使用 numpy 库编写一个 Python 程序，计算两个矩阵的乘积。

AIGC 生成的代码可能是：

```
import numpy as np
matrix1=np.array([[1, 2], [3, 4]])
```

```python
matrix2=np.array([[5, 6], [7, 8]])
product=np.dot(matrix1, matrix2)
print("两个矩阵的乘积为:")
print(product)
```

②编程风格要求。

问题：按照面向对象编程（OOP）的方式，编写一个 Python 程序模拟银行账户。

AIGC 生成的代码可能是：

```python
class BankAccount:
    def __init__(self, owner, balance=0):
        self.owner=owner
        self.balance=balance
    def deposit(self, amount):
        self.balance+=amount
        return self.balance
    def withdraw(self, amount):
        if amount <=self.balance:
            self.balance -=amount
            return self.balance
        else:
            return "余额不足"
account=BankAccount("John")
print(account.deposit(100))
print(account.withdraw(50))
```

通过提供特定的库、框架或编程风格等约束条件，可以引导 AIGC 生成符合期望的代码。这种方式有助于确保生成的代码符合项目需求和编程偏好。

（3）发送请求并解析回复。

将问题、上下文和约束发送给 AIGC，并解析生成的回复，AIGC 会尝试生成相应的 Python 程序。但由于 AIGC 是一个语言模型，生成的代码可能需要进一步修改和完善，才能满足具体的需求。因此，熟练掌握 Python 的基础知识显得尤为重要。

（4）人工编辑和完善。

根据生成的代码进行编辑和完善，添加必要的逻辑、处理输入输出等，以确保生成的代码正确、高效且符合预期的功能需求。具体可以根据需求、要求或解决方案来添加所需的逻辑，包括循环、条件语句、函数等。通常情况下，Python 程序需要读取输入并产生输出，可以根据实际情况自定义输入和输出，以满足特定的需求。生成的代码可能存在结构性问题或设计上的不足，可以通过合并函数、简化逻辑和实现代码重构等来有效优化代码。

（5）测试和调试。

编辑完善后进行测试和调试，确保程序正确性和功能符合预期。在调试过程中需要注意代码的逻辑和输出结果。

①代码逻辑。

仔细检查代码中的逻辑错误或潜在问题。确保条件语句、循环和函数的逻辑正确性，确保变量的值在预期范围内，以及确保代码的执行流程符合预期。如果发现逻辑错误，需要根据具体情况进行修复和调整。

②输出结果。

检查程序输出结果是否与预期一致。对于给定的输入数据集，运行程序并验证输出是否符合预期的结果。特别注意边界条件和特殊情况，以确保代码在各种情况下都能正确处理。

在调试过程中，可以使用调试工具、打印语句或单元测试等方法来帮助找出问题所在，并修复代码中的错误。确保程序的正确性和功能符合预期是编程过程中的重要一环，只有在通过充分的测试和调试后，才能放心地使用和部署生成的程序。

总之，对于在 AIGC 中生成的 Python 代码进行进一步编辑和完善是十分重要的。AIGC 是一个语言模型，提供的仅是 Python 程序的建议和示例，而不是完整的编程环境或集成开发环境（IDE）。因此，在面对更复杂的任务或项目时，结合自身的编程知识和经验，参考官方文档、教程以及其他资源进行代码的开发和完善至关重要。这样可以确保生成的代码符合实际需求，并遵循最佳的编程实践。

1.4 经管人员的第一行 Python 代码

▶▶ 1.4.1 输入输出函数 ▶▶ ▶

1. 输出单个文本

如果想让计算机输出一句话，可以使用 print( ) 函数。print( ) 函数用于打印输出。现在就让我们开启经管人员的第一行 Python 代码吧。运行结果如图 1-43 所示。

```python
print('您好,中国！这是我的第一行 Python 代码。')
```

图 1-43 print( ) 函数运行界面

在代码编程框中输入代码，点击"▶"图标或使用快捷键"Alt+Enter"即可运行，可以看到代码下方将我们要求输出的语句打印了出来。

图中［］内显示为1，表示此项目的程序是第1次运行，此数据随着运行次数而增加。当［］内显示为＊时，表示程序正在运行，此时只需等待，注意不要重复点击"▶"这个运行图标，否则容易死机。如想中断程序可点击"■"这个停止运行的图标。

2. 输出多个文本

print()函数可以接受多个文本输出，文本之间用英文状态下的逗号"，"隔开。依次打印时，遇到逗号会输出一个空格。运行结果如图 1-44 所示。

```
print('您好,中国！这是我的第一行 Python 代码。','我是＊＊学校 ＊＊专业的学生')
```

```
print('您好，中国！这是我的第一行Python代码。','我是**学校**专业的学生')
您好，中国！这是我的第一行Python代码。 我是**学校**专业的学生
```

图 1-44　程序运行结果

3. 输入数据

input()函数接受一个标准输入数据，返回的数据类型为字符串。

```
name＝input()
print('您好,中国！这是我的第一行 Python 代码。','我是 ＊＊学校 ＊＊专业的学生', name)
```

输入以上程序点击运行后出现如图 1-45 中的黑框，此时需要在此输入姓名"张小明"后再回车，千万不要再点击运行。运行结果如图 1-46 所示。

```
name=input()
print('您好，中国！这是我的第一行Python代码。','我是**学校**专业的学生',name)
```

图 1-45　input()运行过程

```
name=input()
print('您好，中国！这是我的第一行Python代码。','我是**学校**专业的学生',name)
张小明
您好，中国！这是我的第一行Python代码。 我是**学校**专业的学生 张小明
```

图 1-46　程序运行结果

还可以在 input()中输入相关的提示输入的语句，如下所示：

```
name＝input('请输入您的名字:')
print('您好,中国！这是我的第一行 Python 代码。','我是 ＊＊学校 ＊＊专业的学生', name)
```

▶▶ 1.4.2　变量及变量的命名 ▶▶ ▶

在 Python 中，变量用于存储数据值。变量是程序中用来引用数据的标识符。通过变量，我们可以对数据进行存储、修改和访问。在 Python 中，变量的创建和赋值可以在一行代码中完成，变量用"="这个赋值运算符进行赋值后才可以使用。

（1）变量名可以由字母、数字和下划线组成，但不能以数字开头。

（2）变量严格区分大小写。

（3）变量名应当具有描述性，以保证代码的可读性和维护性，例如纳税申报可以取变量名为 tax_dec。

（4）变量名应当避免使用 Python 的保留字（即关键字）。

（5）变量名可以使用中文（但不推荐使用）。

```
a=34
b='财经大数据'
B=78.9
d=True
f=['银行存款','应收账款',70000,5480]
print(a)
print(b)
print(B)
print(d)
print(f)
```

运行结果见图 1-47：

```
a=34
b='财经大数据'
B=78.9
d=True
f=['银行存款','应收账款',70000,5480]
print(a)
print(b)
print(B)
print(d)
print(f)

34
财经大数据
78.9
True
['银行存款', '应收账款', 70000, 5480]
```

图 1-47　程序运行结果

如图 1-47 中的代码，变量 a 为整数型，变量 b 为字符串，变量 B 为浮点型，变量 d 为布尔型，变量 f 为列表。这说明变量可以代表任意数据类型（数据类型将在第三章详细学习）。因为严格区分大小写，所以变量 b 和变量 B 代表不同的变量。

```
and=45
print(and)
```

运行结果见图 1-48：

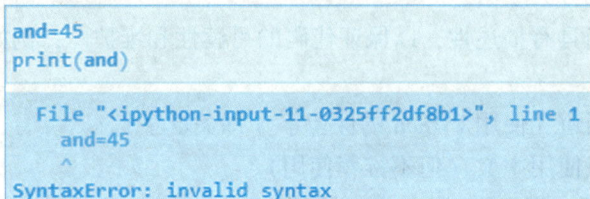

```
and=45
print(and)

  File "<ipython-input-11-0325ff2df8b1>", line 1
    and=45
        ^
SyntaxError: invalid syntax
```

图 1-48　程序运行结果

图 1-48 中的程序使用了保留字 and 作为变量，程序报错，程序报错原因为：语法错误。

【补充小知识】

Python 的标准库提供了一个 keyword 模块，可以查看当前版本的所有保留字，相关代码如下，保留字如表 1-1 所列。

```
import keyword
keyword.kwlist
```

表 1-1　Python 的保留字

False	async	del	from	lambda	return
None	await	elif	global	nonlocal	try
True	break	else	if	not	while
and	class	except	import	or	with
as	continue	finally	in	pass	yield
assert	def	for	is	raise	

▶▶| 1.4.3　程序的重要规范　▶▶ ▶

1. 在英文状态下输入程序

在 Python 编程过程中，经常使用输入法半角，也就是英文符号。这是因为所有 Python 程序中的标点符号均为英文状态下的。比如 print() 函数前后的小括号、前后的单引号等等。

由单引号括起来的语句的数据类型叫字符串，字符串内的标点符号随意，按实际情况表达即可。所以字符串必须由单引号或双引号或三引号括起来。

2. 严格区别大小写

Python 大小写敏感，大小写代表不同的含义。Sum() 和 sum() 是两个不同的函数，用法及返回值也不相同。因此，在编写代码时，需要特别注意大小写的使用。

3. 正确拼写

在编写程序时需要仔细核对每一个关键字的拼写以及参数的使用方式，以保证代码准确无误。例如 import 是一个常用的关键字用于导入模块，如果错误地拼写成 inport，就会导致代码出现语法错误或运行异常。因此，为了避免因错误的拼写、大小写等问题而导致代码出现错误，尽可能规范定制，可以使用变量名、函数名、类名等有意义、易于记忆的命名方式，以便更好地防止拼写错误。

4. 严格代码缩进

Python 中严格使用缩进来表示代码块。通常使用一个 TAB 键或者四个空格来进行缩进。缩进的目的是让代码结构清晰、易读，并且确保代码块间的层次关系正确。

5. 做好注释

当需要与他人协作或日后需要自己回顾代码时，规范的代码注释可以帮助更好地理解代码的逻辑和目的，从而更加高效地进行开发。

注释是 Python 中的笔记，用于解释代码的作用、逻辑或其他相关信息。注释用于向代码添加说明性文本，这些文本将被解释器忽略，不会执行。

Python 支持两种代码注释方式。

（1）单行注释。

使用#符号开头，后面是注释内容。注释不会被运行，所以以下代码的运行与图 1-46 一致。

```
#请每个同学输入自己的名字
name=input('请输入您的名字：')
print('您好,中国！这是我的第一行 Python 代码。','我是 **学校 **专业的学生',name)
```

（2）多行注释。

使用三个单引号或三个双引号来包裹注释内容。它们不会影响程序的运行，也不会被赋给任何变量，所以以下代码的运行与图 1-47 一致。

```
a=34
b='财经大数据'
B=78.9
d=True
f=['银行存款','应收账款', 70000,5480]
'''
变量 a 为整数型
变量 b 为字符串
```

```
变量 B 为浮点型
变量 d 为布尔型
变量 f 为列表
'''
print(a)
print(b)
print(B)
print(d)
print(f)
```

▶ **拓展阅读：释放数据要素价值，发展新质生产力**

体验区单日参观人数超 10 万人次，对接签约数字经济项目 421 个，总投资额达 2030 亿元……日前闭幕的第七届数字中国建设峰会发布了一系列成果，彰显了我国数字经济的澎湃活力。本届峰会的主题是"释放数据要素价值，发展新质生产力"。这是国家数据工作体系优化调整后举办的首次数字中国建设峰会。

截至 2023 年年底，深圳数据交易所累计交易规模达 65 亿元，累计跨境交易额达 1.1 亿元，涉及交易场景 228 个，上市数据标的 1900 个，建立数据产品专区 20 个，打造行业创新案例 26 项。

上海市提出，到 2025 年数据产业规模达 5000 亿元，年均复合增长率达 15%，引育 1000 家数商企业；浙江省提出做强数商企业群体、提升数商发展能力、推动数商深度赋能、强化标准规范导引、优化数商发展生态等 15 项重点任务和 5 条保障措施……多省份相继发布相关政策，支持和鼓励发展数据产业，培育数商生态，促进数据要素价值加快释放。

2023 年我国数字经济核心产业增加值占 GDP 比重达 10%。"当前我国数字经济发展呈现出良好的态势，数字经济核心产业增加值占 GDP 比重也在逐年攀升。"中国电子首席科学家、中国电子云总工程师朱国平说，随着数字基础设施建设不断扩容提速，以及"人工智能+""数据要素×"相关行动的不断推进，将持续推进数字经济与实体经济深度融合，赋能我国经济社会高质量发展。

围绕做强做优做大数字经济，不少专家学者和企业界人士带来了思考和建议。

"数字基础设施为数字经济发展和全要素数字化转型提供了数字化、网络化、智能化的新型底座，也为数据要素价值释放提供了载体保障。"国家信息中心信息化和产业发展部主任单志广认为，要着眼于构建智能可信的数字基础设施，加强人工智能和区块链技术的创新应用，着力提升基础设施的智能化、可信化水平。

福建省委常委、福州市委书记郭宁宁表示，福州将着力夯实数字基础底座，全力推动光网、5G 网络、数据中心、智算中心建设，进一步完善数字基础设施体系，全面畅通经济社会发展信息"大动脉"。

（资料来源：学习强国）

【思政元素】

国家战略与数字经济。强调数字经济在国家战略中的重要地位，如数字中国建设峰会的举办，体现了国家对数字经济发展的重视。通过课程学习，让学生理解数字经济对于国家经济发展的重要性，以及如何通过数据要素推动生产力的提升。

数据要素的价值。通过案例分析，如深圳数据交易所的交易规模和跨境交易额，让学生认识到数据作为生产要素的价值。探讨数据如何转化为经济价值，以及数据要素在现代经济体系中的作用。

区域发展与政策支持。分析不同省份如上海、浙江的政策措施，理解地方政府如何通过政策支持数字经济的发展。讨论政策如何影响数商生态的培育和数据要素价值的释放。

国际视野。分析跨境数据交易的意义，培养学生的国际视野和全球竞争力。讨论如何在全球化背景下，利用 Python 等工具进行国际数据交易和合作。

本章习题

一、单项选择题（以下选项只有一个正确答案）

1. 一般情况下，以下（　　）大数据分析的步骤。

 A. 确定需求、数据提取、数据存储、数据处理、数据挖掘、数据分析、数据可视化、满足需求

 B. 确定需求、数据提取、数据处理、数据存储、数据挖掘、数据分析、数据可视化、满足需求

 C. 确定需求、数据存储、数据提取、数据处理、数据挖掘、数据分析、数据可视化、满足需求

 D. 确定需求、数据提取、数据存储、数据挖掘、数据处理、数据分析、数据可视化、满足需求

2. 以下（　　）属于内部数据。

 A. 社交媒体数据   B. 行业报告数据

 C. 传感器数据   D. 天气数据

3. 在使用 print 函数，print（"Hello，张三","Hello，李四","Hello，王五"）后会输出的内容是（　　）。

 A. Hello，张三，Hello，李四，Hello，王五

 B. Hello，张三 Hello，李四 Hello，王五

 C. Hello，张三/Hello，李四/Hello，王五

 D. Hello，张三。Hello，李四。Hello，王五

4. 下列变量命名错误的是（　　）。

 A. name   B. 8_name   C. name_8   D. Name_8

5. 下列操作符中，不属于注释操作符的是（   ）。

    A. \\\　　　　　　B. '''　　　　　　C. """　　　　　　D. #

6. 变量 c＝input（），如果此时输入数字 8，返回的数据类型为（   ）。

    A. 数值　　　　　　B. 字符串　　　　　　C. 整型　　　　　　D. 空值

7. 执行以下语句，输出的结果是（   ）。

```
a=2
b=a
a=4
print(b)
```

    A. a　　　　　　B. b　　　　　　C. 2　　　　　　D. 4

8. 请用 print 函数用于打印输出：银行存款期末余额为 100 元，应输入的语句为（   ）。

    A. print（银行存款期末余额为 100 元）

    B. print（'银行存款期末余额为 100 元'）

    C. print（'银行存款期末余额为', 100 元）

    D. print（'银行存款期末余额为', '100 元'）

二、多项选择题（有两个及两个以上的正确答案）

1. 根据麦肯锡的定义，哪些属于大数据的特征？（   ）

    A. 数据规模大　　　　　　B. 快速的数据流转快

    C. 数据类型多　　　　　　D. 价值密度高

2. 大数据对经济管理的影响有哪些？（   ）

    A. 提升决策品质　　　　　　B. 实现个性化和定向市场营销

    C. 优化资源配置　　　　　　D. 提升预测和预警能力

3. 大数据分析思维有哪些？（   ）

    A. 分类思维、逻辑树思维　　　　　　B. 矩阵思维、留存/队列分析思维

    C. 漏斗分析思维、实验思维　　　　　　D. 相关性思维、指数化思维

4. 关于输入与输出函数，以下说法正确的是（   ）。

    A. print（'我有', 1000', '元'）　　#会打印输出 3 个文本

    B. amount＝input（'请输入金额'）　　#打印输出的 amount 为字符串

    C. input 的内容可以赋值给变量，print 可以输出一个变量的值

    D. print 函数括号、引号需要在英文状态下输入，单引号和双引号都可使用

5. 关于以下变量说法正确的是（   ）。

    A. 变量不必事先声明

    B. 变量无须指定类型

    C. 变量无须先创建和赋值而直接使用

    D. 变量本身没有任何含义，它会根据不同的数据表示不同的意义，重新赋值后，

含义改变

6. 以下属于 Python 的保留字的有（　　　）。

    A. for　　　　　　　　B. import　　　　　　C. from　　　　　　D. bad

7. 在 Python 中，每个变量在使用前都必须赋值，变量赋值以后该变量才被创建；变量赋值：使用等号"＝"给变量赋值。关于变量命名说法正确的是（　　　）。

    A. 变量命名不能使用关键字

    B. 变量命名不能使用中文命名

    C. 变量命名不能以数字开头

    D. 变量命名可以用英文字母开头

三、判断题

1. 结构化数据是指具有固定格式和明确定义数据模式的数据。（　　　）

2. XML 文档、HTML 文档、日志文件等属于非结构化数据。（　　　）

3. 企业可以通过大数据分析社交媒体、客户数据等行为数据，了解消费者的需求和偏好，以及购买路径，从而进行更加精细化的营销推广策略的制定。（　　　）

4. 在 Anaconda 代码编程框中输入代码，点击"▶"图标或使用快捷键"Alt+Enter"即可运行。

5. 变量（variable）本身没有任何含义，它会根据不同的数据表示不同的意义。

（　　　）

6. 计算机会执行以下这行代码：　　　　　　　　　　　　　　　　（　　　）

    #设置变量 name 接收数量

7. input 函数的内容可以赋值给变量。（　　　）

四、简答题

1. 简述大数据对自己所学专业的影响？

2. Python 程序设计语言在数据分析中有什么优势？

第 2 章

财经数据获取

2.1 数据来源及获取方式

大数据在经济和管理领域中非常重要，可以为企业提供更加准确、全面和及时的信息支持，帮助企业做出更加明智的决策，并优化运营效率和效益。获取准确、及时、全面的经济管理数据是企业和研究机构进行决策和分析的基础。本章将介绍一些常见的获取经济管理数据的途径和方法。

▶▶| 2.1.1 常用数据源 ▶▶ ▶

1. 官方网站数据

（1）国家统计局数据。

国家统计局数据（https://www.stats.gov.cn/sj/）包含了经济、文化、社会、人口等各种宏观经济数据。网站左下角有数据查询模块，如图 2-1 所示，包含了我国经济民生等多个方面的数据，并且在月度、季度、年度都有覆盖，较为全面和权威。

数据查询

月度数据	季度数据	年度数据
普查数据	国际数据	部门数据
可视化产品	中国统计年鉴	统计刊物

图 2-1 国家统计局数据

注意：要访问此数据查询网页，可以到 Gworg 可信机构申请配置数字证书，然后安装远程工具 ToDesk 或者向日葵，请求远程配置电脑证书，配置完成后网站就可以访问了。这种数字证书配置只能给指定的电脑使用。

中国统计信息网（http://www.tjcn.org/）是国家统计局的官方网站，汇集了海量的全国各级政府各年度的国民经济和社会发展统计信息，以统计公报为主，包括年鉴、阶段发展数据、统计分析、经济新闻、主要统计指标排行等。中国统计信息网首页如图 2-2 所示。

图 2-2　中国统计信息网首页

另外，通过各级政府统计局官网，可以采集到区域的宏观数据。如福建省统计局（https://tjj.fujian.gov.cn/）、四川省统计局（https://tjj.sc.gov.cn/）、河北省统计局（http://tjj.hebei.gov.cn/），其数据主要以《数据快报》《统计月报》《统计季报》《统计年报》等方式发布。

（2）部分政府部门官方网站

在政府部门官网可以查找各行业的统计数据。

国家商务部（http://www.mofcom.gov.cn/article/tongjiziliao/）有各种贸易数据、进出口相关数据、各行业的发展报告。

国家财政部（https://www.mof.gov.cn/gkml/caizhengshuju/）有财政收入、财政支出、国有及国有控股企业主要经济效益指标等。

海关总署（http://www.customs.gov.cn/customs/302249/zfxxgk/2799825/302274/302277/3512606/index.html）有进出口商品总值、进出口主要国别、全国进口重点商品、货运监管业务统计等各类数据。

国家税务总局（https://www.chinatax.gov.cn/n810214/n810631/index.html）有税收收入、涉税市场主体、减税降费等统计数据。

中国人民银行（http://www.pbc.gov.cn/diaochatongjisi/116219/index.html）有各年的社会融资规模、货币统计概览、金融业机构资产负债统计、金融机构信贷收支统计、金融市场统计、企业商品价格（CGPI）指数等。

国家金融监督管理总局（https://www.cbirc.gov.cn/cn/view/pages/tongjishuju/tongjishuju.html）有银行业、保险业资产负债及经营管理情况。

中国证券监督管理委员会（http://www.csrc.gov.cn/csrc/tjsj/index.shtml）有证券市场、期货市场快报、月报，上市公司行业分类结果等。

国家外汇管理局（https://www.safe.gov.cn/safe/tjsj1/index.html）有国际储备与外币流动性、国际收入平衡、中国外债、外汇收入、中国外汇投资等统计数据。

中国外汇交易中心（https://www.chinamoney.com.cn/chinese/index.html）有外币市场行情、本币市场行情、人民币汇率等。

上海证券交易所（http://www.sse.com.cn/）的"数据"部分提供了在上交所上市的所有股票、基金、债券及融资融券等其他数据；"披露"部分提供了上市公司的最新公告、定期报告（包含财务报告）及各种交易信息披露等。上海证券交易所数据页如图 2-3 所示。

图 2-3　上海证券交易所数据页

深圳证券交易所（https://www.szse.cn/index/index.html）的"市场数据"部分提供了在深交所上市的所有股票情况、深市指数、期权数据等；"信息披露"部分提供了上市公司的最新公告、定期报告（包含财务报告）及各种交易信息披露等。深圳证券交易所数据页如图 2-4 所示。

图 2-4　深圳证券交易所数据页

（3）世界银行公开数据。

世界银行公开数据（http://data.worldbank.org.cn/）免费并公开获取世界各国的发展数据。

（4）中国经济信息网。

中国经济信息网（简称"中经网"，https://www.cei.cn/）是经原国家计委批准，由国家信息中心联合部委信息中心和省区市信息中心共同建设的全国性经济信息网络，1996 年 12 月 3 日开通，是互联网上权威的描述和研究中国经济的专业信息资源库和知识服务平台。中国经济信息网首页如图 2-5 所示。

图 2-5　中国经济信息网首页

（5）国研网。

国务院发展研究中心信息网（简称"国研网"）创建于 1998 年 3 月，最初为国务院发展研究中心为更好地为中央提供应对 1997 年亚洲金融危机决策咨询建议，利用互联网、信息化手段所筹建的宏观经济网络信息平台。包括文献数据库、统计数据库、特色数据库、专家库等多个模块。

2. 第三方数据库公司数据

（1）Wind 资讯。

Wind 资讯（http://www.wind.com.cn/）是中国领先的金融数据和分析工具服务商，被誉为中国的 Bloomberg，在金融业有着全面的数据覆盖，金融数据的类目更新非常快，很受国内的商业分析者和投资人的青睐。

（2）CCER 数据库。

CCER 数据库（http://www.ccerdata.cn/）是色诺芬公司联合北京大学中国经济研究中心推出的研究型数据库。2015 年，更新为 CCERDATA V3.0，同时与中山大学岭南学院联合研发新三板数据库，成为国内首家推出该库的数据商。2017 年，独家开发"一带一路"专题数据库，成为率先发布该数据库的数据商。2018 年，和复旦大学联合推出央企高管数据库。2019 年，推出"三农"数据库和专利数据库等。2020 年，率先推出上市公司供应链数据库。2021 年，独家推出税收激励与研发创新数据库和环境治理研究数据库等。2022 年，推出了特供数据系统平台、并购重组数据库、税调数据库等。2023 年，推出上市公司微博信息数据库、IPO 数据库、产销数据库、地方行政领导数据库、银行数据库等。

（3）CSMAR 国泰安数据库。

CSMAR 国泰安数据库（https://data.csmar.com/）定位为研究型精准数据库，服务对象为以研究和量化投资分析为目的的学术高校和金融机构，是国内学术研究的主流数据库之一。参照 CRSP、COMPUSTAT 等标准数据库的分类标准，并结合国内金融市场的实际情况，以及高校、机构的研究习惯，将数据库分为股票、公司、基金、债券、衍生、经济、行业、海外等 11 个系列，80 多个数据库。

（4）锐思数据库。

锐思数据库（https：//www.resset.cn/）以数据质量与正确的金融建模计算标准为生命线，为高校、政府及金融机构提供精准的经济、金融数据和完备的增值服务。包括金融研究数据库（含近百个子库）、非上市公司数据库（年平均收录的公司达 30 多万家）、上市公司财务报表分析系统（含公司资料、财务数据、财务效率分析等部分）、中国企业大数据平台（收录工商信息数据库、投融资数据库、企业信用数据库等十四大专业数据库，覆盖企业信息、企业发展、经营状况、守法守规、知识产权、成果奖励等全维度信息）、中国海关进出口全口岸数据库、锐思高频数据库系统（提供上海与深圳两个交易所上市交易工具的高频数据，沪深增强版高频数据提供上海与深圳两个交易所上市交易工具的增强版分笔及 1 分钟、5 分钟、10 分钟、15 分钟、20 分钟、30 分钟、40 分钟、60 分钟间隔的分时高频数据。相关工具包括股票、指数、债券、基金、回购等。数据包括市场十档行情、逐笔成交、指数行情、委托队列、逐笔委托（仅深市）。高频数据的引入将为金融模型的构建、验证等环节以及算法交易策略研究提供强大的支持。

（5）CEIC 数据库。

CEIC 数据库（https：//www.ceicdata.com.cn/）是一套拥有超过 213 个国家经济数据的数据库，能够精确查找 GPD、CPI、进口、出口、外资直接投资、零售、销售以及国际利率等深度数据。其中的"中国经济数据库"收编了 300000 多条时间序列数据。

（6）中宏数据库（宏观经济信息网）。

中宏数据库（http：//www.macrochina.com.cn/）内容涵盖了 20 世纪 90 年代以来宏观经济、区域经济、产业经济、金融保险、投资消费、世界经济、政策法规、统计数据、热点专题等方面的内容，既有深度的研究报告，也有鲜活的政策动态，更有详尽的统计数据。

（7）EPS 数据库。

EPS 数据库（https：//www.epsnet.com.cn/）是集丰富的数值型数据资源和强大的分析预测系统为一体的覆盖多学科、面向多领域的综合性统计数据与分析平台。包含 100 个数据库，417 个子库，涉及 40+领域，30+一级学科。数据总量超 100 亿条，每年新增近 10 亿条，约 80%数据全网首发更新。10+数据可视化图表 & 数字地图，25+数据处理与分析工具。

（8）镝数聚。

镝数聚（https：//www.dydata.io/）是镝数科技旗下全行业数据综合服务平台，致力于为用户提供高效数据查找和交易服务。通过聚合优质海量数据，引进权威数据合作方和打造数据供需市场，让数据高效流动，从而实现数据的价值最大化。目前平台聚合了全球 8000 多家权威数据源，内容涵盖了社会、互联网与通信、经济与商业、生活娱乐、消费市场、金融、媒介与广告、健康与制药、工业、能源与环境、运输与物流、农业等 16 大领域、120 多个垂直行业。镝数聚还与图 2-6 的企业建立了合作关系，该网站有超链接可以访问以下的一些数据源。

图 2-6　镝数聚合作机构

（9）其他公司网站

搜数网（http://www.soshoo.com）统计资料达到 7874 本，涵盖 1761009 张统计表格和 364580479 个统计数据，汇集了中国资讯行自 1992 年以来收集的所有统计和调查数据，并提供多样化的搜索功能。

Figshare（https://figshare.com）研究成果共享平台，分享世界各国研究者的研究成果，可以从中得到研究数据，内容很有启发性。

启信宝（http://www.qixin.com/）为用户提供快速查询企业工商信息、法院判决信息、关联企业信息、司法拍卖信息、失信信息等服务。

环境云（http://www.envicloud.cn/）是南京云创大数据科技股份有限公司最新研发出的一款全面、稳定、便捷、免费的环境数据开放服务平台。环境云环境大数据服务平台通过获取权威数据源（中国气象网、中央气象台、国家环保部数据中心、美国全球地震信息中心等等）所发布的各类环境数据，以及云创自主布建的各类全国性环境监控传感器网络。

体育大数据（http://www.sportsdt.com/）有体育赛事的比分数据、比赛数据、分析数据、资料库数据等。

另外，各类数据来源还有以下几类。

财经类数据：和讯数据、新浪财经、同花顺、巨潮咨询网、金融数据网、东方财富网。

电影类数据：有艺恩、CBO 中国票房、爱奇艺指数、猫眼专业版等。

汽车类数据：Dataye、易车指数等。

法律类数据：中国裁判文书网。

数据 App：七麦数据、QuestMobile、移动观象台、艾瑞 App 指数、蝉大师，千牛（阿里指数）等。

3. 指数数据与咨询报告

（1）百度指数。

根据百度指数（http://index.baidu.com/）查看某个主题在各个时间段受关注的情况，对趋势分析、预测有很好的指导作用。除了关注趋势之外，还有需求分析、人群画像等精准分析的工具，对于市场调研来说具有很好的参考意义。同样的另外两个搜索引擎搜狗、360 也有类似的产品，都可以作为参考。

（2）艾瑞咨询。

艾瑞咨询（http://www.iresearch.com.cn/）作为老牌的互联网研究机构，在数据的沉淀和数据分析上有得天独厚的优势，在互联网的趋势和行业发展数据分析上面比较权威，艾瑞的互联网分析报告可以说是互联网研究的必读刊物。

（3）中国城市拥堵排行榜。

中国城市拥堵排行榜（http://report.amap.com/index.do）是高德交通的中国主要城市交通分析报告，报告是基于高德积累的海量交通出行数据，通过大数据挖掘计算所得，通用算法与理论保证了其合理性与科学性。此报告客观地从多维度反映城市的交通拥堵状况，力争做到精准、精细、精确，为公众交通出行、机构研究、政府决策提供有价值的理论参考依据。

（4）阿里研究院。

阿里研究院（http://www.aliresearch.com/cn/index）依托阿里巴巴集团海量数据，深耕小企业前沿案例，集结全球商业智慧，以开放、合作、共建、共创的方式打造具影响力的新商业知识平台，成立于 2007 年 4 月。阿里研究院与业界顶尖学者、机构紧密合作，聚焦电子商务生态、产业升级、宏观经济等研究领域，共同推出 aSPI-core、aSPI、aEDI、aCCI、aBAI 及数据地图等多个创新性数据产品、大量优秀信息经济领域研究报告，以及数千个经典小企业案例。

（5）CBNddata。

CBNData（第一财经商业数据中心，https://www.cbndata.com/）隶属于上海文化广播影视集团（SMG），是 Yinfinity（应帆科技）旗下新消费产业研究与传播服务机构，致力于洞察消费行业发展趋势，助力品牌影响力的可持续增长及运营决策效率的提升。CBNData 立足领域数据库、数字化媒体矩阵以及消费品牌数据库，围绕新消费、新圈层、新方法三大研究方向，面向品牌企业输出行业研究、数据沉淀、信息聚合、营销传播及商业公关等产品及服务，多维助力品牌影响力的搭建、透传及破圈。CBNData 研究领域已覆盖美妆、食品、服饰、母婴、宠物、明星及红人营销等，目前旗下拥有国内领先的新消费信息门户——CBNData 消费站，精准辐射数百万行业用户。

▶▶| 2.1.2 数据获取方式 ▶▶ ▶

1. 手工获取

在数据采集前，需要制订详细的调查计划和数据采集方案，以确保数据采集的全面性和有效性。

在进行网站数据收集时，应先登录相应的网站，进入相应的链接进行下载，或是直接通过复印粘贴网页上的数据来完成。采取手工获取数据的方式工作量大，容易出错。

在进行数据库数据收集时，应先获取相应的权限（大多数据库为收费数据，需进行购买）登录后下载所需数据。

另外，还可以通过调查问卷、访谈、实地观察等方式获取相应的数据。

2. 数据采集器

目前市面上有较多自动采集网页数据的工具。大数据导航（https://bigdata.ttdh.cn/）里面就提供了一些这样的采集数据的工具。如图 2-7 所示。

图 2-7 数据采集器

（1）火车头。

火车头（http://www.locoy.com）采集免费网站，一款专业的互联网数据抓取、处理、分析、挖掘工具，可以灵活迅速地抓取网页上散乱分布的数据信息，并通过一系列的分析处理，准确挖掘出所需数据，最常用的就是采集某些网站的文字、图片、数据等在线资源。接口比较齐全，支持的扩展比较好用。

（2）八爪鱼。

八爪鱼（http://www.bazhuayu.com/）是较为简单实用的采集器，功能齐全，操作简单，不用写规则。特有的云采集，关机也可以在云服务器上运行采集任务。

（3）集搜客。

集搜客（http://www.gooseeker.com/）是一款简单易用的网页信息抓取软件，能够抓取网页文字、图表、超链接等多种网页元素，提供好用的网页抓取软件、数据挖掘攻略、行业资讯和前沿科技等。

3. 网络爬虫

在信息爆炸的时代，人工信息采集显然已经不能满足经济管理工作中的需求。网络爬虫是一种自动化程序，能够模拟人类在互联网上浏览网页的行为，从中抓取数据。网络爬虫通过发送 HTTP 请求，获取网页内容，并从中提取有用的信息。它可以批量地、快速地抓取大量的网页，并将抓取到的数据进行处理和存储。

网络自动化获取经济和管理数据相比人工获取有以下优势：

（1）准确度高。自动化获取采用计算机程序自动抓取数据，避免了人工录入数据时可能出现的错误。

（2）节约时间和精力。自动化获取能够以较快速度扫描大量数据源，特别适合对于海量数据的获取和分析，省去了人工查找和整理数据的时间和精力。

（3）实时性好。自动化获取可以每天、每小时，甚至每分钟更新数据，随时保持数据的实时性。

（4）全面性强。自动化获取包含的数据范围广，并且能够根据需要从不同的数据源中获取数据。这样可以获取更加全面、细致的数据细节信息。

（5）可扩展性强。通过程序自动化获取数据，可以很容易进行修改和扩展。如果需要更新或添加新的数据源，只要修改程序即可。

网络爬虫的应用非常广泛，如搜索引擎的索引建立、数据挖掘、舆情分析、价格监控等。但是需要注意的是，进行网络爬虫时需要遵守网站的爬取规则，不违反法律法规，并且要注意对抓取负载的控制，以避免对目标网站造成过大的压力。

4. API 接口数据

API（Application Programming Interface）是一种应用程序接口，它允许不同软件之间互相通信、交换数据，调用对方的功能。通过调用 API 接口，可以获取数据，比如说天气数据、股票数据、新闻数据等等。其中比较典型的如下。

（1）极速数据（http://www.jisuapi.com/）平台提供各类生活数据 API，如公交、火车、违章、快递等，方便开发者快速简单的开发 App、软件及其他服务平台。

（2）百度 API 商店（http://apistore.baidu.com/）是一个连接服务商与开发者的第三方 API 分发平台。平台致力于为开发者提供最全面便捷的 API 服务，以及帮助服务商开放服务，提升 API 调用量。平台已汇集了国内外应用开发所需的 Android/IOS API 和 SDK 等800 余个服务，特有百度独家的检索抓取、语音图像、地图翻译等服务。首创即用 API 模式，使用百度账号即可调用平台内所有即用 API。

（3）聚合数据（https://www.juhe.cn/）为数据接口开发者定制数据，致力于基于API 技术向客户提供覆盖多领域、多场景的标准化 API 技术服务与集 API 治理、数据治理和相关技术服务于一体的数字化整体解决方案，助力企业客户实现数字化升级。围绕科技创新与数字化升级，聚合数据已构建起丰富而成熟的产品服务矩阵，主营业务包括标准化API 技术服务与数字化整体解决方案等。

获取数据的步骤一般为：

（1）选择合适的 API。选择合适的 API 接口，比如说天气 API、股票 API、新闻 API 等，确保数据来源可靠。

（2）注册开发者账号。在 API 提供商的官网上注册开发者账号，获得 API 接口密钥，并进行认证。

（3）编写代码。根据 API 提供商提供的文档，编写代码调用 API 接口，获取数据。

（4）解析数据。获取到的数据可能是 JSON 格式或 XML 格式，需要对数据进行解析，提取出需要的信息。

（5）数据处理和展示。根据业务需要，对获取到的数据进行进一步处理，并展示到网站或客户端中。

需要注意的是，不同的 API 接口提供商可能使用不同的协议和参数，需要根据 API 文档进行调用。同时，API 接口也存在调用限制和配额限制，需要按照 API 提供商的规定进行调用。

2.2 网络爬虫基础

▶▶ 2.2.1 网络爬虫的概念及分类 ▶▶ ▶

1. 什么是网络爬虫？

网络爬虫又称网络蜘蛛、网络蚂蚁、网络机器人等，可以自动化浏览网络中的信息，当然浏览信息的时候需要按照我们制定的规则进行。这些规则称之为网络爬虫算法。使用 Python 可以很方便地编写出爬虫程序，进行互联网信息的自动化检索。

搜索引擎离不开爬虫，比如百度搜索引擎的爬虫叫作百度蜘蛛（Baiduspider）。百度蜘蛛每天会在海量的互联网信息中爬取优质信息并收录，当用户在百度搜索引擎上检索对应关键词时，百度将对关键词进行分析处理，从收录的网页中找出相关网页，按照一定的排名规则进行排序并将结果展现给用户。

2. 网络爬虫的基本原理

网络爬虫的基本原理如下：

（1）指定起始 URL。指定一个起始 URL 作为爬取的入口。

（2）发送 HTTP 请求。通过发送 HTTP 请求，获取网页的内容。

（3）解析网页。将获取到的网页内容进行解析，提取出需要的信息，如链接、文本、图片等等。

（4）处理数据。对提取到的数据进行清洗、去重、格式化等操作，便于后续的存储和分析。

（5）存储数据。将处理后的数据存储到数据库、文件或其他存储介质中。

（6）继续抓取。根据需要，从解析出的链接中继续抓取其他页面。

3. 网络爬虫的分类

（1）通用网络爬虫。

通用网络爬虫（General Purpose Web Crawler），又叫作全网爬虫，顾名思义，通用网络爬虫爬取的目标资源在全互联网中。

通用网络爬虫所爬取的目标数据是海量的，并且爬取的范围也非常大，正是由于其爬取的数据是海量数据，故而对于这类爬虫来说，其爬取的性能要求非常高。这种网络爬虫主要应用于大型搜索引擎中，有非常高的应用价值。

通用网络爬虫主要由初始 URL 集合、URL 队列、页面爬行模块、页面分析模块、页面数据库、链接过滤模块等构成。通用网络爬虫在爬取的时候会采取一定的爬取策略，主要有深度优先爬行策略和广度优先爬行策略。

（2）聚焦网络爬虫。

聚焦网络爬虫（Focused Crawler）也叫主题网络爬虫，顾名思义，聚焦网络爬虫是按照预先定义好的主题有选择地进行网页爬取的一种爬虫，聚焦网络爬虫不像通用网络爬虫一样将目标资源定位在全互联网中，而是将爬取的目标网页定位在与主题相关的页面中，此时，可以大大节省爬虫爬取时所需的带宽资源和服务器资源。

聚焦网络爬虫主要应用在对特定信息的爬取中，为某一类特定的人群提供服务。聚焦网络爬虫主要由初始 URL 集合、URL 队列、页面爬行模块、页面分析模块、页面数据库、链接过滤模块、内容评价模块、链接评价模块等构成。内容评价模块可以评价内容的重要性，同理，链接评价模块也可以评价出链接的重要性，然后根据链接和内容的重要性，可以确定优先访问哪些页面。

（3）增量式网络爬虫。

增量式网络爬虫（Incremental Web Crawler）的增量式对应着增量式更新。增量式更新指的是在更新的时候只更新改变的地方，而未改变的地方则不更新，所以增量式网络爬虫，在爬取网页的时候，只爬取内容发生变化的网页或者新产生的网页，对于未发生内容变化的网页，则不会爬取。增量式网络爬虫在一定程度上能够保证所爬取的页面，尽可能是新页面。

（4）深层网页网络爬虫。

在互联网中，网页按存在方式分类，可以分为表层页面和深层页面。所谓的表层页面，指的是不需要提交表单，使用静态的链接就能够到达的静态页面；而深层页面则隐藏在表单后面，不能通过静态链接直接获取，是需要提交一定的关键词之后才能够获取得到的页面。

深层网络爬虫（Deep Web Crawler），可以爬取互联网中的深层页面，需要想办法自动填写好对应表单，所以，深层网络爬虫最重要的部分即为表单填写部分。

深层网络爬虫主要由 URL 列表、LVS 列表（LVS 指的是标签/数值集合，即填充表单的数据源）、爬行控制器、解析器、LVS 控制器、表单分析器、表单处理器、响应分析器等部分构成。

▶▶ǀ 2.2.2　网页基础知识　▶▶　▶

1. 统一资源定位符（URL）

URL 的全称为 Universal Resource Locator，即统一资源定位符，就是大家平时比较熟悉的称呼"网址"。比如百度的网址"https://www.baidu.com/"就是一个 URL。通过这样一个链接，我们便可以从互联网上找到这个资源。在浏览器中输入一个 URL，回车之后便会在浏览器中观察到页面内容。

2. HTTP 的基本原理

HTTP 的全称是 Hyper Text Transfer Protocol，中文名叫作超文本传输协议。HTTP 协议是用于从网络传输超文本数据到本地浏览器的传送协议，它能保证高效而准确地传送超文本文档。HTTP 由万维网协会（World Wide Web Consortium）和 Internet 工作小组 IETF（Internet Engineering Task Force）共同合作制定的规范，目前广泛使用的是 HTTP 1.1 版本。

HTTPS 的全称是 Hyper Text Transfer Protocol over Secure Socket Layer，是以安全为目标的 HTTP 通道，简单讲是 HTTP 的安全版，即 HTTP 下加入 SSL 层，简称为 HTTPS。

在浏览器中输入一个 URL，按回车键后便会在浏览器中显示网页内容。实际上，这个过程是浏览器向 Web 服务器发送了一个 HTTP 请求；Web 服务器接收到这个请求后进行解析和处理，然后返回给浏览器对应的 HTTP 响应；浏览器再对 HTTP 响应进行解析，从而将网页呈现了出来。

为了更直观地地说明这个过程，使用 Google Chrome 浏览器打开新浪财经网（https://finance.sina.com.cn/）的页面为例来展示 HTTP 请求和响应的过程。打开 Google Chrome 浏览器，右击页面空白处，在弹出的快捷菜单中选择"检查"选项，打开浏览器的开发者工具窗口（点击键盘上的 F12 能快捷进入），然后选择"Network"选项，刷新网址，即可在开发者工具窗口中显示请求记录（图 2-8），其中每一条记录都代表一次发送请求和接收响应的过程。

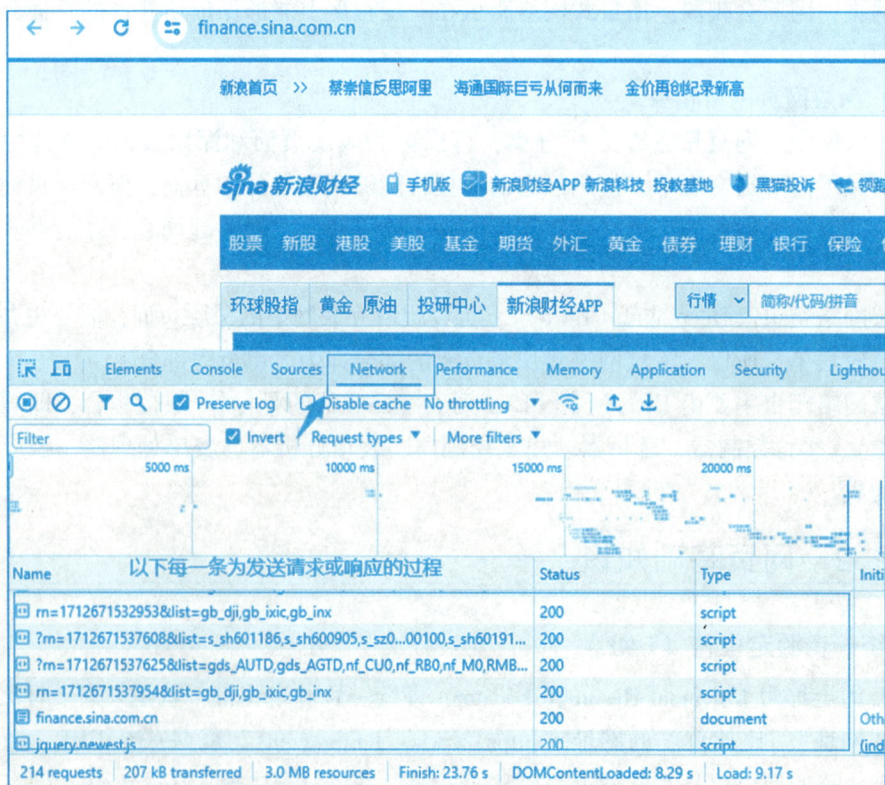

图 2-8　访问新浪财经的发送请求和接收响应的过程

刷新页面，在记录列表中，选择"finance.sina.com.cn"选项，然后在其右侧打开的界面中选择"Headers"选项，即可显示 HTTP 请求和响应的详细信息，如图 2-9 所示。

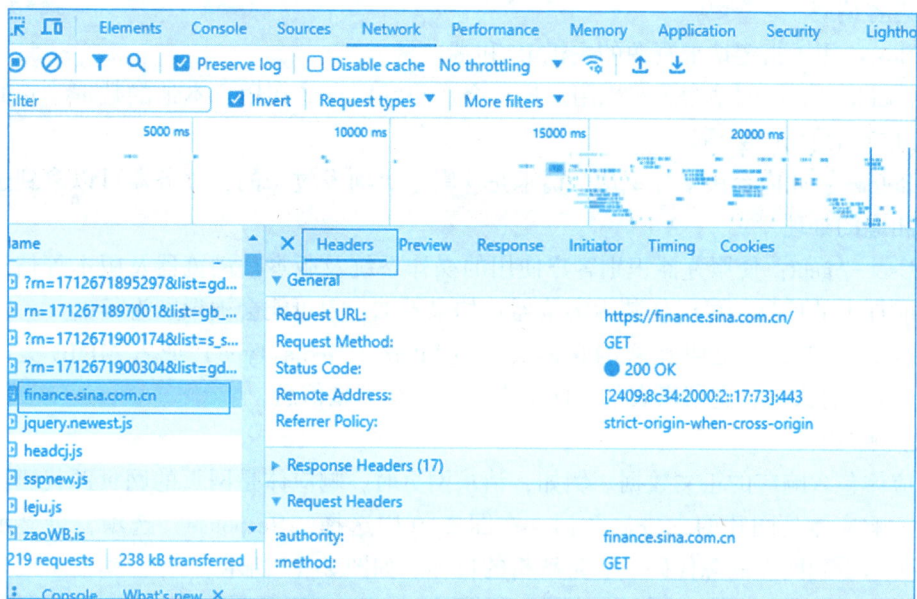

图 2-9 新浪财经 HTTP 请求和响应的详细信息

（1）请求头（Headers）。

请求头用来说明服务器要使用的附加信息，比较重要的信息有 Cookie、Referer、User-Agent 等，如图 2-10 所示。在写爬虫时，大部分情况下都需要设定请求头。

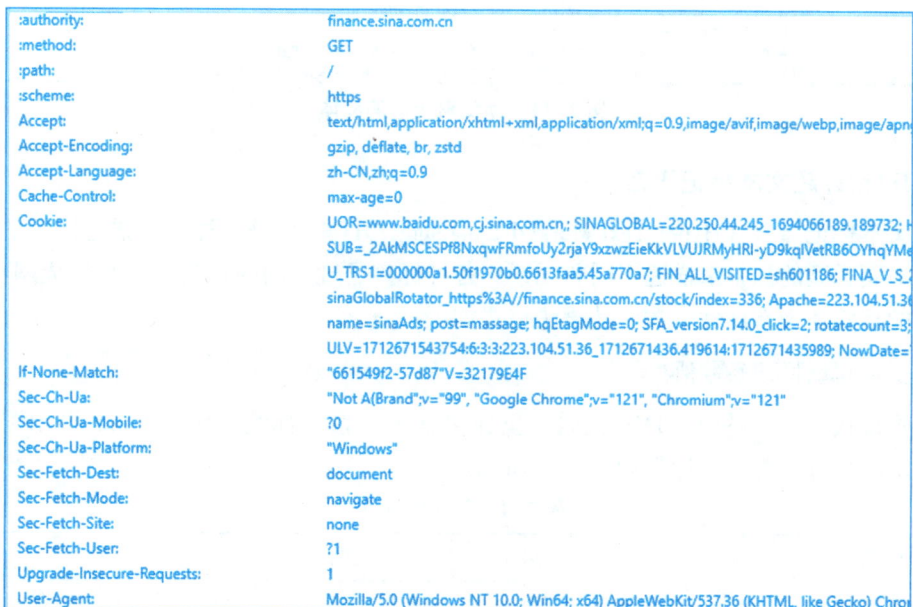

图 2-10 新浪财经 HTTP 请求头

①Accept：请求报头域，指定客户端可接受哪些类型的信息。

②Accept-Language：指定客户端可接受的语言类型。Accept-Encoding：指定客户端可接受的内容编码。

③Host：用于指定请求资源的主机 IP 和端口号。

④Cookie（s）：网站为了辨别用户进行会话跟踪而存储在用户本地的数据。它的主要功能是维持当前访问会话。

⑤Referer：此内容用来标识这个请求是从哪个页面发过来的，服务器可以拿到这一信息并做相应的处理。

⑥User-Agent：使服务器识别客户使用的操作系统及版本、浏览器及版本等信息。在做爬虫时加上此信息，可以伪装为浏览器；如果不加，很可能会被识别为爬虫。

⑦Content-Type：也叫互联网媒体类型（Internet Media Type）或者 MIME 类型，在 HTTP 协议消息头中，它用来表示具体请求中的媒体类型信息。

（2）响应体。

响应体包含响应的正文数据。例如，请求网页时，响应体是网页的网页源代码；请求图片时，响应体是图片的二进制数据。在图 2-9 中选择"Response"选项，可显示响应体，就可以看到网页的源代码。它是解析的目标。如图 2-11 所示。

```
X   Headers  Preview  Response  Initiator  Timing  Cookies
1    <!Doctype html>
2    <!-- [ published at 2024-04-09 22:10:02 ] -->
3
4    <html>
5    <head>
6        <meta charset="utf-8">
7        <title>新浪财经_新浪网</title><meta name="keywords" content="财经纵横,股票,期货,基金,外汇,财经频道,
8    <link rel="mask-icon" sizes="any" href="//www.sina.com.cn/favicon.svg" color="red">
9        <meta name="stencil" content="PGLS000089" />
10       <meta http-equiv="X-UA-Compatible" content="IE=edge" />
11       <meta content="always" name="referrer">
12       <meta name="bytedance-verification-code" content="uGBLhf1v/byFalUGlyZc" />
13       <link rel="apple-touch-icon" href="http://i1.sinaimg.cn/cj/finance5.png" />
```

图 2-11　新浪财经的响应体

3. HTML 超文本标记语言

超文本标记语言（Hyper Text Marked Language，HTML）是一种用来描述网页的语言。它通过不同类型的标签来描述不同的元素，各种标签通过不同的排列和嵌套形成网页的框架。有的标签还带有属性参数，其语法格式如下：

<标签　属性="参数值">

网页源代码是一系列 HTML 代码，里面包含了一系列标签，比如：img 显示图片，p 指定显示段落等。常见的标签如表 2-1 所列。

表 2-1　常见的标签

标签	说明
<!DOCTYPE>	定义文档类型
<html>	定义 HTML 文档，标记符是<html></html>

续表

标签	说明
<head>	定义文档的头部，标记符是<head></head>
<meta>	定义关于 HTML 文档的元信息，标记符是<meta 属性=" 参数值" >
<title>	定义文档的标题，标记符是<title>文档标题</title>
<body>	定义文档的主体，标记符是<body></body>
<div>	定义文档中的节，标记符是<div></div>
<ul>	定义无序列表，标记符是<ul></ul>
<li>	定义列表项目，标记符是<li></li>
<h1>~<h6>	定义 HTML 标题，<h1>定义最大的标题，<h6>定义最小的标题，标记符是<h1>我的标题</h1>
<p>	定义段落，标记符是<p></p>
<a>	定义超链接目标，标记符是<a href=" 地址" >链接名称</a>
<link>	定义文档与外部资源的关系，标记符是<link 属性=" 参数值" >
<script>	定义客户端脚本，标记符是<script></script>

　　浏览器解析这些标签后，便形成了我们平常看到的网页。在打开的开发者工具窗口选择"Elements"选项就可以看到网页源代码，如图 2-12 所示。在图 2-9 中选择"Response"选项，可显示响应体，也可以看到网页的源代码。

图 2-12　网页源代码展示

4. CSS 与 JavaScript

HTML 定义了网页的结构，但是只有 HTML 页面的布局并不美观，可能只是简单的节点元素的排列。CSS（层叠样式表 Cascading Style Sheets）是目前唯一的网页页面排版样式标准。"层叠"是指当在 HTML 中引用了数个样式文件，并且样式发生冲突时，浏览器能依据层叠顺序处理。"样式"指网页中文字大小、颜色、元素间距、排列等格式。CSS 选择器还可以定位节点。

有时用户在爬取网页时，爬取到的结果可能和在浏览器中看到的不一样，在浏览器中正常显示的页面数据，在爬取到的结果中却没有。这是因为发送请求返回的是网页源代码（网页源代码中不包含由 JavaScript 动态加载的数据），而浏览器中的页面是经过 JavaScprit 动态加载的。

JavaScript 动态加载数据一般使用 Ajax 技术（Ajax 指异步 JavaScript 和 XML，是一种创建交互式、快速动态网页应用的网页开发技术），它通过在后台与服务器进行数据交换，实现网页的异步更新。在确认想要获取的网页数据是通过 Ajax 动态加载时，可通过分析 Ajax 请求获取真实的 URL，然后使用 urllib 库或 requests 库构造并发送同样的请求即可。

▶▶ 2.2.3 HTML 文档的解析 ▶▶ ▶

Python 中的 lxml、Beautiful Soup 、pyquery 等解析库，都能将字符串类型的 HTML 响应，转换为容易解析、提取数据的数据类型，实现快速从 HTML 文档中提取出需要的目标信息。如果信息需要进一步提取，可以使用正则表达式，制定具体的提取规则，从文本中提取出目标信息。

1. 正则表达式

正则表达式是一个特殊的字符序列，它能方便地检查一个字符串是否与某种模式匹配。就其本质而言，正则表达式（或 RE）是一种小型的、高度专业化的编程语言。Python 通过内嵌的 re 模块拥有全部的正则表达式功能。

正则表达式通过匹配规则进行字符串匹配，比如："."表示匹配任意除换行符"\n"外的字符，在 DOTALL 模式中也能匹配换行符；"\d"表示匹配数字 [0-9]；"\s"表示匹配空白字符 [< >\t\r\n\f\v] 等等。

匹配的大致过程是：依次拿出表达式和文本中的字符比较，如果每一个字符都能匹配，则匹配成功；一旦有匹配不成功的字符则匹配失败。

更多的 re 模块的介绍及匹配规则详见官方文档：https://docs. python. org/zh-cn/3. 8/library/re. html。

在实际运用中可以使用网上的一些在线测试工具进行正则表达式的调试。比如：站长工具网 https://tool. chinaz. com/，或百度搜索可得到更多可供选择的测试工具，或是使用 chatGPT 等大数据模型工具进行辅助编写。

2. XPath

XPath（XML Path Language）是 XML 路径语言，最初是用来搜寻 XML 文档的，但是它同样适用于 HTML 文档的搜索。所以在做爬虫时可以使用 XPath 来做相应的信息抽取。

XPath 的选择功能十分强大，它提供了非常简洁明了的路径选择表达式。它提供了超过 100 个内建函数，用于字符串、数值、时间的匹配以及节点、序列的处理等。节点的定位几乎都可以用 XPath 来选择完成。一些网页爬虫的第三方库都支持 XPath 解析方式，比如 lxml 库。

XPath 语法及规则说明详见官方网站：https://www.w3.org/TR/xpath/。

2.3　基于网页爬虫的数据获取

▶▶I 2.3.1　静态网页数据获取　▶▶　▶

静态网页是指已经装载好内容的 HTML 页面，无须经过请求服务器数据库和编译过程，直接加载到客户浏览器上显示出来。通俗地说就是生成独立的 HTML 页面，且不与服务器的数据库进行数据交互。静态页面一般不发生内容上的变化，任何时间、地点访问，其内容是固定不变的，没有动态的请求。不改变源代码的情况下无法对内容更新。

静态网页并不是静止不动的页面，它可以包含文本、图像、视频等，可以包含 CSS、JavaScript 对静态网页的美化。从视觉效果上，包含动态的轮播图展示效果的网页，也可能是静态网页。

1. 静态网页表格数据的获取

当网页中包含有表格类数据时，可以用 pandas 包中的 read_html 函数来获取。read_html 函数是最简单的爬虫，可爬取静态网页表格数据，但只适合于爬取 table 表格型数据。有的网站表面上看起来是表格，但在网页源代码中不是 table 格式，而是 list 列表格式，这种表格就不适用 read_html 爬取。

【例 2-1】爬取新浪财经网站中的基金重仓股数据。

```
import pandas as pd
df = pd.read_html('http://vip.stock.finance.sina.com.cn/q/go.php/vComStockHold/kind/jjzc/index.phtml')[0]
df.tail()
```

[0] 表示从返回的 DataFrame 列表中选择第一个 DataFrame。因为 pd.read_html 可能会返回多个 DataFrame（如果页面中有多个表格），所以通过索引 [0] 来选择第一个 DataFrame。如果页面中只有一个表格，那么 [0] 就是获取这个唯一 DataFrame 的方式。

如果没有指定 [0]，那么 pd. read_ html 函数将返回包含所有表格的 DataFrame 列表，而不是单个 DataFrame。运行结果如图 2-13 所示。

```
import pandas as pd
df=pd.read_html('http://vip.stock.finance.sina.com.cn/q/go.php/vComStockHold/kind/jjzc/index.phtml')[0]
df.tail()
```

	代码	简称	截至日期	家数	本期持股数(万股)	持股占已流通A股比例(%)	同上期增减(万股)	持股比例(%)	上期家数
35	600196	复星医药	2023-12-31	4	6340.2371	2.37	-1129.2121	2.79	5
36	600210	紫江企业	2023-12-31	2	2205.7662	1.45	266.2862	1.28	2
37	600223	福瑞达	2023-12-31	2	983.9135	0.97	983.9135	0.00	0
38	600235	民丰特纸	2023-12-31	4	908.3200	2.59	35.0900	2.49	4
39	600237	铜峰电子	2023-12-31	1	250.0000	0.40	-350.7800	0.97	1

图 2-13　新浪财经基金重仓股单页抓取结果

下拉新浪财经网站中的基金重仓股的网页，可以看到有 21 页内容，如图 2-14 所示。

										每页显示：20 ④ 60
代码	简称	截至日期	家数	本期持股数(万股)	持股占已流通A股比例(%)	同上期增减(万股)	持股比例(%)	上期家数	明细	
688252	天德钰	2023-12-31	1	314.8283	0.77	-179.4681	1.21	3	+展开明细	
603281	江瀚新材	2023-12-31	3	634.9288	1.70	73.3777	1.50	4	+展开明细	

上一页　16　17　18　19　20　21　下一页

图 2-14　新浪财经基金重仓股页数

其中，前 3 页的 URL 如下：

http://vip. stock. finance. sina. com. cn/q/go. php/vComStockHold/kind/jjzc/index. phtml?p=1

http://vip. stock. finance. sina. com. cn/q/go. php/vComStockHold/kind/jjzc/index. phtml?p=2

http://vip. stock. finance. sina. com. cn/q/go. php/vComStockHold/kind/jjzc/index. phtml?p=3

观察这些 URL 发现：每一页的 URL 基本相同，仅尾数发生了变化，因此可以采用 for in 循环，并在循环体内拼接 URL 字符串的方式来获取每页数据。具体代码如下：

```
import pandas as pd
url_xlcj='http://vip. stock. finance. sina. com. cn/q/go. php/vComStockHold/kind/jjzc/index. phtml? p ='
df =pd. DataFrame ()
for i in range (20):
    url_all=str(url_xlcj)+str(i+1)
    df =pd. concat ([df, pd. read_html (url_all)[0]])
    print (f'第{i+1}页已获取')
df
```

运行结果如图 2-15 所示：

	代码	简称	截至日期	家数	本期持股数(万股)	持股占已流通A股比例(%)	同上期增减(万股)	持股比例(%)	上期家数	明细
0	600009	上海机场	2023-12-31	3	2862.5982	1.15	-215.5500	1.24	3	+展开明细
1	600012	皖通高速	2023-12-31	2	741.5000	0.45	301.9900	0.26	1	+展开明细
2	600026	中远海能	2023-12-31	3	8030.2680	1.68	2450.1429	1.17	3	+展开明细
3	600028	中国石化	2023-12-31	1	23350.4214	0.20	5129.1137	0.15	1	+展开明细
4	600030	中信证券	2023-12-31	1	21032.5343	1.42	1348.4343	1.33	1	+展开明细
...	...	...	...	...	...	...	...	...	...	...
37	603125	常青科技	2023-12-31	2	69.0227	0.36	69.0227	0.00	0	+展开明细
38	1225	和泰机电	2023-12-31	2	52.4000	0.81	5.7100	0.72	2	+展开明细
39	688372	伟测科技	2023-12-31	1	201.7684	1.78	-344.0589	4.81	8	+展开明细
0	688252	天德钰	2023-12-31	1	314.8283	0.77	-179.4681	1.21	3	+展开明细

802 rows × 10 columns

图 2-15　基金重仓股多页抓取结果

另外，我们打开新浪财经的市盈率排行数据网页，如图 2-16 所示。

图 2-16　新浪财经市盈率排行数据页面

若想获取新浪财经的市盈率排行数据，同样地，使用 read_html 的爬取代码如下：

```
import pandas as pd
df = pd. read_html (r'http://vip. stock. finance. sina. com. cn/datacenter/
hqstat. html#sylv')
df
```

运行结果报错，报错原因为：未找到表格，如图 2-17 所示。尽管图 2-16 中新浪财经的市盈率排行数据网页看起来很像表格，但在网页中并非以 tables 形式存储，因此无法采用 read_html 的方法进行获取。

```
import pandas as pd
df=pd.read_html(r'http://vip.stock.finance.sina.com.cn/datacenter/hqstat.html#sylv')
df
---------------------------------------------------------------------------
ValueError                                Traceback (most recent call last)
<ipython-input-1-0d7443501a2e> in <module>
      1 import pandas as pd
```

```
548
549             result = []

ValueError: No tables found
```

图 2-17 新浪财经的市盈率排行数据爬取失败

2. 一般静态网页数据获取

【例 2-2】从百度图片下载与"会计"相关的 20 张图片。

```python
import requests
import re
import os
number=20
keyword="会计"
if not os.path.exists(keyword):
    os.makedirs(keyword)
url = r'http://image.baidu.com/search/flip? tn = baiduimage&ipn =
r&ct = 201326592&cl = 2&lm = - 1&st = - 1&fm = result&fr = &sf = 1&fmq =
1497491098685_R&pv = &ic = 0&nc = 1&z = &se = 1&showtab = 0&fb = 0&width =
&height = &face = 0&istype = 2&ie = utf - 8&ctd = 1497491098685% 5E00_
1519X735&word='+keyword    #这是百度图片搜索的 URL,包含了搜索参数和关键词。
    headers={'User-Agent': 'Mozilla/5.0 (Windows NT 10.0; Win64; x64)
AppleWebKit/537.36 (KHTML, like Gecko) Chrome/121.0.6167.140 Safari/
537.36'}    #请求头模仿了 Chrome 浏览器的用户代理,有些网站会检查用户代理。

    res=requests.get(url,headers=headers)
    print(res)
    picture_url=re.findall(r'objURL":"(.*?)",',res.text)    #使用正则表
达式提取图片 URL
    a=1
    for i in picture_url:
        a+=1
        try:
            print(i)
            picture=requests.get(i,headers=headers,timeout=10)
            name=r"%s/%s_%d.jpg" %(keyword,keyword,a)
            with open(name,"wb")as f:
                f.write(picture.content)
```

```
        print("第%d张的图片在下载" %a)
    except:
        print("第%d张的图片在下载失败")
    if a>=number:
        break
```

运行以上代码后,在默认的文件路径内创建了名为"会计"的文件夹,里面有从百度图片中下载的20张与会计相关的图片。代码中的 number 表示获取图片的张数,keyword 表示搜索的主题,可根据各自的需求更改以上两个变量的值即可获得任意主题的图片若干。

【例 2-3】从东方财富网下载与"宁德时代"相关的研究报告。

```
import requests
import re
import os
import json
from lxml import etree    #解析 html 网页文档

stock="300750"    #传入股票代码,调用函数
if not os.path.exists(stock):
    os.mkdir(stock)


#响应头
headers={
    "Accept": "text/html, application/xhtml+xml, application/xml;
q=0.9, image/avif, image/webp, image/apng, */*; q=0.8, application/
signed-exchange; v=b3; q=0.9",
    "Accept-Encoding": "gzip, deflate",
    "Accept-Language": "zh-CN,zh;q=0.9,zh-TW;q=0.8,en-US;q=0.7,
en;q=0.6",
    "Cache-Control": "max-age=0",
    "Connection": "keep-alive",
    "Host": "data.eastmoney.com",
    "Referer": "http://data.eastmoney.com/report/",
    "Upgrade-Insecure-Requests": "1",
    "User-Agent": "Mozilla/5.0 (Windows NT 10.0; Win64; x64) AppleWeb-
Kit/537.36(KHTML, like Gecko)Chrome/121.0.6167.140 Safari/537.36",
    }
```

```
url=f'http://data.eastmoney.com/report/{stock}.html'
res=requests.get(url,headers=headers).text
res_json=json.loads(re.search(r'var initdata=(.*? \});',res)
.group(1))   #将字符串转换为 Json 并解析
for meg in res_json["data"]:
    info_code=meg["infoCode"]
    title=meg["title"]   #提取出 infocode、title 信息
    url_midle=r'http://data.eastmoney.com/report/zw_stock.jshtml?
infocode='+info_code
    con2=requests.get(url_midle,headers=headers).text
    pdf_url = etree.HTML(con2).xpath("//a[@ class = 'pdf-link']/@
href")[0] #提取 PDF 文件的链接
    print(pdf_url,title)
    pdf=requests.get(pdf_url)
    with open(f"{stock}/{title}.pdf","wb") as code:
        code.write(pdf.content)   #下载并保存 PDF 文件

print("抓取完成")
```

运行以上代码后，在默认的文件路径内创建了名为 "300750" 的文件夹，里面有从东方财富网中下载的所有与宁德时代相关的研究报告。代码中的 stock 表示需下载的股票代码获取，可根据各自的需求更改此变量的值即可获得任意所需股票的研究报告。

▶▶ 2.3.2 动态网页数据的获取 ▶▶ ▶

动态网页，是指跟静态网页相对的一种网页编程技术。静态网页，随着 HTML 代码的生成，页面内容和显示效果就基本上不会发生变化了，修改页面代码才能使之变化。而动态网页则不然，页面代码虽然没有变，但是显示的内容却可以随着时间、环境或者数据库操作的结果而发生改变。

动态网页与网页上的动态效果没有直接关系，如视频、动图以及滚动字幕等，动态网页的内容也可以设计为纯文字或纯视频内容，无论网页是否具有动态效果，只要是采用了动态网页设计的方式就可以称之为动态网页。

动态网页最明显的特征是与数据库进行数据交互。比如涉及用户注册、留言、个性推荐等功能的网页，都可能是动态网页。

一些网页的部分元素是由 JavaScript 动态加载的，很多内容不会出现在网页源代码中，无法直接使用 urllib 库或 requests 库爬取。因此，需要寻求新的方法爬取动态加载数据，一般包括逆向分析请求页面、Selenium 模拟浏览器和保存数据至数据库等内容。

【例 2-4】从前程无忧网上爬取 "国际贸易" 相关的招聘岗位信息。

Selenium 是一个开源的自动化测试工具，它允许开发者编写自动化脚本模拟用户在网页上的各种操作，如点击、输入、导航等。Selenium WebDriver 的工作原理是，它启动一个浏览器实例，然后模拟用户的操作。每个浏览器都有一个对应的 WebDriver，例如 ChromeDriver 用于 Chrome。

因此在编写本题程序时应先配置相应的 WebDriver。

本题以 Chrome 浏览器为例。首先需下载与自己计算机内的浏览器版本相一致的 ChromeDriver. exe。浏览器版本的可在 Chrome 浏览器的设置内进行查看，如图 2-18 所示。ChromeDriver. exe 各种版本的下载网址如下：

https://registry. npmmirror. com/binary. html？path＝chromedriver/；

或 https://registry. npmmirror. com/binary. html？path＝chrome-for-testing/

图 2-18　Chrome 浏览器的版本查看

根据计算机的操作系统选择相应的安装包下载，如为 Windows 系统安装包如图 2-19 所示。

图 2-19　ChromeDriver 的安装包下载

将 chromedriver_win64. zip 解压得到的 ChromeDriver. exe 复制放置在与 Anaconda 中的 python. exe 同一文件目录下。

Anaconda 中的 python.exe 的位置是安装此软件的安装位置，可以通过以下操作进行查看。从"开始"菜单中找到 Anaconda Navigator（anaconda），鼠标右击－"更多"－"打开文件位置"，如图 2-20 所示。

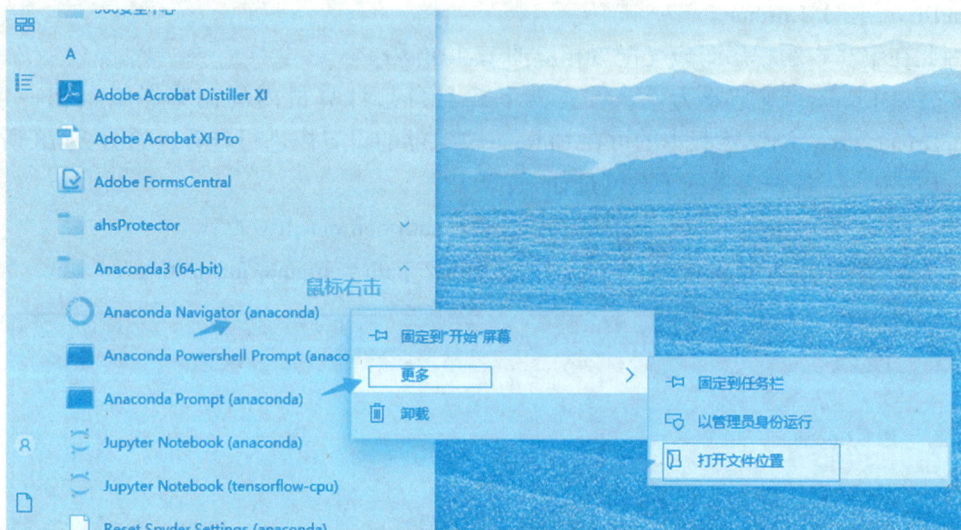

图 2-20　查看 Anaconda 的快捷方式的位置

接着，在打开的文件夹中找到 Anaconda Navigator（anaconda），鼠标右击－"打开文件所在的位置"，如图 2-21 所示。找到 python.exe 所在文件夹，如图 2-22 所示。

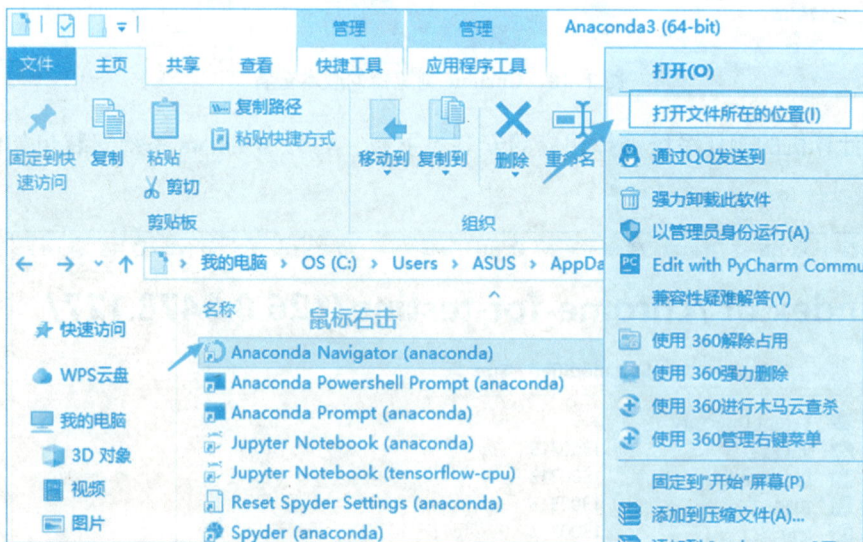

图 2-21　Anaconda 的安装位置查看

图 2-22　找到 python. exe 所在文件夹

配置好相应的 WebDriver 后，编写代码如下：

```
from selenium import webdriver
from selenium.webdriver.common.by import By
import time
import pandas as pd
driver=webdriver.Chrome()
driver.get(r'https://login.51job.com/')
time.sleep(10)   #此处微信扫码登陆
driver.find_element(By.XPATH, r'/html/body/div[3]/div[1]/div[2]/
div[1]/p[1]/i').click()
time.sleep(20)
keyword='国际贸易'   #检索与国际贸易相关的岗位
driver.find_element(By.XPATH, r'//* [@ id="kwdselectid"]').send_
keys(keyword)
time.sleep(3)
driver.find_element(By.XPATH, r'/html/body/div[3]/div/div[1]/div/
button').click()
time.sleep(20)

j=1
page=3   #仅获取前 3 页信息
list_text=[]
while j<=page:
```

```
    i=1
    while i<=20:
        element=driver.find_element(By.XPATH,f'//*[@ id="app"]/div/
div[2]/div/div/div[2]/div/div[2]/div/div[2]/div[1]/div[{i}]/div/div')
        #获取元素的文本内容
        text_content=element.text
        list_content=text_content.split('\n')
        list_text.append(list_content)
        i+=1
    j+=1
    k=str(j)
driver.find_element(By.XPATH, r'//*[@ id="jump_page"]').clear()
driver.find_element(By.XPATH, r'//*[@ id="jump_page"]').send_keys(k)
    time.sleep(3)
    driver.find_element(By.XPATH, r'//*[@ id="app"]/div/div[2]/
div/div/div[2]/div/div[2]/div/div[3]/div/div/span[3]').click()
    time.sleep(3)
df=pd.DataFrame(list_text)
df.to_excel(r'C:\Users\ASUS\Downloads\前程无忧岗位信息.xlsx',
index=False)
```

此代码主要是通过查找 xpath 来锁定元素位置，以代码 driver.find_element（By.XPATH，r'// * [@id="kwdselectid"]'）.send_keys（keyword）为例。按 F2 进行开发者界面，点击选取器-点击输入框-鼠标右击输入框所对应的 html 代码-点击 Copy-点击 Copy XPath，如图 2-23 所示，则可以得到输入框的 xpath 为// * [@id=" kwdselectid"]。

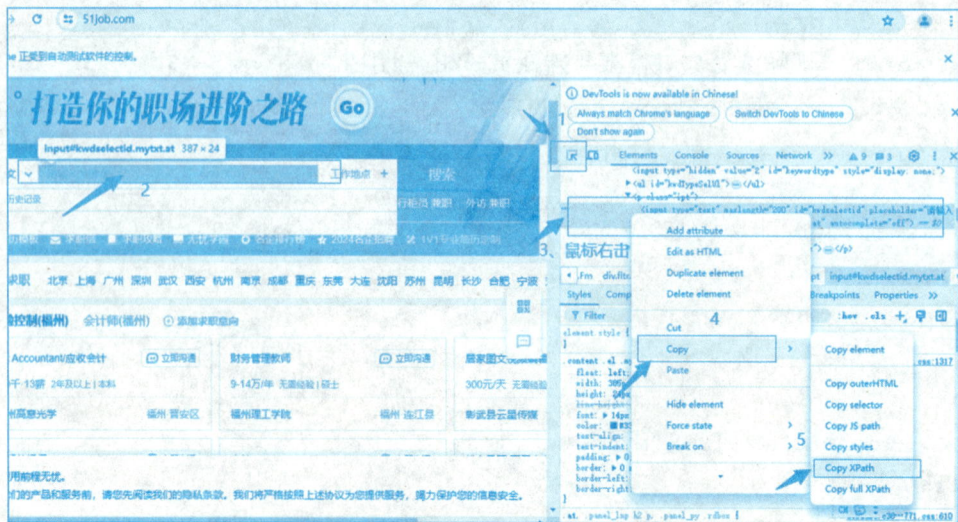

图 2-23　获取 xpath

通过各条招聘信息数据的 xpath 我们发现有如下规律：

```
//* [@ id = "app"]/div/div [2]/div/div/div [2]/div/div [2]/div/div [2]/div[1]/div[1]/div/div
//* [@ id = "app"]/div/div [2]/div/div/div [2]/div/div [2]/div/div [2]/div[1]/div[2]/div/div
……
//* [@ id = "app"]/div/div [2]/div/div/div [2]/div/div [2]/div/div [2]/div[1]/div[20]/div/div
```

每页有 20 条数据，且每条数据的 xpath 仅有倒数第三个 div[ ]有变化，因此采用 while 循环变量 i 来代替倒数第三个 div[{i}]，并进行了字符串格式化，可以实现循环自动抓取，得到代码

```
f'//* [@ id="app"]/div/div[2]/div/div/div[2]/div/div[2]/div/div[2]/div[1]/div[{i}]/div/div'。
```

运行以上代码后，在“C:\Users \ ASUS \ Downloads \ ”目录下生成了一个名为“前程无忧岗位信息 . xlsx”的表格，如图 2-24 所示。里面有从前程无忧网中下载的与国际贸易岗位相关的前 3 页网页的招聘信息。

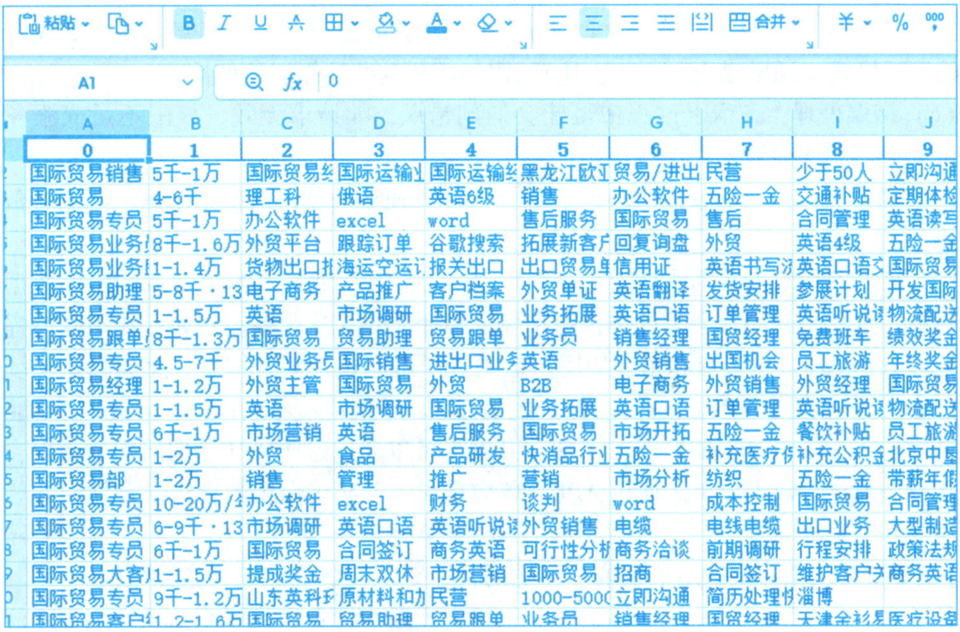

0	1	2	3	4	5	6	7	8	9
国际贸易销售	5千-1万	国际贸易纟	国际运输l	国际运输纟	黑龙江欧亚	贸易/进出	民营	少于50人	立即沟通
国际贸易	4-6千	理工科	俄语	英语6级	销售	办公软件	五险一金	交通补贴	定期体检
国际贸易专员	5千-1万	办公软件	excel	word	售后服务	国际贸易	售后	合同管理	英语读写
国际贸易业务	8千-1.6万	外贸平台	跟踪订单	谷歌搜索	拓展新客户	回复询盘	外贸	英语4级	五险一金
国际贸易业务	1-1.4万	货物出口报	海运空运订	报关出口	出口贸易单	信用证	英语书写流	英语口语交	国际贸易
国际贸易助理	5-8千·13	电子商务	产品推广	客户档案	外贸单证	英语翻译	发货安排	参展计划	开发国际
国际贸易专员	1-1.5万	英语	市场调研	国际贸易	业务拓展	英语口语	订单管理	英语听说读	物流配送
国际贸易跟单	8千-1.3万	国际贸易	贸易助理	贸易跟单	业务员	销售经理	国贸经理	免费班车	绩效奖金
国际贸易专员	4.5-7千	外贸业务员	国际销售	进出口业务	英语	外贸销售	出国机会	员工旅游	年终奖金
国际贸易经理	1-1.2万	外贸主管	国际贸易	外贸	B2B	电子商务	外贸销售	外贸经理	国际贸易
国际贸易专员	1-1.5万	英语	市场调研	国际贸易	业务拓展	英语口语	订单管理	英语听说读	物流配送
国际贸易专员	6千-1万	市场营销	英语	售后服务	国际贸易	市场开拓	五险一金	餐饮补贴	员工旅游
国际贸易专员	1-2万	外贸	食品	产品研发	快消品行业	五险一金	补充医疗保	补充公积金	北京中星
国际贸易部	1-2万	销售	管理	推广	营销	市场分析	纺织	五险一金	带薪年假
国际贸易专员	10-20万/年	办公软件	excel	财务	谈判	word	成本控制	国际贸易	合同管理
国际贸易专员	6-9千·13	市场调研	英语口语	英语听说读	外贸销售	电缆	电线电缆	出口业务	大型制造
国际贸易专员	6千-1万	国际贸易	合同签订	商务英语	可行性分析	商务洽谈	前期调研	行程安排	政策法规
国际贸易大客户	1-1.5万	提成奖金	周末双休	市场营销	国际贸易	招商	合同签订	维护客户关	商务英语
国际贸易专员	9千-1.2万	山东英科环	原材料和办	民营	1000-5000	立即沟通	简历处理快	淄博	
国际贸易客户	1.2-1.6万	国际贸易	贸易助理	贸易跟单	业务员	销售经理	国贸经理	天津金彩	医疗设备

图 2-24　例【例 2-4】运行后生成的表格数据

修改案例中 keyword 的值可以搜索需要的岗位并进行爬取，修改 page 的值可设置需要爬取的网页页数。

2.4　基于接口的数据获取

基于接口的数据获取通常指的是通过应用程序编程接口（API）来获取数据。API 是一种允许应用程序之间相互通信的接口，它定义了请求的制作方式、如何发送请求、预期的响应格式等。开发者和用户在使用 API 时，需要遵守相关的法律法规，尊重数据提供方的数据政策和隐私保护规定。

以下是使用 API 获取数据的一般步骤：

（1）了解 API 文档：在使用 API 之前，需要阅读它的文档，了解它的功能、请求方法和响应格式。这些信息通常可以在 API 的官方网站上找到。

（2）注册获取 API 密钥：许多 API 要求用户注册以获取一个 API 密钥，这个密钥用于识别和授权请求。

（3）构造请求：根据 API 文档中的说明，构造一个 HTTP 请求。这通常包括指定端点（URL）、选择 HTTP 方法（如 GET 或 POST）、添加必要的请求参数和头部信息。

（4）发送请求：使用 HTTP 客户端（如 curl、Postman 或编程语言中的库）发送请求到 API 服务器。

（5）处理响应：API 会返回一个响应，可能包括状态码、头部信息和正文数据。根据 API 的返回格式（通常是 JSON 或 XML），需要解析这些数据以便使用。

（6）错误处理：在请求过程中可能会遇到错误，如请求无效、权限不足或服务器问题，需要应用程序能够处理这些错误。

（7）遵守使用条款：使用 API 时，需要遵守其使用条款，包括请求频率限制、数据使用范围等。

如果需要获取政府数据或特定行业的数据，可能需要通过官方渠道或指定的数据服务平台进行。这些平台通常会提供符合国家规定和标准的 API 服务。例如，我国政府提供了许多开放数据 API，供公众和企业使用。这些 API 可能包括天气信息、交通数据、统计数据等。也有一些商业 API 产品，比如百度智能云（https://apis.baidu.com/）、万维易源（https://www.showapi.com/）等。企业和开发者可以通过这些 API 获取所需的数据，以开发应用程序或进行数据分析。使用 API 获取数据时，务必确保用途合法、合规，并尊重数据的版权和隐私权。

【例 2-5】从证券宝网站上获取"宁德时代"近五年的营运能力指标数据。

证券宝（www.baostock.com）是一个免费、开源的证券数据平台（无须注册），提供大量准确、完整的证券历史行情数据、上市公司财务数据等。通过 python API 获取证券数据信息，满足量化交易投资者、数量金融爱好者、计量经济从业者数据需求。

登录 http://baostock.com/，找到"季频营运能力"，右侧有下载营运能力的 python 源代码，如图 2-25 所示。

图 2-25　证券宝季频营运能力代码

根据题意，将源代码中的股票名称由 code = "sh. 600000"改为 code = "sz. 300750"（sh 表示上交所；sz 表示深交所）；添加一行循环语句 for y in［2019，2020，2021，2022，2023］以获取近五年的数据。修改后的代码如下所示：

```python
#利用接口取数据
import baostock as bs
import pandas as pd

#登录系统
lg=bs.login()
#显示登录返回信息
print('login respond error_code:'+lg.error_code)
print('login respond  error_msg:'+lg.error_msg)

#营运能力
operation_list=[]
for y in [2019,2020,2021,2022,2023]:
    rs_operation=bs.query_operation_data(code="sz.300750",year=y,quarter=4)
    while (rs_operation.error_code=='0') & rs_operation.next():
```

```
        operation_list.append(rs_operation.get_row_data())
    result_operation = pd.DataFrame(operation_list, columns = rs_operation.fields)
#打印输出
print(result_operation)
#结果集输出到 csv 文件
result_operation.to_csv("D:\\operation_data.csv", encoding="gbk", index=False)

#登出系统
bs.logout()
```

运行结果如图 2-26 所示，且在 D 盘会自动生成一个名为"operation_data.csv"的文件。

```
login success!
login respond error_code:0
login respond  error_msg:success
        code    pubDate    statDate NRTurnRatio  NRTurnDays INVTurnRatio
0  sz.300750  2020-04-25  2019-12-31    2.696885  133.487360    3.500929
1  sz.300750  2021-04-28  2020-12-31    2.569998  140.077932    2.942633
2  sz.300750  2022-04-22  2021-12-31    5.620231   64.054306    3.597377
3  sz.300750  2023-03-10  2022-12-31    7.579151   47.498726    4.484517
4  sz.300750  2024-03-16  2023-12-31    6.300515   57.138191    5.045569

   INVTurnDays CATurnRatio AssetTurnRatio
0   102.829848    0.729072       0.522588
1   122.339419    0.545292       0.390118
2   100.072926    0.897150       0.561533
3    80.276198    1.162198       0.723282
4    71.349294    0.957388       0.608316
logout success!
<baostock.data.resultset.ResultData at 0x217a41e5ca0>
```

图 2-26 【例 2-5】运行结果

观察以上数据的列名称，可从证券宝季频营运能力页面查看到相应的指标说明，如图 2-27 所示。

返回数据说明		
参数名称	参数描述	算法说明
code	证券代码	
pubDate	公司发布财报的日期	
statDate	财报统计的季度的最后一天，比如2017-03-31, 2017-06-30	
NRTurnRatio	应收账款周转率(次)	营业收入/[(期初应收票据及应收账款净额+期末应收票据及应收账款净额)/2]
NRTurnDays	应收账款周转天数(天)	季报天数/应收账款周转率(一季报：90天，中报：180天，三季报：270天，年报：360天)
INVTurnRatio	存货周转率(次)	营业成本/[(期初存货净额+期末存货净额)/2]
INVTurnDays	存货周转天数(天)	季报天数/存货周转率(一季报：90天，中报：180天，三季报：270天，年报：360天)
CATurnRatio	流动资产周转率(次)	营业总收入/[(期初流动资产+期末流动资产)/2]
AssetTurnRatio	总资产周转率	营业总收入/[(期初资产总额+期末资产总额)/2]

图 2-27 季频营运能力指标说明

由以上例题可知，如需在证券宝网站下载数据，只需下载网站中相应的代码并进行适当的修改即可。

类似的网站还有 Tushare 大数据开放社区（https://tushare.pro/），它提供了各种股票的基础数据及财务数据。网站采用积分制，提供了下载数据的各类 python 接口源代码，只需根据需求修改源代码即可。

▶ 拓展阅读：勿让网络"爬虫"成"害虫"

依靠研发的"爬虫"工具，非法获取并出售相关公民个人信息。经江苏省扬州市邗江区检察院提起公诉，2022 年 8 月法院以侵犯公民个人信息罪判处被告人张某等 9 人有期徒刑七个月至拘役四个月不等刑罚。

2021 年，供职于某财税代账公司的赵某（另案处理）与公司负责人商议后研发了一款名为 B（化名）的软件，并由其进行维护。"我们公司发展业务需要联系新注册的、有代账业务需求的公司，但是如何联系到他们是个问题。"赵某原先在某企业信息网站充值高级会员批量下载工商注册信息，但这些信息中不包含手机号码。于是，赵某便编写了一个"爬虫"工具，可以将新注册公司留存的经办人手机号码抓取出来。

就这样，赵某利用企业信息网站导出了各地新注册登记公司的公司名称、统一社会信用码，形成了一条包含公司名称、公司类型、公司地址、注册资本、电话号码等多项数据的公司信息，之后再将该信息导入 B 软件数据库中。

用户点开 B 软件后，只要输入账号、密码就可以进入。赵某根据不同的客户需求以及付费情况，设置不同地区的数据下载权限和使用时长，客户登录后可以下载该软件数据库内存有的工商注册信息。

就这样，赵某供职的公司客户信息来源多了起来。赵某与公司负责人商议后认为，既然数据是现成的，何不利用 B 软件来牟利呢？于是，他们雇用了几个人，以包月的方式，向目标人群出售 B 软件，并约定 20% 至 40% 不等的销售分成归销售人员所有，剩余部分由赵某和公司负责人平分。

销售员张某此前靠公司负责人拿来的名单联系客户，有了 B 软件后，其工作内容变成了推销该软件。张某等人通过电话咨询对方是否需要新企业名单拓展业务，待对方付款后，张某等人就将赵某设置好的账号、密码交给对方，对方便可以登录使用。购买了 B 软件的多个买家也因此发现了商机，他们在充值购买 B 软件的使用权后，将获得的企业信息通过按条计算或按月出租的方式转手牟利。

2022 年 2 月，公安机关将该案移送扬州市邗江区检察院审查起诉。经审查，检察机关认为，张某等 9 人违反国家有关规定，向他人出售公民个人信息，情节严重，其行为均已涉嫌侵犯公民个人信息罪，遂依法将该案提起公诉。日前，法院作出如上判决。

（资料来源：学习强国）

【思政元素】

培养法律意识。介绍《中华人民共和国数据安全法》和《个人信息保护法》，理解数据安全和个人信息保护的法律框架。通过对赵某非法获取并出售公民个人信息的案例分析，强调遵守国家数据安全法律法规的重要性。

伦理道德与社会责任。讨论数字技术的发展如何影响社会伦理，如何在技术进步中平衡效率与公平。分析数字经济中的劳动者权利保护问题，以及企业在数字经济中的社会责任。讨论如何在数据收集和处理中坚守伦理道德，保护个人隐私。

本章习题

一、单项选择题（以下选项只有一个正确答案）

1. 网络爬虫通常使用哪种协议来获取网页内容？（　　　）

    A．HTTP　　　　　　B．FTP　　　　　　C．SMTP　　　　　　D．IMAP

2. 以下哪个不是网络爬虫的组成部分？（　　　）

    A．URL 管理器　　　　　　　　　　B．网页下载器

    C．网页解析器　　　　　　　　　　D．数据库管理系统

3. 以下哪个工具不是用于网页内容解析的？（　　　）

    A．BeautifulSoup　　　　　　　　　B．Selenium

    C．lxml　　　　　　　　　　　　　D．Scrapy

4. 爬虫在抓取数据时，以下哪个操作是合法的？（　　　）

    A．绕过登录页面直接访问数据　　　B．模拟正常用户行为

    C．伪造 HTTP 请求头　　　　　　　D．暴力破解服务器防护

5. 当爬虫遇到 JavaScript 生成的动态内容时，以下哪个工具可以帮助爬取？（　　　）

    A．Requests　　　　　　　　　　　B．urllib

    C．Selenium　　　　　　　　　　　D．MechanicalSoup

二、多项选择题（有两个及两个以上的正确答案）

1. 以下哪些是爬虫抓取数据时可能产生的法律问题？（　　　）

    A．侵犯版权　　　　　　　　　　　B．违反数据保护法规

    C．违反网站服务条款　　　　　　　D．服务器性能下降

2. 网络爬虫在设计时需要考虑哪些因素？（　　　）

    A．爬取速度　　　　　　　　　　　B．存储效率

    C．反爬虫机制　　　　　　　　　　D．法律风险

3. 以下哪些是爬虫在处理网页时可能使用到的技术？（　　　）

    A．正则表达式　　　　　　　　　　B．XPath

C. CSS 选择器　　　　　　　　　　D. JavaScript 引擎

三、判断题

1. 网络爬虫总是可以无限制地抓取任何网页上的数据。　　　　　　（　　）

2. 使用 Python 编写爬虫时，Requests 库可以用来发送 HTTP 请求。（　　）

3. 爬虫在设计时不需要考虑网站的反爬虫机制。　　　　　　　　　（　　）

4. 爬虫可以完全模拟浏览器行为，包括执行 JavaScript 代码。　　　（　　）

5. 使用爬虫技术抓取公开数据是完全合法的。　　　　　　　　　　（　　）

6. 爬虫在抓取社交媒体数据时，通常不需要考虑用户隐私问题。　　（　　）

四、实操题

1. 从百度中下载 30 张与"财经大数据"相关的图片。

2. 从东方财富网下载与"贵州茅台"相关的研究报告。

3. 从证券宝网站上获取"贵州茅台"2019—2023 年的盈利能力指标数据。

第 3 章

财经数据存储及判断

3.1 数据的读取及保存

在财经大数据处理和分析的工作流程中，读取和保存数据是最初和最后的步骤之一。这两个操作对于任何数据科学项目都是至关重要的，因为它们确保我们能够获得所需的数据并将分析结果持久化。数据来源多种多样，可能来自数据库、CSV 文件、Excel 文件、API 等。在 Python 中，我们可以使用各种库来读取和保存这些数据。

对于数据库，Python 提供了多种库来连接和查询数据库，如 sqlite3、MySQLdb（针对 MySQL）、psycopg2（针对 PostgreSQL）等。使用这些库，我们可以执行 SQL 查询，并将结果保存到 Python 的数据结构中。

对于 CSV 文件和 Excel 文件，Python 提供了 pandas 库来读取和保存这些文件。pandas 的 read_csv() 和 read_excel() 函数可以方便地读取这些文件，并将数据保存到 DataFrame 中。DataFrame 是 pandas 提供的一种二维表格型数据结构，可以方便地进行数据的处理和分析。

对于 API，Python 提供了 requests 库来发送 HTTP 请求，获取 API 返回的数据。获取数据后可以使用 pandas、numpy 等库来处理数据。

除了以上提到的库，Python 还提供了许多其他的库来读取和保存数据，如 numpy 读写二进制文件、pickle 模块序列化和反序列化 Python 对象等。具体使用哪个库，需要根据数据的来源和格式来确定。

在读取和保存数据时，需要注意数据的格式和编码方式。不同的数据格式和编码方式可能导致读取和保存的数据出现乱码或异常。因此，在读取和保存数据前，需要了解数据的格式和编码方式，并选择合适的方式进行处理。

本节主要介绍使用 Python 的 pandas 库来读取和保存 Excel 及其他文件。

▶▶❙ 3.1.1　Excel 文件的读取与保存　▶▶ ▶

在实际工作中，经济管理人员在处理结构化数据时经常使用 Office 的 Excel 办公软件。而 Python 中的第三方库 pandas 也可以用来读取 Excel 数据，并进行处理和分析。相较于 Excel 来讲，pandas 在处理数据方面具有以下优势。

（1）数据处理能力：pandas 是 Python 的一个库，能够处理的数据量只受限于计算机的内存，而 Excel 则受限于其软件本身的处理能力。在处理大数据集时，pandas 更具优势。

（2）数据处理速度：由于 pandas 是基于 Python 的，Python 是一种高效的编程语言，因此 pandas 在处理数据时通常比 Excel 更快。

（3）灵活性：pandas 提供了更为灵活的数据结构，能够更为高效地处理各种数据类型，如缺失数据、时间序列数据等。而 Excel 虽然也能处理这些数据，但可能需要更多的步骤和技巧。

（4）可重复性：pandas 是基于 Python 的，因此所有的操作都可以被记录和复现，这对于数据分析的可重复性非常有帮助。而在 Excel 中，操作过程可能较为复杂，不易复现。

（5）集成性：pandas 是 Python 的一部分，可以与 Python 的其他库（如 numpy、matplotlib、scikit-learn 等）无缝集成，进行更为复杂的数据分析和建模。Excel 虽然也能与其他软件（如 SPSS、SAS 等）进行交互，但可能需要更多的工作。

（6）动态性：Python 是一种编程语言，因此 pandas 可以根据需要编写自定义的函数和脚本，这在处理复杂或特殊的数据需求时非常有用。而 Excel 虽然也有 VBA 等编程功能，但使用起来可能没有 Python 那么方便。

总的来说，虽然 Excel 在数据可视化、用户界面友好等方面有其优势，但在处理大数据集、进行复杂数据分析、集成其他工具等方面，pandas 更具优势。在第 1 章第 1.3.4 节中已知，Excel 365 版本已支持 Python 编程语言，并内置了诸如 pandas 等的一些第三方库。

1. 读取 Excel 文件

（1）首先，确保已经安装了 pandas 库。一般 Anaconda 里面已经内置好 pandas 库，无须安装。如无，可按第 1 章 1.3.2 节的第 3 点所述方法安装此第三方库。

（2）导入 pandas 库。

导入 pandas，并将其缩写为 pd，代码如下：

```
import pandas as pd
```

（3）使用 pd.read_excel()函数读取 Excel 文件。例如，如果要读取名为" data.xlsx"的文件，可以执行以下操作：

```
df=pd.read_excel('data.xlsx')
```

Excel 文件中的数据读入并存储在变量 df 中（df 为根据需要自拟的变量名称），df 为 DataFrame 类型的变量。

pandas.read_excel 是 pandas 库中的一个函数，用于从 Excel 文件中读取数据并将其存储为 DataFrame 对象。这个函数提供了很多选项，可以灵活地读取 Excel 文件中的数据，包括处理多种数据类型、指定数据表的范围、处理多个工作表等。

以下是 pandas. read_excel 函数的完整参数列表：

```
pandas. read_excel(io, sheet_name=0, *, header=0, names=None, index
_col=None, usecols=None, dtype=None, engine=None, converters=None,
true_values=None, false_values=None, skiprows=None, nrows=None, na_
values=None, keep_default_na=True, na_filter=True, verbose=False,
parse_dates=False, date_parser=_NoDefault.no_default, date_format=
None, thousands=None, decimal='.', comment=None, skipfooter=0,
storage_options=None, dtype_backend=_NoDefault.no_default, engine_
kwargs=None)
```

read_excel( )函数的参数非常多，我们只需要了解一些常用参数即可，如表 3-1 所示。

表 3-1　read_excel( )函数的参数说明表

参数	说明	示例
io	Excel 文件所在路径及文件名。文件名可以是后缀名为 ".xls"、".xlsx" 等的文件	'D:\东方学院 \ study \ example. xlsx'
sheet_name	需读取的工作表名称或索引。可以是一个工作簿或多个工作簿，可以是工作簿名称或数字	'Sheet1'、0（默认值，表示第一个工作簿，1 表示第二个工作簿，以此类推）、['Sheet1', 'Sheet2']
header	指定行号作为列名，或指明从第几行开始读取	0（默认值，表示第一行，1 表示第二行，以此类推）
names	自定义列名列表。列名称数量要与 excel 表中的相等	['列名 1', '列名 2', '列名 3']
index_col	用作索引的列。可以是列名、列索引	默认为不设索引。0（第一列）、'列名'
encoding	文件的编码方式。默认为 None，尝试自动检测	'utf-8' 或其他编码方式
converters	用于指定对特定列进行数据类型转换的函数接受一个字典作为输入，其中键是要进行转换的列名，值是用于执行转换的数据类型或自定义函数	{'col1': str, 'col1': int}

【例 3-1】读入 "各类信息表 .xlsx" 中的第一个工作簿，并查看前 5 条数据。

```
import pandas as pd
df=pd. read_excel(r'C: \Users \ASUS \Downloads \各类信息表. xlsx')
df. head()
```

第一行代码：表示导入 pandas 库并缩写为 pd。

第二行代码：表示从 "C: \ Users \ ASUS \ Downloads" 这个路径下读入 "各类信息表 .xlsx" 表，无 sheet_name 参数则表明默认读取第一张工作簿。

特别注意：文件路径由英文状态下的引号括起来，表示字符串。加 r（R 也可以）是为防止字符转义，表示字符串内的符号皆为本身，直接按照字面上的意思来使用，不代表其他特殊的含义。如不用 r，采用\\代替\也可以，如：'C:\\Users\\ASUS\\Downloads\\各类信息表 .xlsx'。

第三行代码：函数 head( ) 表示默认查看前五行数据。tail( ) 表示为默认查看后五行数据。

运行结果如图 3-1 所示。

```
import pandas as pd
df=pd.read_excel('C:\\Users\\ASUS\\Downloads\\各类信息表.xlsx')
df.head()
```

	产品名称	型号	单价（元）	销售量（件）	总价（元）
0	笔记本电脑	A1	8000.56	2000	16001120
1	手机	iPhone 13	8999.00	3000	26997000
2	平版电脑	iPad Pro	6999.00	1500	10498500
3	MP3播放器	AirPods Pro	1499.32	1000	1499320
4	游戏机	Switch	2899.00	800	2319200

图 3-1　例 3-1 的运行结果

【例 3-2】读入"各类信息表 .xlsx"中的第二个工作簿。

```
import pandas as pd
df=pd.read_excel(r'C:\Users\ASUS\Downloads\各类信息表.xlsx', sheet_name=1, header=1)
df.head(3)
```

第二行代码：因为要求读入的是第二个工作簿，所以设定参数 sheet_name＝1。观察"各类信息表 .xlsx"中的第二个工作簿，如图 3-2 所示，发现第一行数据为表头，各列名称应从第二行数据开始。因此设定参数 header＝1，表示从第二行数据读起。

◢	A	B	C	D	E	F	G	H
1				商品收发货记录				
2	产品名称	型号	年份	月份	本月收入数量	本月收入金额	本月发出数量	本月发出金额
3	产品A	A-1	2017	3	1000	$10,000	800	$8,000
4	产品B	B-2	2018	4	1500	£15000	1200	£18000

图 3-2　商品收发货记录表

第三行代码：head（3）表示查看前三行数据，head( ) 的括号内加数字几，就是表示查看前几行数据。tail( ) 用法与 head( ) 同理。如 tail（8）表示查看后 8 行数据。

运行结果如图 3-3 所示。

```
import pandas as pd
df=pd.read_excel(r'C:\Users\ASUS\Downloads\各类信息表.xlsx',sheet_name=1,header=1)
df.head(3)
```

	产品名称	型号	年份	月份	本月收入数量	本月收入金额	本月发出数量	本月发出金额
0	产品A	A-1	2017	3	1000	10000	800	8000
1	产品B	B-2	2018	4	1500	£15000	1200	£18000
2	产品C	C-3	2019	5	5000	50000	4000	40000

图 3-3　例 3-2 的运行结果

2. 保存 Excel 文件

在 Python 的 pandas 库中，to_excel 方法用于将 DataFrame 对象写入 Excel 文件。例如，如果要保存名为" output. xlsx" 的文件，可以执行以下操作：

```
df.to_excel('output.xlsx', index=False)
```

这将创建一个名为"output. xlsx"的 Excel 文件，并将数据写入其中。index＝False 参数表示不将索引列写入文件中。

以下是 DataFrame. to_excel 函数的完整参数列表，相关参数说明见表 3-2：

```
DataFrame.to_excel(excel_writer, sheet_name='Sheet1', na_rep='', float
_format=None, columns=None, header=True, index=True, index_label=None,
startrow=0, startcol=0, engine=None, merge_cells=True, inf_rep='inf',
freeze_panes=None, storage_options=None, engine_kwargs=None)
```

表 3-2　to_excel 函数的参数说明

参数	说明	示例
excel_writer	保存文件的路径及文件名	' D:\example. xlsx'
sheet_name	工作簿名称，默认为' Sheet1'	sheet_name＝' 产品信息'
na_rep	缺失值的表示方式，默认为空字符串	na_rep＝' N/A'
float_format	浮点数格式，可以使用标准格式化字符串或 None（默认为 None）	float_format＝' %. 2f' 此为保留两位小数
columns	要写入的列名，默认为 None（写入所有列）	columns＝［'A'，'B'，'C'］）
header	是否写入列名，默认为 True	header＝False
index	是否写入行索引，默认为 True	index＝False

【例 3-3】创建一个 DataFrame 对象，输出一个名为"个人情况表. xlsx"表格。

```
import pandas as pd
#创建一个字典,包含姓名、年龄、性别和城市信息
data={'姓名':['张三', '李四', '王五', '赵六', '钱七'],
```

```
                '年龄': [25, 30, 28, 22, 35],
                '性别': ['男', '男', '女', '男', '女'],
                '城市': ['北京', '上海', '广州', '深圳', '成都']}

    #使用字典创建 DataFrame
    df=pd.DataFrame(data)

    #打印 DataFrame
    print(df)
    df.to_excel(r'D:\东方学院\个人情况表.xlsx')
```

运行后在 D 盘的"东方学院"文件夹中生成了名为"个人情况表.xlsx"的文件,该 Excel 文件打开后如图 3-4 所示。

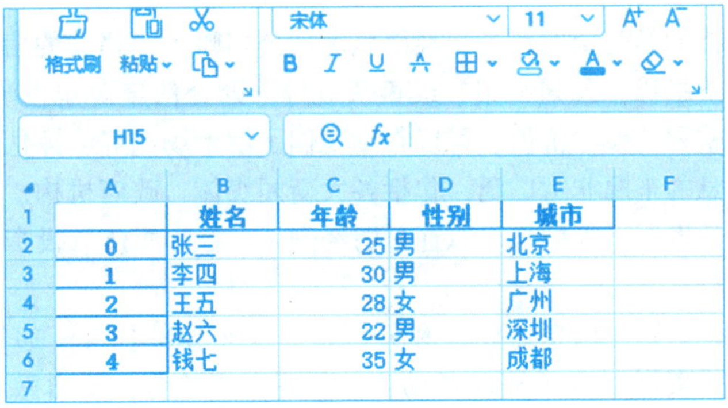

图 3-4　例 3-3 运行结果

注意:当使用 to_excel()函数写入一个已经存在的 Excel 时,会将原有的 Excel 表格中的数据全部覆盖。

▶▶▌3.1.2　其他文件的读取与保存　▶▶ ▶

除了 Excel 文件,pandas 还提供了读取和保存其他多种格式文件的功能,包括 CSV、TXT、JSON、SQL 数据库等。下面简要介绍一些常用文件的读取与保存方法,如表 3-3 所示。

表 3-3　pandas 读取和保存各类文件的函数

文件类型	读入的函数名	写入的函数名
CSV 文件	read_csv	to_csv
TXT 文件	read_table	to_table
JSON 文件	read_json	to_json
HTML 文件	read_html	to_html
HDF5 文件	read_hdf	to_hdf

文件类型	读入的函数名	写入的函数名
SQL 数据库文件	read_sql	to_sql
stata 文件	read_stata	to_stata
SAS 文件	read_sas	——
SPSS 文件	read_spss	——

在实际工作中如需使用这些不同类型的文件，可在 pandas 库官网或百度搜索各函数的参数，也可以使用 AIGC 进行辅助编程。

3.2 财经信息与 Python 数据类型

财经信息通常指的是与金融市场、经济状况、公司财务等相关的信息。这些信息通常包括市场动态、经济指标、公司财报、政策法规等。财经信息对于投资者、企业决策者、经济学家等都具有重要的参考价值，可以帮助他们了解市场趋势、评估投资风险、制定经营策略等。财经信息的来源非常广泛，包括各大新闻媒体、政府机构、金融机构、企业公告等。随着互联网的发展，人们也可以通过财经网站、社交媒体、投资者关系平台等途径获取财经信息。

对于投资者来说，财经信息的处理和分析是一项重要的任务。通过对财经信息的收集、整理、解读，投资者可以了解市场动态，预测未来趋势，从而做出更明智的投资决策。在处理和分析财经信息时，投资者需要具备一定的财务和投资知识，同时还需要注意信息的真实性和可靠性。

财经信息的数据类型多种多样，包括文本、数字、日期、时间等。在 Python 中，可以使用不同的数据类型来处理这些财经信息。

▶▶| 3.2.1 基本数据类型 ▶▶ ▶

【例 3-4】沿用【例 3-1】读入的数据，查看各列的数据类型。

```
df.dtypes
```

运行结果如图 3-5 所示：

```
df.dtypes

产品名称          object
型号            object
单价（元）        float64
销售量（件）        int64
总价（元）         int64
dtype: object
```

图 3-5　例 3-4 的运行结果

由图 3-5 中可以看出，单价（元）为浮点型（float），销售量（件）及总价（元）为整数型（int），产品名称及型号为对象（object）。

在财经数据的存储中，Python 主要有以下四种类型：整型（int），浮点型（float），字符串（str）、布尔型（bool）。其中，整型、浮点型统称为数值类型，在 Python3 中布尔型属于整数类型中的一种，可以参与一些运算符的运算。

1. 数值类型

（1）整型（int）。

整型数据用于存储整数，Python 可以处理任意大小的整数，包括负整数，在程序中的表示方法与数学上一致，比如：1、2、100。在财经领域，整型数据经常用于表示数量、货币值等。例如，表示某公司的股票发行数量、交易量等。在 Python 中，可以使用 int 关键字来创建整型变量，如：

```
num=int(123)    #创建一个整型变量,存储值为 123
```

（2）浮点型（float）。

浮点型数据用于存储具有小数点的数值，比如：100.12，会计数据一般是保留两位小数的浮点数。在财经领域，浮点型数据常用于表示货币的精度、金融衍生品的利率等。Python 中的 float 关键字用于创建浮点型变量，如：

```
price=float(3.14)    #创建一个浮点型变量,存储值为 3.14
```

（3）布尔型（bool）。

布尔型数据只有两种值：True 和 False，可以理解布尔值是特殊的整型（True＝1，False＝0）。布尔值一般产生于成员运算符、比较运算符、逻辑运算符。在财经信息处理中，布尔型数据常用于条件判断。Python 中的 True 和 False 是布尔型的值，也可以使用 bool 函数将其他类型的值转换为布尔型，如：

```
flag=bool(10>5)    #创建一个布尔型变量,值为 True,因为 10 大于 5
```

2. 运算符

Python 中的运算符主要包括算术运算符、比较运算符、逻辑运算符、位运算符、赋值运算符、条件运算符等。

（1）算术运算符。

算术运算符是用于执行数学运算的符号。假设变量：a＝6，b＝3，在 Python 中常用的算术运算符如表 3-4 所示。

表 3-4　Python 中的算术运算符

运算符	描述	实例
＋	加：将两个数相加。	a+b 输出结果 9
－	减：从一个数中减去另一个数。	a-b 输出结果 3
＊	乘：将两个数相乘。	a＊b 输出结果 18

运算符	描述	实例
/	除：将一个数除以另一个数。	a/b 输出结果 2
%	取模：计算两个数相除的余数。	b%a 输出结果 0
**	幂：计算一个数的幂	a**b 为 6 的 3 次方，输出结果 216
//	取整除：返回商的整数部分，即不大于真实商的最大整数。	//输出结果 2

【例 3-5】算术运算示例

```
a=6
b=3        #定义两个变量
sum=a + b        #执行加法运算
print("加法结果:", sum)
diff=a - b        #执行减法运算
print("减法结果:", diff)
product=a * b        #执行乘法运算
print("乘法结果:", product)
quotient=a/b        #执行除法运算
print("除法结果:", quotient)
remainder=a % b        #执行取模运算
print("取模结果:", remainder)
```

这些代码定义了两个变量 a 和 b，并使用不同的算术运算符对它们进行运算，然后将结果打印出来。运行结果如图 3-6 所示。

```
a = 6
b = 3     # 定义两个变量
sum = a + b        # 执行加法运算
print("加法结果:", sum)
diff = a - b        # 执行减法运算
print("减法结果:", diff)
product = a * b        # 执行乘法运算
print("乘法结果:", product)
quotient = a / b        # 执行除法运算
print("除法结果:", quotient)
remainder = a % b        # 执行取模运算
print("取模结果:", remainder)
```

```
加法结果: 9
减法结果: 3
乘法结果: 18
除法结果: 2.0
取模结果: 0
```

图 3-6　例 3-5 运行结果

（2）赋值运算符。

赋值运算符在 Python 中用于将值分配给变量。以下是一些常用的赋值运算符，如表 3-5 所示。

表 3-5　Python 中的赋值运算符

运算符	描述	实例
=	赋值运算符：最常用的赋值运算符，用于将右侧的值赋给左侧的变量。	a=10　#将 10 赋给变量 a
+=	加法赋值运算符：将右侧的值加到左侧的变量上，然后将结果赋给变量。	a+=5　#等同于 a=a+5，a 的值变为 15
-=	减法赋值运算符：从左侧的变量中减去右侧的值，然后将结果赋给变量。	a-=5　#等同于 a=a-5，a 的值变为 5
*=	乘法赋值运算符：将右侧的值乘以左侧的变量，然后将结果赋给变量。	a*=2　#等同于 a=a*2，a 的值变为 20
/=	除等号：将左侧的变量除以右侧的值，然后将结果赋给变量。	a/=2　#等同于 a=a/2，a 的值变为 5.0
%=	取模赋值运算符：计算左侧变量除以右侧值的余数，然后将结果赋给变量。	a%=3　#等同于 a=a%3，a 的值是 1，因为 10 除以 3 的余数是 1
**=	幂赋值运算符：左侧的变量为底，右侧的值为指数，并将结果赋给左侧的变量。	a**=3　#等同于 a=a**3，a 的值变为 1000

【例 3-6】假设模拟一个国家的 GDP 增长，可以创建一个变量来存储 GDP，并使用赋值运算符来更新这个变量的值。

```
#初始化 GDP 变量
gdp=0          #初始 GDP 为 0

#使用赋值运算符模拟 GDP 增长
gdp+=500       # GDP 增长 500
gdp+=300       # GDP 再增长 300
gdp+=200       # GDP 又增长 200

#输出最终的 GDP 值
print("最终的 GDP 值为:", gdp)
```

在这个例子中，我们使用赋值运算符（+=）来模拟 GDP 的增长。每次使用赋值运算符时，GDP 的值都会增加相应的金额，以模拟经济增长。运行结果如图 3-7 所示。

```
# 初始化GDP变量
gdp = 0        # 初始GDP为0
# 使用赋值运算符模拟GDP增长
gdp += 500     # GDP增长500
gdp += 300     # GDP再增长300
gdp += 200     # GDP又增长200
# 输出最终的GDP值
print("最终的GDP值为:", gdp)
```

最终的GDP值为：1000

图 3-7　例 3-6 的运行结果

（3）比较运算符。

比较运算符在 Python 中用于比较两个值的大小关系，返回一个布尔值，表示比较的结果是真还是假。假设变量：a=6，b=3，比较运算符如表 3-6 所示。

表 3-6　Python 中的比较运算符

运算符	描述	实例
==	等于：检查两个值是否相等。	（a==b）返回 False
!=	不等于：检查两个值是否不相等。	（a!=b）返回 True
>	大于：检查左侧的值是否大于右侧的值。	（a>b）返回 True
<	小于：检查左侧的值是否小于右侧的值。	（a<b）返回 False
>=	大于等于：检查左侧的值是否大于或等于右侧的值。	（a>=b）返回 True
<=	小于等于：检查左侧的值是否小于或等于右侧的值。	（a<=b）返回 False

【例 3-7】假设我们想要比较两种商品的价格，以决定哪种商品更便宜。我们可以定义两个变量，分别存储这两种商品的价格，然后使用比较运算符来比较它们的大小。

```
#定义两种商品的价格变量
price_goods1=100    #商品 1 的价格
price_goods2=200    #商品 2 的价格

#使用比较运算符比较价格的大小
print("商品1是否比商品2便宜:", price_goods1 < price_goods2)
print("商品1是否比商品2贵:", price_goods1 > price_goods2)
print("商品1是否与商品2价格相同:", price_goods1==price_goods2)
```

在这个例子中，我们使用了比较运算符（<、>）来比较两种商品的价格。根据比较结果，我们可以得出哪种商品更便宜或更贵，或者两者价格相同。运行结果如图 3-8 所示。

```
# 定义两种商品的价格变量
price_goods1 = 100     # 商品1的价格
price_goods2 = 200     # 商品2的价格

# 使用比较运算符比较价格的大小
print("商品1是否比商品2便宜: ",price_goods1 < price_goods2)
print("商品1是否比商品2贵: ",price_goods1 > price_goods2)
print("商品1是否与商品2价格相同: ",price_goods1 == price_goods2)
```

商品1是否比商品2便宜: True
商品1是否比商品2贵: False
商品1是否与商品2价格相同: False

图 3-8　例 3-7 的运行结果

（4）逻辑运算符。

逻辑运算符在 Python 中用于组合布尔表达式，以进行复杂的逻辑判断，一般返回为布尔值，如表 3-7 所示。

表 3-7　Python 中的逻辑运算符（布尔型）

运算符	逻辑表达式	描述	实例
and	x and y	与：当且仅当两个操作数都为 True 时，结果才为 True。	（True and True）返回 True （True and False）返回 False （False and False）返回 False
or	x or y	或：只要有一个操作数为 True，结果就为 True。	（True or True）返回 True （True or False）返回 True （False or False）返回 False
not	not x	非：用于翻转布尔值，将 True 变为 False，将 False 变为 True。	（not True）返回 False （not False）返回 True

在逻辑运算中，通常使用布尔值进行运算，若涉及整型和浮点型则遵循以下原则：数字 0 代表假，即 False；其他数字代表真，即 True，如表 3-8 所示。

表 3-8　Python 中的逻辑运算符（数值型）

运算符	逻辑表达式	描述	实例
and	x and y	x 为 0，返回 0；x 非 0，返回 y	（0 and 10）返回 0 （10 and 0）返回 0 （10 and 20）返回 20
or	x or y	x 为 0，返回 y；x 非 0，返回 x	（0 or 1）返回 1 （1 or 0）返回 1 （10 or 20）返回 10
not	not x	x 为 0，返回 True；x 非 0，返回 False	（not 1）返回 False （not 0）返回 True

【例 3-8】假设要决定是否购买一台新电视，有一些条件需要考虑，例如预算限制和电视的性能评分。此时可以使用逻辑运算符来组合这些条件，以判断是否购买。

```
#定义变量和条件
budget=1000                #预算限制
performance_score=8.5    #电视的性能评分
cost=700


#使用逻辑运算符构建购买决策规则
print("是否购买该电视:", budget >=cost and performance_score >=7)
```

在这个例子中，我们使用了逻辑运算符（and）来组合预算限制和性能评分两个条件。只有当预算足够且性能评分达到要求时，才会得出应该购买的结论。运行结果如图 3-9 所示。

```
# 定义变量和条件
budget = 1000    # 预算限制
performance_score = 8.5  # 电视的性能评分
cost=700

# 使用逻辑运算符构建购买决策规则
print("是否购买该电视: ",budget >= cost and performance_score >= 7)
```
是否购买该电视: True

图 3-9　例 3-8 运行结果

【例 3-9】（多选题）以下关于 Python 数值运算描述正确的是哪一项（　　　　）

A. 在 Python 中，"="和"=="的功能一样

B. Python 支持+=、%=这样的增量赋值操作符

C. 默认情况下 10%3==3 的判别结果是 True

D. 在逻辑运算中：数字 0 代表假，即 Fasle，其他数字代表真，即 True

【例 3-9】的答案为：BD

解析：在 Python 中，"="表示赋值，"=="表示比较是否相等；10%3 表示 10 除以 3 取余数，余数为 1，不等于 3，因此 10%3==3 的判别结果是 False。

（5）成员运算符。

Python 中的成员运算符主要有两种：in 和 not in，通常用于 for 循环语句搭配使用。如表 3-6 所示。

表 3-6　Python 中的成员运算符

运算符	描述	实例
in	如果在指定的序列中找到值返回 True，否则返回 False。	'dg' in 'Hedging' 返回 True' 应收账款 'in ['现金','银行存款', 5000] 返回 False
not in	如果在指定的序列中没有找到值返回 True，否则返回 False。	'dg' not in 'Hedging' 返回 False' 应收账款 ' not in ['现金','银行存款', 5000] 返回 True

（6）运算符优先级。

针对一种运算符，往往可以很轻易地得到结果，那么，如果一个公式中出现了多种运算符，计算的优先顺序是怎样的呢？表 3-7 对 Python 中运算符的优先顺序进行总结（从最高到最低优先级的所有运算符）。

表 3-7　运算符的优先顺序

序号	运算符	描述
1	**	指数（最高优先级）
2	~ + -	按位翻转，一元加号和减号（最后两个的方法名为 +@ 和 -@）
3	* / % //	乘，除，取模和取整除
4	+ -	加法减法
5	>> <<	右移，左移运算符
6	&	位' AND'
7	^ |	位运算符
8	<= < > >=	比较运算符
9	<> == ! =	等于运算符
10	= % = / = // = -= += * = ** =	赋值运算符
11	is , is not	身份运算符
12	in , not in	成员运算符
13	and, or, not	逻辑运算符，先 and，再 or，最后 not

和常规的数学运算一样，当存在括号时需要优先计算括号中的内容，但需要注意的是，在 Python 中只有小括号用于运算。根据运算优先级，可以简化成一句记忆口诀："从左往右看，括号优先算，先乘除后加减，再比较，再逻辑。"

【例 3-10】表达式 True or False and False 输出结果为（　　　）。

A. 0　　　　　　　　　B. 1　　　　　　　　C. True　　　　　　　　D. False

【例 3-10】的答案为 C。

解析：and 的运算优先于 or，因此先算 False and False 结果为 False，再算 True or False 结果为 True。

3. 字符串

财经信息中有非常多的文本数据，对于投资者、分析师和公司管理层都非常重要，可以用于进行基本面分析、风险评估、投资决策等。包括但并不限于以下信息：

（1）公司新闻和新闻稿。这些文本通常包含重要的财经事件、公司活动、产品发布等信息。

（2）市场分析和研究报告。金融机构和分析师发布的市场分析和研究报告提供了对特定行业、公司或市场的深入见解。

（3）公司管理层讨论与分析（MD&A）。这是财务报告的一部分，提供了对公司财务状况、经营绩效和未来计划的管理层讨论。

（4）分析师报告和推荐。金融机构内部或外部的分析师发布的报告通常包含对某只股票或某个行业的评级、目标价值、风险评估等信息。

（5）公司年报和半年报。除了财务报表，年报和半年报中还包含了对公司的业务、风险、竞争、市场前景等方面进行详细描述的文本内容。

（6）股东信函和公开信。公司董事会或高管层向股东发布的信函，以及投资者或潜在投资者向公司或市场发布的公开信，通常包含了对公司管理层、业务决策或市场现状的意见和建议。

这些文本数据主要以字符串类型储存在计算机中。

在 Python 中，字符串是最常用的一种数据类型，用于表示文本数据。字符串是由零个或多个字符组成的有序字符序列，字符可以是字母、数字或其他符号等键盘上的任意字符。Python 中的字符串需要使用定界符进行限定，即把字符串放在定界符中。Python 遇到定界符，就知道这是一个字符串。在 Python 中可以使用一对英文单引号（'）或一对英文双引号（"）或一对英文三引号（三引号可以是三个连续的单引号'''，也可以是三个连续的双引号"""）来创建字符串。

【例 3-11】创建字符串

```
var1 = 'Hedge fund! '
var2 = "Hedging"
```

还可以使用三重引号（'''或"""）来创建多行字符串。这在需要表示包含换行符的文本时非常有用。

```
#使用三重引号创建多行字符串
S1 = '''A hedge fund is an investment fund that primarily
employs hedging as its main investment strategy,
using high-risk investment portfolios and leverage
to generate high returns. '''
```

【补充小知识】

引号在编程中有多种用法，主要是为了处理特殊情况。当字符串中出现与包围它的引号相同的引号时，计算机无法确定哪个引号是开始，哪个引号是结束，从而无法正确解析字符串。因此，我们使用单引号和双引号混合使用来明确字符串的边界，例如："let's go"。

另外，为了避免引号冲突，并表示特殊的意义，可以使用转义符"\"。转义符告诉计算机后面的字符具有特殊意义，而不是作为字符串的结束符。例如，'let\'s go' 中的 \ 表示后面的'不是字符串的结束符，而是字符本身。

在例 3-11 中可以看到三引号包裹字符串文本可以直接按 Enter 键换行，可以正确识别换行符。除此种方法外，还可以使用转义符"\n"表示换行符。例如，print（'Hello\nWorld'）会在 Hello 和 World 之间进行换行。这两种方法在处理字符串中需换行的情况下很有用。

（1）Python 访问字符串中的值。

Python 不支持单字符类型，单字符在 Python 中也是作为一个字符串使用。Python 访问子字符串，可以使用方括号［］来截取字符串，字符串的截取的语法格式如下：

变量名［头索引:尾索引］

字符串的索引从 0 开始，可以使用正数索引来访问字符串中的字符，负数索引可以用来从字符串的末尾开始向前访问。注意截取方式为"左闭右开"，即包含头索引所指向的值，不包含尾索引指向的值。字符串' Hedge fund!'索引如图 3-10 所示。

正向索引：	0	1	2	3	4	5	6	7	8	9	10
	H	e	d	g	e		f	u	n	d	!
反向索引：	-11	-10	-9	-8	-7	-6	-5	-4	-3	-2	-1

图 3-10　字符串' Hedge fund! '索引展示

【例 3-12】字符串索引示例

```
var1='Hedge fund!'
print ("var1[0]: ", var1[0])
print ("var1[1:7]: ", var1[1:7])
print ("var1[:7]: ", var1[:7])
print ("var1[0:7]: ", var1[0:7])
print ("var1[-7:-1]: ", var1[-7:-1])
print ("var1[-7:]: ", var1[-7:])
```

运行结果如图 3-11 所示：

```
var1 = 'Hedge fund!'
print ("var1[0]: ", var1[0])
print ("var1[1:7]: ", var1[1:7])
print ("var1[:7]: ", var1[:7])
print ("var1[0:7]: ", var1[0:7])
print ("var1[-7:-1]: ", var1[-7:-1])
print ("var1[-7:]: ", var1[-7:])

var1[0]:  H
var1[1:7]:  edge f
var1[:7]:  Hedge f
var1[0:7]:  Hedge f
var1[-7:-1]:  e fund
var1[-7:]:  e fund!
```

图 3-11　例 3-12 运行结果

（2）字符串更新。

Python 中的字符串是不可变的，不能直接修改字符串中的某个字符。如果需要更新字符串中的某个字符，可以截取字符串的一部分并与其他字段拼接，从而创建一个新的字符串对象。

【例3-13】字符串的修改示例

```
#创建一个字符串
s='Hedge fund!'
#更新字符串中的值
new_s=s[:4]+'ing'
print(new_s)
```

运行结果如图3-12如示。

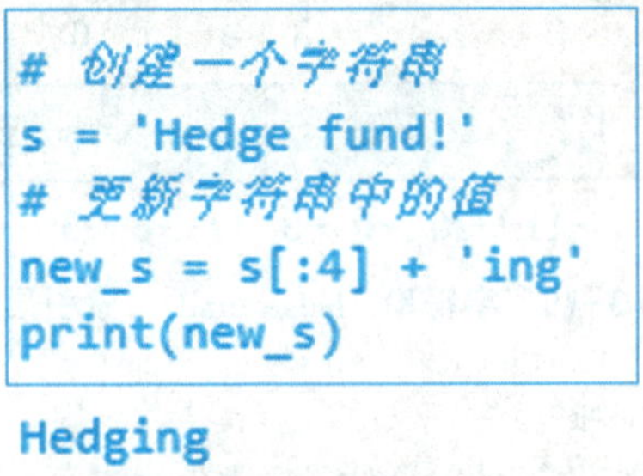

```
# 创建一个字符串
s = 'Hedge fund!'
# 更新字符串中的值
new_s = s[:4] + 'ing'
print(new_s)
```

Hedging

图3-12 例3-13的运行结果

（3）转义字符。

在 Python 中，转义字符用于表示特殊字符序列。转义字符以反斜杠（\）开头，后面跟着一个或多个字符。转义字符用于表示无法直接输入的字符或具有特殊意义的字符。常用的转义字符如表3-8所示。

表3-8 常用的转义字符

转义字符	描述	实例
\（在行尾时）	续行符	print（"股票\ 基金\ 保险"） 运行结果：股票基金保险
\\	反斜杠符号	print（"\\"） 运行结果：股票\基金
\'	单引号	print（'股票\'基金'） 运行结果：股票'基金
\"	双引号	print（"股票\"基金"） 运行结果：股票"基金
\a	响铃	print（"\a"） 运行结果：执行后电脑有响声。
\b	退格（Backspace）	print（"股票\b 基金"） 运行结果：股票基金

转义字符	描述	实例
\000	空	print（"股票\000基金"） 运行结果：股票基金
\n	换行符	print（"股票\n基金"） 运行结果：股票 基金
\v	纵向制表符	print（"股票\v基金"） 运行结果：股票 基金
\t	横向制表符	print（"股票\t基金"） 运行结果：股票基金
\r	回车，将\r后面的内容移到字符串开头，并逐一替换开头部分的字符，直至将\r后面的内容完全替换完成。	print（'high-risk investment portfolios \r123456'） 运行结果：123456sk investment portfolios
\f	换页	print（"股票\f基金"） 运行结果：股票　基金

【思考】在3.1节数据的读取及保存中，使用 read_excel（）、to_excel（）函数读入或写入 excel 时为什么要在文件路径的字符串前使用"r"？或是将文件路径的"\"改为"\\"？提示：可以从本节的转义字符中找到答案。

（4）字符串运算符。

Python 中的字符串支持多种运算符操作，这些操作主要围绕字符串的拼接、比较和查找。

常用的字符串运算符如表 3-9 所示，实例中变量 a 值为字符串"Hedge"，b 变量值为字符串"fund"：

表 3-9　字符串运算符

操作符	描述	实例
+	字符串连接	a+b 运行结果：Hedgefund
*	重复输出字符串	a*2 运行结果：HedgeHedge
in	如果字符串中包含给定的字符返回 True	'H' in a 运行结果：True
not in	如果字符串中不包含给定的字符返回 True	'F' not in a 运行结果：True

（5）字符串格式化。

在 Python 中，字符串格式化是一种将变量或表达式的值插入到字符串中的方法，以便生成动态的字符串。Python 提供了多种字符串格式化的方法，包括使用百分号（%）占位符、str.format()方法以及 f-string 格式化等。

第一种方法，使用百分号（%）占位符进行格式化。这是一种传统的字符串格式化方法。它通过使用%运算符将变量值插入到字符串中。

这种方法的优点是简单直观，但缺点是在处理复杂格式时，缺乏灵活性，且容易出错。

【例 3-14】字符串的%占位符格式化示例

```python
print ("%s 净利润%.2f 万元,股价%f 元,总股本%d 万股。" % ('东方公司', 1019.6545, 25.67, 1678))
```

在此句代码中，使用了%运算符和占位符来插入变量值到字符串中。%s 表示字符串类型的占位符，将会被'东方公司'替代。%.2f 和%f 表示浮点数类型的占位符，其中%.2f 由 1019.6545 保留两位小数后的 1019.65 替代，这是因为.2 表示四舍五入保留两位小数，而%f 没有指定保留小数位数，由 25.670000 替代。%d 表示整数类型的占位符，将会被 1678 替代。

需要注意的是，在这种方法中，所有的变量值都会按照它们的顺序传递给%运算符后面的元组。输出结果显示了格式化后的字符串，如图 3-13 所示。

```
print ("%s 净利润 %.2f 万元，股价 %f 元，总股本 %d 万股。" % ('东方公司', 1019.6545, 25.67, 1678))
东方公司 净利润 1019.65 万元，股价 25.670000 元，总股本 1678 万股。
```

图 3-13　例 3-14 的运行结果

从例 3-11 可以看出，采用%占位符进行字符串的格式化时需采用不同符号表示不同的数据类型，现列举常见的字符串格式化符号如表 3-10 所示。

表 3-10　Python 字符串格式化符号

符号	描述
%c	格式化字符及其 ASCII 码
%s	格式化字符串
%d	格式化整数
%u	格式化无符号整型
%X	格式化无符号十六进制数（大写）
%f	格式化浮点数字，可指定小数点后的精度
%e	用科学记数法格式化浮点数
%E	作用同%e，用科学记数法格式化浮点数

第二种方法，使用字符串的 format()方法进行格式化（Python2.6 版本后）。这是一种

更现代和灵活的字符串格式化方法。从开始,它通过将占位符{}插入字符串中,并使用 format( )方法将变量值通过位置或关键字参数来替换这些占位符。

与百分号占位符的方法相比,这种方法更加灵活,可以插入任意类型的变量,并且可以通过指定索引号或关键字来控制变量的位置。

【例 3-15】 format( )方法格式化字符串示例

```
#使用位置参数
print ("{}净利润{:.2f}万元,股价{}元,总股本{}万股。".format('东方公司',
1019.6545, 25.67, 1678))
```

或

```
#使用关键字参数
print ("{Corp}净利润{Net_profit:.2f}万元,股价{shares}元,总股本
{equity}万股。".format (shares = 25.67, Corp = '东方公司', Net_profit =
1019.6545, equity=1678))
```

这两段代码中分别都有四个占位符 {},被 format 后面的四个值所替换。第二个占位符 {:.2f} 是针对浮点数的格式化占位符,其中:.2f 表示保留两位小数,它将会被 1019.6545 保留两位小数后的值所替换。第一段代码使用位置参数,是以 format 后面的四个值的先后顺序进行传参的;第二段中有关键字,是分别以 format 后面的关键字的值进行传参的。两段代码的运行结果一样,如图 3-14 所示。

```
#使用位置参数
print ("{} 净利润 {:.2f} 万元,股价 {} 元,总股本 {} 万股。" .format('东方公司', 1019.6545, 25.67, 1678))
东方公司 净利润 1019.65 万元,股价 25.67 元,总股本 1678 万股。

#使用关键字参数
print ("{Corp} 净利润 {Net_profit:.2f} 万元,股价 {shares} 元,总股本 {equity} 万股。" .format(shares=25.
◄
东方公司 净利润 1019.65 万元,股价 25.67 元,总股本 1678 万股。
```

图 3-14 例 3-15 运行结果

第三种方法,使用 f-strings 进行格式化(Python 3.6 版本后)。它是一种现代的字符串格式化方法,是以字母 f 开头的字符串,并在其中使用{}插入变量,Python 会自动解析并将它们替换为变量值。

f-strings 提供了一种非常简洁和直观的方式来进行字符串格式化,非常灵活和强大。它可以使用任何有效的 Python 表达式,并支持在{}中使用属性、方法和函数调用等。

【例 3-16】 f-strings 方法格式化字符串示例

```
Corp = '东方公司'
Net_profit = 1019.6545
shares = 25.67
```

```
equity=1678

output=f"{Corp}净利润{Net_profit:.2f}万元,股价{shares}元,总股本
{equity}万股。"
print(output)
```

这段代码将字符串赋值给相应的变量，再使用了 f-strings 进行字符串的格式化，其中变量名被花括号{}包围，用来表示要插入到字符串中的变量值。"：.2f"表示四舍五入保留两位小数，这将保留 Net_profit 的值，并限制它只有两位小数。运行结果如图 3-15 所示。

```
Corp = '东方公司'
Net_profit = 1019.6545
shares = 25.67
equity = 1678

output = f"{Corp} 净利润 {Net_profit:.2f} 万元，股价 {shares} 元，总股本 {equity} 万股。"
print(output)
```

东方公司 净利润 1019.65 万元，股价 25.67 元，总股本 1678 万股。

图 3-15　例 3-16 的运行结果

（6）字符串的内建函数。

Python 字符串的内建函数是 Python 编程语言提供的一组函数，用于对字符串进行各种常见操作和处理。这些函数可以在字符串对象上直接调用，以便进行各种字符串操作，功能强大而实用。表 3-11 展示了一些常见的函数及说明。

表 3-11　字符串内建函数

函数名	描述
capitalize()	将字符串的第一个字符转换为大写
count (str, beg = 0, end = len (string))	返回 str 在 string 里面出现的次数，如果 beg 或者 end 指定则返回指定范围内 str 出现的次数
encode (encoding = ' UTF - 8', errors = ' strict')	以 encoding 指定的编码格式编码字符串，如果出错默认报一个 ValueError 的异常，除非 errors 指定的是' ignore' 或者' replace'
endswith (suffix, beg = 0, end=len (string))	检查字符串是否以 suffix 结束，如果 beg 或者 end 指定则检查指定的范围内是否以 suffix 结束，如果是，返回 True，否则返回 False
find (str, beg=0, end=len (string))	检测 str 是否包含在字符串中，如果指定范围 beg 和 end，则检查是否包含在指定范围内，如果包含返回开始的索引值，否则返回-1
index (str, beg=0, end = len (string))	跟 find()方法一样，只不过如果 str 不在字符串中会报一个异常
isalnum()	如果字符串至少有一个字符并且所有字符都是字母或数字则返回 True，否则返回 False

函数名	描述
isalpha( )	如果字符串至少有一个字符并且所有字符都是字母或中文字则返回 True，否则返回 False
isdigit( )	如果字符串只包含数字则返回 True，否则返回 False
islower( )	如果字符串中包含至少一个区分大小写的字符，并且所有这些（区分大小写的）字符都是小写，则返回 True，否则返回 False
isnumeric( )	如果字符串中只包含数字字符，则返回 True，否则返回 False
isspace( )	如果字符串中只包含空白，则返回 True，否则返回 False
istitle( )	如果字符串是标题化的（见 title( )）则返回 True，否则返回 False
isupper( )	如果字符串中包含至少一个区分大小写的字符，并且所有这些（区分大小写的）字符都是大写，则返回 True，否则返回 False
join（seq）	以指定字符串作为分隔符，将 seq 中所有的元素（的字符串表示）合并为一个新的字符串
len（string）	返回字符串长度
lower( )	转换字符串中所有大写字符为小写
lstrip( )	截掉字符串左边的空格或指定字符
max（str）	返回字符串 str 中最大的字母
min（str）	返回字符串 str 中最小的字母
replace（old, new [, max]）	将字符串中的原字符替换成新字符，如果 max 指定，则替换不超过 max 次
rfind(str, beg＝0, end＝len(string))	类似于 find( )函数，不过是从右边开始查找
rindex(str, beg＝0, end＝len(string))	类似于 index( )，不过是从右边开始
rstrip( )	删除字符串末尾的空格或指定字符
split（str＝" ", num＝string. count(str)）	以 str 为分隔符截取字符串，如果 num 有指定值，则仅截取 num+1 个子字符串。如果不指定分隔符，则字符串中的任何空白字符(空格、换行符、制表符等)将被认为是分隔符，且把连续多个空白字符看作一个分隔符
splitlines（[keepends]）	按照行(' \r', ' \r\n', \n') 分隔，返回一个包含各行作为元素的列表，如果参数 keepends 为 False，不包含换行符，如果为 True，则保留换行符
startswith（substr, beg＝0, end＝len(string)）	检查字符串是否是以指定子字符串 substr 开头，是则返回 True，否则返回 False。如果 beg 和 end 指定值，则在指定范围内检查
strip（[chars]）	在字符串上执行 lstrip( )和 rstrip( )
swapcase( )	将字符串中大写转换为小写，小写转换为大写

函数名	描述
title( )	返回"标题化"的字符串，就是说所有单词都是以大写开始，其余字母均为小写（见 istitle( )）
upper( )	转换字符串中的小写字母为大写

【例 3-17】字符串的一些内建函数示例

```
var1="Hedge Fund!"
var1.lower()                        #将所有字符小写
len(var1)                           #返回字符串的长度
var1.find('dg')                     #找到字符"dg"，返回它开始的索引位置
var1.replace('e Fund! ','ing')      #将字符"e Fund!"替换为"ing"
var1.split()                        #不加参数、未指定分隔符,此处按空格分隔
var2="银行存款——本币存款——工商银行"
var2.split("——")                    #按"——"分隔
```

运行结果如图 3-16 所示。

```
var1="Hedge Fund!"
var1.lower()  #将所有字符小写

'hedge fund!'
```

```
len(var1)  #返回字符串的长度

11
```

```
var1.find('dg')  #找到字符"dg"，返回它开始的索引位置

2
```

```
var1.replace('e Fund!','ing')  #将字符"e Fund!"替换为"ing"

'Hedging'
```

```
var1.split()  #不加参数、未指定分隔符，此处按空格分隔

['Hedge', 'Fund!']
```

```
var2="银行存款—本币存款—工商银行"
var2.split("—")  #按"—"分隔

['银行存款', '本币存款', '工商银行']
```

图 3-16　例 3-17 的运行结果

从例 3-17 中可以看出，调用字符串的内建函数有两种方法：一种是 str. 函数名( )，如 find( )、replace( )、split( )；一种是函数名(str)，如 len( )、max( )、min( )等。函数内的各种参数为可选参数，具体用法详见表 3-11。

▶▶| 3.2.2　高级数据类型　▶▶　▶

1. 列表（list）

在 Python 中，列表（list）是一种有序的数据集合，可以包含数值、字符串、列表、元组、字典、集合等任何类型，列表中的元素用逗号分隔，整个列表由方括号 [ ] 包围。列表建立后内容可以改变的，可以修改、添加或删除列表中的元素。

【例 3-18】列表创建示例。

```
List0 = []
List1 = ['现金', '银行存款', '应收账款', '应付账款']
List2 = ['现金', 50000, '应收账款', '应付账款']
List3 = ['现金', 50000, ['应收账款', 600000]]
List4 = [3000, 250, 6000, 4000]
List5 = ['现金', True, {'应收账款', 600000}]
```

（1）列表的操作。

列表可以使用"＋""＊"运算及"in""not in"等逻辑运算，还可以通过 for 循环遍历各元素，还可以进行索引取值。列表索引取值时与字符串的方式一样，正向取值从"0"开始，负向取值从"-1"开始，区间取值遵循"左闭右开"。常见的列表操作如表 3-12 所示。

表 3-12　列表的常见操作实例

操作实例	运行结果	作用描述
len([1, 2, 3])	3	长度
[1, 2, 3]+[4, 5, 6]	[1, 2, 3, 4, 5, 6]	组合
['Hi!'] ＊ 4	['Hi! ', 'Hi! ', 'Hi! ', 'Hi! ']	重复
3 in [1, 2, 3]	True	元素是否存在于列表中
for x in [1, 2, 3]: print(x, end="")	123	遍历列表中的各元素
List1[2] List1[0：2] List1[-2：-1]	'应收账款' ['现金', '银行存款'] ['应收账款']	索引截取取值
List1[2]='其他应收款'	['现金', '银行存款', '其他应收款', '应付账款']	修改值

（2）列表的常用内置函数。

列表可以进行添加、删除、插入、排序、计数、索引定位等操作，表 3-13 列举了一些列表操作的实例，并进行了详细的解释。

表 3-13　列表常用内置函数实例

操作实例	运行结果	作用描述
List1. append('固定资产')	['现金','银行存款','应收账款','应付账款','固定资产']	在列表末尾添加新的元素
List1. count('银行存款')	1	统计某个元素在列表中出现的次数
List1. insert(3，'原材料')	['现金','银行存款','应收账款','原材料','应付账款','固定资产']	将元素插入列表中指定的位置
List1. extend(List2)	['现金','银行存款','应收账款','原材料','应付账款','固定资产','现金',50000,'应收账款','应付账款']	在列表末尾一次性追加另一个序列中的多个值(用新列表扩展原来的列表)
List1. index('应付账款')	4	从列表中找出某个值第一个匹配项的索引位置
List1. pop(2)	['现金','银行存款','原材料','应付账款','固定资产','现金',50000,'应收账款','应付账款']	移除列表中的一个元素(默认最后一个元素),并且返回该元素的值
List1. remove('应付账款')	['现金','银行存款','原材料','固定资产','现金',50000,'应收账款','应付账款']	移除列表中某个元素的第一个匹配项
List4. sort( ) #默认升序排列，如添加参数 reverse = Flase 则为降序排列	[250，3000，4000，6000]	对原列表进行排序(只能对相同类型的元素进行排序)

2. 元组(Tuple)

用于存储多个元素的有序集合，元素可以是数值、字符串、列表、元组、字典、集合等任何类型，元组中的元素用逗号分隔，整个元组由圆括号( )包围。与列表不同的是，元组是不可变的。

【例 3-19】元组的创建示例。

```
Tup0 = ()
Tup1 = (1,11,8,7,5)
Tup2 = ('先进先出法','移动平均加权法','月末一次加权平均法')
Tup3 = ('现金', 50000, ['应收账款', 600000])
Tup4 = ('现金', True, ('应收账款', 600000))
Tup5 = ('现金', True, {'ID':'X34003', 'Name':'李四'})
Tup6 = ('现金',)
```

特别注意，元组中只包含一个元素时，需要在元素后面添加逗号，否则括号会被当作运算符使用，如图 3-17 所示。

```
Tup6=('现金')
type(Tup6)    # 不加逗号，类型为字符串
```

```
str
```

```
Tup6=('现金',)
type(Tup6)    # 加逗号，类型为元组
```

```
tuple
```

图 3-17　单元素元组的语法规则比较示例

元组是一个序列，与字符串类似，下标索引从 0 开始，可以进行截取、组合等。与字符串一样，元组之间可以使用+号、和 * 号进行运算，这就意味着他们可以组合和复制，运算后会生成一个新的元组。

元组中的元素值是不允许修改的，但我们可以对元组进行连接组合；元组中的元素值是不允许删除的，但我们可以使用 del 语句来删除整个元组。

元组的主要操作如表 3-14 所示。

表 3-14　元组的主要操作实例

操作实例	运行结果	作用描述
len(Tup1)	5	计算元素个数
Tup_total＝Tup1+Tup2	(1, 11, 8, 7, 5, '先进先出法', '移动平均加权法', '月末一次加权平均法')	连接，Tup_total 就是一个新的元组，它包含了 Tup1 和 Tup2 中的所有元素。
Tup6 * 4	('现金', '现金', '现金', '现金')	复制
7 in Tup1	True	元素是否存在
for x in Tup2： print(x，end=＂)	先进先出法移动平均加权法月末一次加权平均法	迭代
Tup2[1] Tup2[0：2] Tup2[-2：-1]	'移动平均加权法' ('先进先出法', '移动平均加权法') ('移动平均加权法',)	索引截取取值

3. 字典（Dictionary）

字典是用于存储键值对（key-value pair）的数据结构，每个键值对用冒号（：）分隔（，）键值对之间用逗号分隔，整个字典由花括号 {} 包围。在字典中，每个键必须是唯一的，是不可变的，可以是字符串、数字、元组等，但不能使用列表。字典的值可以取任何数据类型。

【例 3-20】字典的创建示例。

```
Dict0 = {}
Dict1 = {'name':'Alice','age':25,'gender':'female'}
Dict2 = {'abc':123,98.6:37}
```

字典不允许同一个键出现两次。创建时如果同一个键被赋值两次，后一个值会被记住，如图 3-18 所示。

```
Dict3={'name': 'Alice', 'age': 25, 'age': 30}
Dict3
```

{'name': 'Alice', 'age': 30}

图 3-18　字典的键赋值两次时的取值展示

字典的值访问与获取的方式与字符串、列表、元组等不同，不能使用索引，而是通过键来获取值。字典的修改与删除也都是通过键来完成的。此外，字典还支持多种方式的遍历。

字典的主要操作实例如表 3-15 所示。

表 3-15　字典的主要操作实例

操作实例	运行结果	作用描述
len(Dict1)	3	计算字典元素个数，即键的总数
Dict1['name']	'Alice'	访问字典中的值
Dict1. keys( )	dict_keys(['name', 'age', 'gender'])	返回所有的键
Dict1. values( )	dict_values(['Alice', 25, 'female'])	返回所有的值
Dict1. items( )	dict_items([('name', 'Alice'), ('age', 25), ('gender', 'female')])	返回所有的键值对
Dict1['age'] = 60	{'name': 'Alice', 'age': 60, 'gender': 'female'}	修改值
del Dict1['gender']	{'name': 'Alice', 'age': 25}	删除键
Dict1. clear( )	{}	清空字典
del Dict1	NameError: name 'Dict1' is not defined	删除字典
for key in Dict1：print(key, Dict1[key])	name Alice age 25 gender female	根据键遍历字典
for value in Dict1. values( )：print(value)	Alice 25 female	根据值遍历字典

续表

操作实例	运行结果	作用描述
for item in Dict1. items( ): print(item)	('name', 'Alice') ('age', 25) ('gender', 'female')	根据字典项遍历字典

4. 集合(set)

集合是一个无序的不重复元素序列。集合中的元素不会重复，并且可以进行交集、并集、差集等常见的集合操作。可以使用大括号{}创建集合，元素之间用逗号分隔，或者也可以使用 set( )函数创建集合。

【例 3-21】集合的创建示例。

```
Set0 = set()
Set1 = {'管理费用', 2, 3, 4}
Set2 = set([4, 5, 6, 7])
```

注意：创建一个空集合必须用 set( )而不是 set{ }，因为{ }是用来创建一个空字典。集合是无序的，每次运行返回的结果的顺序可能不一样。

集合类型类似于数学意义上的集合，可以进行交集、并集、差集等运算。集合还可以进行添加、删除等操作。集合的主要操作实例如表 3-17 所示。

表 3-17 集合的主要操作实例

操作实例	运行结果	作用描述
Set1. difference(Set2)	{2, 3, '管理费用'}	返回多个集合的差集
Set1. intersection(Set2)	{4}	返回集合的交集
Set1. union(Set2)	{2, 3, 4, 5, 6, 7, '管理费用'}	返回两个集合的并集
Set1. symmetric_difference(Set2)	{2, 3, 5, 6, 7, '管理费用'}	返回两个集合中不重复的元素集合。
Set1. isdisjoint(Set2)	False	判断两个集合是否包含相同的元素，如果没有返回 True，否则返回 False。
Set1. add('销售费用')	{2, 3, 4, '管理费用', '销售费用'}	为集合添加元素
Set1. pop( )#随机的一个元素	2	随机移除元素
Set1. remove('管理费用')	{3, 4, '销售费用'}	移除指定元素
Set1. discard('销售费用')	{3, 4}	删除集合中指定的元素
Set1. clear( )	set( )	移除集合中的所有元素

5. 序列（Series）

序列（Series）是 pandas 包中的数据结构，用于存储一维的带标签的数据。Series 对象在许多方面都与 NumPy 的一维数组类似，它们可以进行基本的数学运算、切片和过滤等操作。此外，pandas 还提供了许多其他的功能，例如数据对齐、缺失值处理和时间序列等。

（1）通过 Series() 构造函数创建。

调用 Series() 构造函数，把要存放在 Series 对象中的数据以列表等形式传入，就能创建一个 Series 对象。

【例 3-22】序列的创建示例。

示例 1：默认标签。

```
import pandas as pd
data = [2, 4, -3, 7, 50]
s = pd.Series(data)
print(s)
```

运行结果如图 3-19 所示。

```
import pandas as pd
data = [2, 4, -3, 7, 50]
s = pd.Series(data)
print(s)
```

```
0     2
1     4
2    -3
3     7
4    50
dtype: int64
```

图 3-19　例 3-22 默认标签的运行结果

如果想对各个数据使用有特定意义的标记（标签），就必须在调用 Series() 构造函数时，指定 index 选项，把存放有标签的数组赋值给 index。

示例 2：添加自定义标签。

```
import pandas as pd
data = [2, 4, -3, 7, 50]
index = ['a', 'b', 'c', 'd', 'e']
s = pd.Series(data, index=index)
print(s)
```

运行结果如图 3-20 所示。

```
import pandas as pd
data = [2, 4, -3, 7, 50]
index = ['a', 'b', 'c', 'd', 'e']
s = pd.Series(data, index=index)
print(s)

a     2
b     4
c    -3
d     7
e    50
dtype: int64
```

图 3-20 例 3-22 添加自定义标签的运行结果

（2）用 pandas 包读入表格，表格的任何一列或任何一行即为 Series 对象。

【例 3-23】筛选出表格中的一列，并查看数据类型。

```
import pandas as pd
df=pd.read_excel(r'C:\Users\ASUS\Downloads\各类信息表.xlsx')
df['产品名称']


type(df['产品名称'])
```

运行结果如图 3-21 所示。

```
import pandas as pd
df=pd.read_excel(r'C:\Users\ASUS\Downloads\各类信息表.xlsx')
df['产品名称']

0      笔记本电脑
1        手机
2       平版电脑
3     MP3播放器
4       游戏机
5       其他产品
Name: 产品名称, dtype: object

type(df['产品名称'])

pandas.core.series.Series
```

图 3-21 例 3-23 运行结果

6. 数据框（DataFrame）

数据框（DataFrame）是 pandas 包中数据结构。DataFrame 对象的数据结构与工作表（最常见的是 Excel 工作表）极为相似，将使用场景由 Series 的一维扩展到多维。

DataFrame 的数据结构特点如下：

（1）DataFrame 是一个表格型的数据结构，每列值类型可以不同。

（2）DataFrame 常用于表达二维数据，也可表达多维数据。

（3）DataFrame 既有行索引（index），也有列索引（columns），其中行索引的数组与行相关，每个标签与标签所在行的所有元素相关联。而列索引包含一系列标签，每个标签与一列数据相关联。如图 3-22 所示。

列索引（columns）

	姓名	性别	年龄
0	乔峰	男	32
1	王语嫣	女	18
2	段誉	男	20
...	...	...	...

行索引（index）

图 3-22　DataFrame 对象的索引

（1）读取外部文件创建。如【例 3-1】读入表格后赋值给 df，df 就是一个 DataFrame。

（2）基于现有数据手动创建。

使用 DataFrame( ) 构造函数可创建 DataFrame 对象。可以通过嵌套列表或字典方式创建，比如【例 3-3】所示，创建一个新字典后，再生成一个 DataFrame 对象。

3.2.3　数据类型转换

为了使数据能够在不同的场景和操作中正确地被处理和使用，有时需要进行数据类型转换。比如 input( ) 函数输入的数据类型都为字符串，如需进行数值算术运算则需要将其转换为整型或浮点型。如果数据类型不匹配，可能会导致计算结果不准确或出现错误。在将数据存储到文件或数据库中，以及从文件或数据库中加载数据时，不同的存储和加载方式可能需要不同的数据类型。因此，需要将数据类型适配到特定的存储和加载方式。

Python 数据类型转换可以分为两种：隐式类型转换-自动完成，显式类型转换-需要使用类型函数来转换。

1. 隐式类型转换

在隐式类型转换中，Python 会自动将一种数据类型转换为另一种数据类型，不需要干预。

【3-24】数据类型隐式转换实例

```
num_int=854
num_flo=10.56
num_new=num_int+num_flo
print('num_int 的数据类型为:', type(num_int))
print('num_flo 的数据类型为:', type(num_flo))
print('num_new 的值为:', num_new)
print('num_new 的数据类型为:', type(num_new))
```

运行结果如图 3-23 所示。

```
num_int=854
num_flo=10.56
num_new=num_int+num_flo
print('num_int的数据类型为: ',type(num_int))
print('num_flo的数据类型为: ',type(num_flo))
print('num_new的值为: ',num_new)
print('num_new的数据类型为: ',type(num_new))
```

```
num_int的数据类型为: <class 'int'>
num_flo的数据类型为: <class 'float'>
num_new的值为: 864.56
num_new的数据类型为: <class 'float'>
```

图 3-23 例 3-24 运行结果

以上代码对两个不同数据类型的变量 num_int 和 num_flo 进行相加运算，并存储在变量 num_new 中。然后查看三个变量的数据类型。在输出结果中，num_int 是整型（integer），num_flo 是浮点型（float）。同样地，新的变量 num_new 是浮点型（float），这是因为 Python 会将较低的数据类型（整数）转换为较高的数据类型（浮点数），以避免数据丢失。

2. 显式类型转换

在显式类型转换中，用户将对象的数据类型转换为所需的数据类型。可以使用 int()、float()、str() 等预定义函数来执行显式类型转换。常见的数据类型转换函数如表 3-18 所示。

表 3-18 数据类型转换函数

函数	描述
int(x [, base])	将 x 转换为一个整数
float(x)	将 x 转换到一个浮点数
str(x)	将对象 x 转换为字符串
repr(x)	将对象 x 转换为表达式字符串
tuple(s)	将序列 s 转换为一个元组
list(s)	将序列 s 转换为一个列表
set(s)	转换为可变集合
dict(d)	创建一个字典。d 必须是一个(key, value)元组序列

【例 3-25】显式数据类型转换示例。

```
x=int(2.8)
y=float(98)
z=str(2.8)
w=float(input('请输入一个数字'))
print(x)
```

```
print(y)
print(z)
print(w)
```

运行结果如图 3-24 所示。

```
x=int(2.8)
y=float(98)
z=str(2.8)
w=float(input('请输入一个数字'))
print(x)
print(y)
print(z)
print(w)
```

```
请输入一个数字 578
2
98.0
2.8
578.0
```

图 3-24　例 3-25 的运行结果

值得注意的是，当使用 int（2.8）将 2.8 强制转换为整数型时，只取了整数部分，非四舍五入。当把字符串类型转换为数值类型时，字符串中只能都是数字，不能含有字母或文字。

3.3　数据判断和循环

计算机的自动运行实际上是由人事先写好了程序，由程序来完成任务。计算机的判断能力和不知疲倦地重复工作能力，其实是使用了编程语言中的条件判断语句和循环语句自动控制完成的。

▶▶▎3.3.1　条件判断语句　▶▶　▶

1. 单分支判断语句（if）

Python 中的单分支语句结构语法格式如下：

```
if 条件表达式：
    代码块(表示条件成立要做的事情)
```

（1）条件表达式是计算结果为 True 或 False 的表达式。

（2）if 条件表达式后面的冒号不可缺少，冒号表示一个语句块的开始。

（3）if 下的代码块必须缩进，表示该语句块在逻辑上隶属于 if 条件。同一个语句块中的所有代码必须保证相同的缩进量。代码的缩进为 4 个空格，也可使用 Tab 键一键缩进。

单分支结构的程序流程图如图 3-25 所示。

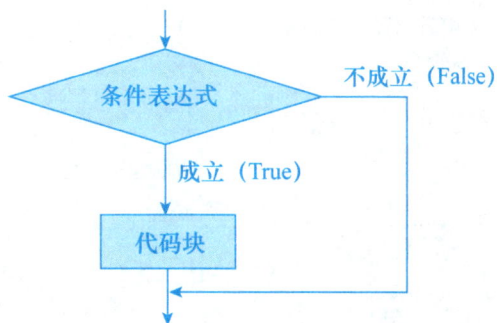

图 3-25　单分支语句流程图

【例3-26】续【例3-7】，使用单分支语句判断商品 1 是否比商品 2 更便宜，如是则打印出"商品 1 比商品 2 更便宜"。

```
price_goods1=100     #商品 1 的价格
price_goods2=200     #商品 2 的价格
if price_goods1 < price_goods2:
    print("商品 1 比商品 2 更便宜")
```

运行结果如图 3-26 所示：

```
price_goods1 = 100     # 商品1的价格
price_goods2 = 200     # 商品2的价格
if price_goods1 < price_goods2:
    print("商品1比商品2更便宜")
```

商品1比商品2更便宜

图 3-26　例 3-26 运行结果

2. 双分支判断语句（if-else）

Python 中的双分支语句结构语法格式如下，程序流程图如图 3-27 所示。

```
if 条件表达式:
    代码块 A(表示条件成立要做的事情)
else:
    代码块 B(表示不满足条件时要做的事情)
```

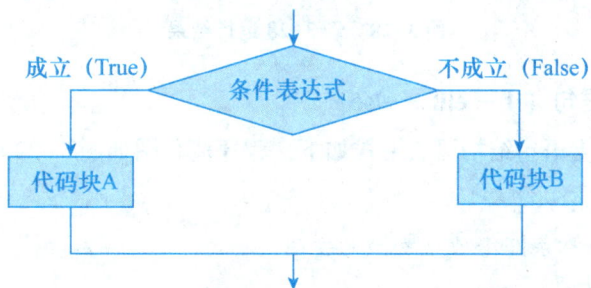

图 3-27　单条件判断流程图

【例 3-27】 执行以下语句输出的结果是（　　　　）

```
a=True
b=False
if a or b and b:
    print('yes')
else:
    print('no')
```

A. yes   B. no   C. True   D. False

例 3-27 的答案选 A。

解析： 在这个程序中，先定义了两个变量：a 为 True，b 为 False。然后，在 if 语句中有一个条件判断表达式：a or b and b，这个表达式的结果为 True。即表示满足 if 条件，则执行 if 后面的代码块 print（'yes'）。

【例 3-28】 续【例 3-7】，使用双分支语句判断商品 1 是否比商品 2 更便宜，如是则打印出"建议购买商品 1"；如否则打印出"建议购买商品 2"

```
price_goods1=100     #商品 1 的价格
price_goods2=200     #商品 2 的价格
if price_goods1 < price_goods2:
    print("建议购买商品 1")
else:
    print("建议购买商品 2")
```

运行结果如图 3-28 所示。

```
price_goods1 = 100     # 商品1的价格
price_goods2 = 200     # 商品2的价格
if price_goods1 < price_goods2:
    print("建议购买商品1")
else:
    print("建议购买商品2")
```

建议购买商品1

图 3-28　例 3-28 运行结果

3. 多分支判断语句（if - elif - else）

Python 中的多分支语句结构语法格式如下，程序流程图如图 3-29 所示。

```
if 条件 1 表达式：
    代码块 A(表示条件 1 成立要做的事情)
elif 条件 2 表达式：
    代码块 B(表示不满足条件 1 但满足条件 2 时要做的事情)
```

elif 条件 3 表达式：

　　代码块 C(表示不满足条件 1、2 但满足条件 3 时要做的事情)

......

else：

　　以上条件都不满足时要做的事情

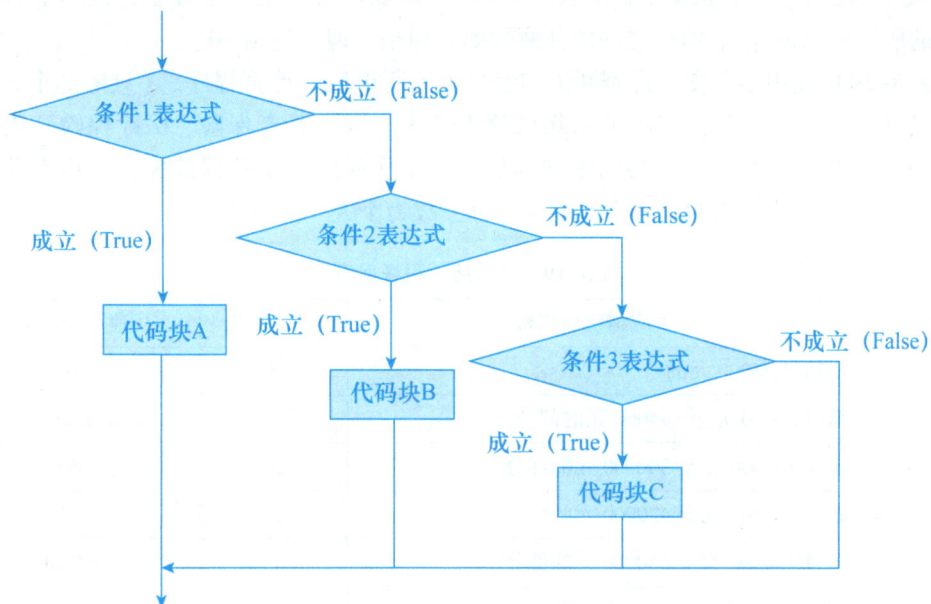

图 3-29　多分支条件判断流程图

【**例 3-29**】（单选题）关于以下条件判断语句：

```
if a<=15 and a>0:
    if a>=10:
        b=1
    elif a>=5:
        b=2
    else:
        b=3
else:
    b=0
```

要使 b=2，那么 a 的取值可以是（　　　）。

A. 16　　　　　　　　B. 8　　　　　　　　C. 2　　　　　　　　D. 10

例 3-29 的答案选 B。

解析：首先将变量 a 与两个条件进行比较：a<=15 和 a>0。这意味着只有在 a 小于等于 15 且大于 0 时才会进入 if 语句块。

在 if 语句中继续进行嵌套的条件判断。首先检查 a 是否大于等于 10，如果是，则将 b 的值设置为 1。否则，如果 a 大于等于 5，将 b 的值设置为 2。如果都不满足，则将 b 的值设置为 3。

如果 a 不满足 a<=15 and a>0 的条件，即 a 大于 15 或小于等于 0，那么我们将 b 的值设置为 0。

要使 b 的值等于 2，根据上面的代码逻辑，a 的取值可以是大于等于 5 且小于 10。因此，a 的取值可以是 [5, 10) 之间的任意数值，包括 5 但不包括 10。

【例 3-30】使用多分支条件判断语句编写个人所得税的计算程序。（只考虑个人三险一金、专项附加扣除，其他依法可扣除项暂不考虑。因为养老保险、医疗保险和失业保险，这三种险是由企业和个人共同缴纳的保费，工伤保险和生育保险完全是由企业承担的。因此，允许税前扣除的仅为个人缴交部分，故为个人三险一金。）

表 3-19　个人所得税税率表

级数	全年应纳税所得额	税率（%）	速算扣除数
1	不超过 36000 元的	3	0
2	超过 36000 元至 144000 元的部分	10	2520
3	超过 144000 元至 300000 元的部分	20	16920
4	超过 300000 元至 420000 元的部分	25	31920
5	超过 420000 元至 660000 元的部分	30	52920
6	超过 660000 元至 960000 元的部分	35	85920
7	超过 960000 元的部分	45	181920

注：本表所称全年应纳税所得额是指依照个人所得税法的规定，居民个人取得的综合所得。为：每一纳税年度收入额减除费用六万元以及专项扣除、专项附加扣除和依法确定的其他扣除后的余额。

应纳税所得额 = 年税前收入 - 60000 - 个人缴纳的三险一金 - 专项附加扣除

个人所得税 = 应纳税所得额 * 相应级数的税率 - 速算扣除数

程序以下：

```python
b_income=float(input('请输入您的年税前收入:'))
threshold=60000
social_fund=float(input('请输入您每月扣除的三险一金:'))
add_deduction=float(input('请输入您的年加计扣除数:'))
income=b_income-threshold-social_fund*12-add_deduction
print("您的应纳税所得额为:", income)


if income <=0:
    tax=0
elif income <=36000:
```

```
        tax=income*0.03
elif income <=144000:
        tax=income*0.1-2520
elif income <=300000:
        tax=income*0.2-16920
elif income <=420000:
        tax=income*0.25-31920
elif income <=660000:
        tax=income*0.3-52920
elif income <=960000:
        tax=income*0.35-85920
else:
        tax=income*0.45-181920


print("您所需缴纳的个人所得税为:", tax)
```

程序运行时依次输入年税前收入 200000 元、每月扣除的三险一金 1100 元，年加计扣除数 96000 元，得到结果如图 3-30 所示。

```
b_income = float(input('请输入您的年税前收入：'))
threshold = 60000
social_fund = float(input('请输入您每月扣除的三险一金：'))
add_deduction = float(input('请输入您的年加计扣除数：'))
income = b_income-threshold-social_fund*12-add_deduction
print("您的应纳税所得额为：", income)

if income <= 0:
    tax = 0
elif income <= 36000:
    tax = income*0.03
elif income <= 144000:
    tax = income*0.1-2520
elif income <= 300000:
    tax = income*0.2-16920
elif income <= 420000:
    tax = income*0.25-31920
elif income <= 660000:
    tax = income*0.3-52920
elif income <= 960000:
    tax = income*0.35-85920
else:
    tax = income*0.45-181920

print("您所需缴纳的个人所得税为：", tax)
```

```
请输入您的年税前收入： 200000
请输入您每月扣除的三险一金： 1100
请输入您的年加计扣除数： 96000
您的应纳税所得额为： 30800.0
您所需缴纳的个人所得税为： 924.0
```

图 3-30　例 3-30 运行结果

【小提示】关于 if 条件判断语句的几点总结：

• Python 严格用缩进来控制结构，代码的缩进为 4 个空格，也可使用 Tab 键一键缩进；

• if、elif 后面要有空格，且条件表达式、elif、else 皆以英文冒号（:）结尾；

• if 可以单独使用，但 elif 、else 必须和 if 一起使用；

• if 语句执行是自上而下判断的，如果满足某个条件，把该条件对应的语句执行后，就不会再执行剩下的 elif/else。

▶▶ 3.3.2 循环语句 ▶▶ ▶

1. while 循环

While 循环语句的语法格式如下，程序流程图如图 3-31 所示。

```
while 条件表达式：
    代码块（表示条件成立要做的事情）
```

（1）while 是关键字，以英文冒号（:）结尾。

（2）代码块需要缩进，以表示满足 while 条件成立要做的事情。

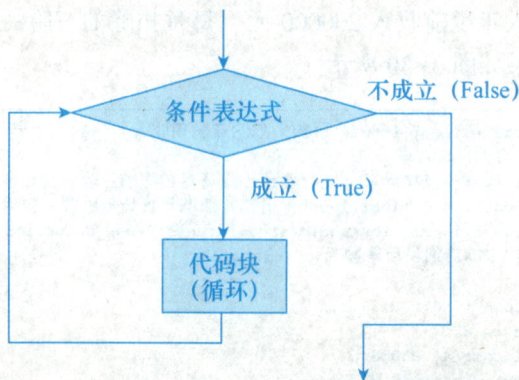

图 3-31　while 语句程序流程图

【例 3-31】（单选题）若 a=100，下述 while 循环执行的次数为（　　　）。

```
a=100
while a>1:
    print(a)
    a=a-20
```

A. 4　　　　　　　B. 5　　　　　　C. 6　　　　　　　D. 7

例 3-31 的答案为 B，依次打印出 100、80、60、40、20。解析：这个程序使用了 while 循环来打印变量 a 的值。首先，给变量 a 赋值为 100。然后，进入了 while 循环。while 关键字后的条件是"a>1"，这意味着只要 a 的值大于 1，循环就会一直执行。在循环的每一次迭代中，我们使用 print() 函数打印出 a 的当前值。接下来，通过"a=a-20"语句将 a 的值减去 20。这是为了在每次循环迭代中降低 a 的值，以便最终使得 a 的值小于等于 1 时退出循环。当 a 的值减到 1 以下时，循环结束。

思考：当程序去掉"a=a-20"时会出现什么情况？

【例 3-32】假设模拟一个公司销售产品的过程，直到所有产品都被售出为止。可以使用 while 循环来重复询问客户是否购买产品，直到产品库存为 0。

```
#初始化产品库存和销售数量
product_inventory=35 #初始产品库存为 35
sales=0 #初始销售数量为 0

#使用 while 循环来销售产品,直到库存为 0
while product_inventory > 0:
#询问客户是否购买产品
    customer_response=input("您要购买我们的产品吗?(y/n): ")
    if customer_response.lower()=='y':
        #客户同意购买,减少库存并增加销售数量
        product_inventory -=1
        sales+=1
        print("感谢您购买我们的产品!")
    else:
        #客户不同意购买,退出循环
        print("谢谢您的考虑,再见!")
        break

#输出销售结果
print("产品销售完毕,总共售出", sales, "件产品。")
```

在这个例子中使用 while 循环来重复询问客户是否购买产品，直到产品库存为 0。如果客户同意购买，将减少库存并增加销售数量。如果客户不同意购买，则退出循环。最后输出销售结果。运行结果如图 3-32 所示。

图 3-32　例 3-32 运行结果

```
else:
    # 客户不同意购买, 退出循环
    print("谢谢您的考虑, 再见! ")
    break

# 输出销售结果
print("产品销售完毕, 总共售出", sales, "件产品。")
```

```
您要购买我们的产品吗? (y/n): y
感谢您购买我们的产品!
您要购买我们的产品吗? (y/n): y
感谢您购买我们的产品!
您要购买我们的产品吗? (y/n): n
谢谢您的考虑, 再见!
产品销售完毕, 总共售出 2 件产品。
```

图 3-32　例 3-32 运行结果（续）

2. for-in 循环

for 语句可用来控制代码块的重复执行, for 语法格式如下, 程序流程图如图 3-33 所示。

```
for 变量 in 迭代器:   # in 表达从值序列或值集合中依次取值,又称为遍历
    代码块      #满足条件时要执行的代码
```

（1）for 和 in 都是关键字。for 开始的行是循环的控制结构, 以英文冒号（:）结尾。

（2）代码块需要缩进, 以表示其是 for 包含的内容。

（3）一个迭代器是指一个值序列或是值集合。在循环过程中, 循环变量依次从迭代器中取值, 并对取得的每个值执行 for 循环体的代码。迭代器中的值的个数就是 for 循环的次数。当循环变量取完迭代器中的所有值后, 循环结束。

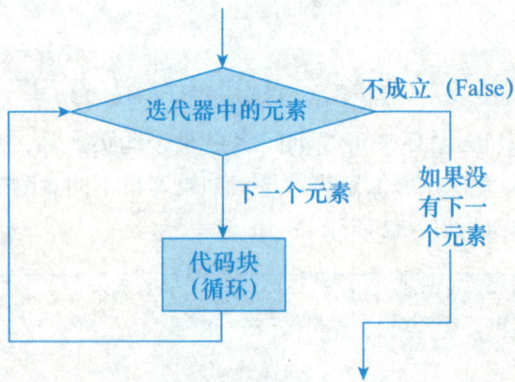

图 3-33　for-in 循环程序流程图

for 循环的迭代器可以是任何可迭代对象, 包括但不限于以下几种类型: 字符串（String）、列表（List）、元组（Tuple）、字典（Dictionary）、集合（Set）、范围（Range）、文件对象（File Object, 如通过 open（）函数打开的文件）、自定义的可迭代对象（如自定义类中实现了__iter__（）和__next__（）方法）。

不同的迭代器类型在迭代过程中可能会产生不同的结果。对于容器类对象（如列表、

元组、字符串、字典、集合等），迭代器将按照它们在存储中的顺序进行迭代；而对于范围对象（range），它将按照指定的范围进行迭代。自定义的可迭代对象的迭代方式取决于你自己实现的逻辑。

【例 3-33】（多选题）下列哪些语句符合语法要求的表达式（　　）。

```
for i in 表达式:
    print(i)
```

A.'Hedge'　　　　　　B.123　　　　　　C.range（5）　　　D.［1，2，3］

例 3-33 的答案为 ACD。

解析：答案 B 为数值型数据，不符合迭代器的数据类型要求。ACD 的运行结果如图 3-34 所示。

```
for i in 'Hedge':
    print(i)

H
e
d
g
e
```

```
for i in range(5):
    print(i)

0
1
2
3
4
```

```
for i in [1,2,3]:
    print(i)

1
2
3
```

图 3-34　例 3-33 各选项的运行结果

由于 range() 函数可以产生指定范围的一系列值，因此它经常作为 for 循环的迭代器，这样循环变量便可依次从这一系列值中取数，从而控制循环体按预设逻辑运行。常见的使用方法有以下几种：

（1）range（n）：生成从 0 到 n-1 的整数数列。例如，range（5）将返回一个包含 0、1、2、3、4 的整数数列。n 是必填的参数。

（2）range（m，n）：生成从 m 到 n 的整数数列。例如，range（2，6）将返回一个包含 2、3、4、5 的整数数列。

（3）range（m，n，d）：生成从 m 到 n-1 的整数数列，步长为 d。例如，range（2，8，2）将返回一个包含 2、4、6 的整数数列。如果 d 未指定，默认为 1。d 还可以是负数，表示反向遍历。例如，range（10，0，-2）将返回一个 10、8、6、4、2 的整数数列。

3. break 语句

break 语句是 Python 中的一种控制流语句，用于结束当前循环（for 循环或 while 循环）的执行，并跳出循环体。

当程序执行到 break 语句时，程序将立即退出当前循环。换句话说，break 语句用于提前终止循环，无论循环条件是否满足。

break 语句语法格式如下所示：

```
while  条件 1:
        代码块    #满足 while 循环条件 1 时要执行的代码
```

```
        if  条件2:
            break    # 当满足条件2时终止循环
for 变量 in 迭代器:
    代码块    # for 循环时要执行的代码
        if  条件3:
            break    # 当满足条件3时终止循环
```

注意：break 只能用在循环中，除此以外不能单独使用。

【例3-34】执行以下语句输出的结果是（　　　）。

```
num = 0
while num < 5:
    num += 1
    if num == 4:
        break
    else:
        print(num)
```

A. 1，2，3，4   B. 1，2，3，4，5

C. 1，2，3   D. 1，2，3，5

例3-34的答案为 C。

解析：

该循环的执行步骤如下：

num 的初始值为 0。

进入 while 循环，num 的值增加为 1（num = 1）。执行 else 语句，打印当前 num 的值，输出值为 1。

num 的值增加为 2（num = 2）。执行 else 语句，打印当前 num 的值，输出值为 2。

num 的值增加为 3（num = 3）。执行 else 语句，打印当前 num 的值，输出值为 3。

num 的值增加为 4（num = 4）。满足"if num == 4"条件，执行 break 语句，提前结束循环。

最终的输出结果为：1　2　3。

4. continue 语句

continue 语句是 Python 中的一种控制流语句，用于跳过当前循环中的剩余代码，并进入下一次循环。

当程序执行到 continue 语句时，程序将直接跳过该循环中 continue 语句之后的代码，立即执行下一次循环。换句话说，continue 语句用于提前结束当前迭代，但并不会结束整个循环。

continue 语句语法格式：

```
while 条件 1：
    if 条件 2：
        continue        # 当满足条件 2 时跳过本次循环，直接继续下次循环。
    代码块               # 满足 while 循环条件 1 时要执行的代码
for 变量 in 迭代器：
    if 条件 3：
        continue        # 当满足条件 3 时跳过本次循环，直接继续下次循环。
    代码块               # for 循环时要执行的代码
```

注意：continue 只能用在循环中，除此以外不能单独使用。

【例 3-35】执行以下语句输出的结果是（　　　）

```
num=0
while num<5：
    num+=1
    if num==4：
        continue
    else：
        print(num)
```

A. 0，1，2，3，4   B. 1，2，3，4，5
C. 0，1，2，3   D. 1，2，3，5

例 3-35 的答案为 D。

解析：

循环的执行步骤如下：

num 的初始值为 0。

进入 while 循环，num 的值增加为 1（num=1）。执行 else 语句，打印当前 num 的值，输出值为 1。

num 的值增加为 2（num=2）。执行 else 语句，打印当前 num 的值，输出值为 2。

num 的值增加为 3（num=3）。执行 else 语句，打印当前 num 的值，输出值为 3。

num 的值增加为 4（num=4）。满足 if num==4 条件，执行 continue 语句，跳过本次循环的剩余代码（即后续的打印语句）并进行下一次循环。

num 的值增加为 5（num=5）。执行 else 语句，打印当前 num 的值，输出值为 5。

最终的输出结果为：1　2　3　5。

【小提示】while 循环是一种判断型循环控制语句，只有当循环条件被打破时，循环才会终止。for-in 循环是一种遍历型循环，遍历完序列中的每个元素后终止循环。break 语句是跳出循环，continue 是跳出本次循环，进入下一次循环。

3.4 数据索引及排序

▶▶ 3.4.1 数据索引 ▶▶ ▶

在 pandas 中，DataFrame 是一个二维的数据结构，它由行索引和列索引组成。

行索引是用于标识和访问 DataFrame 中的每一行的标签或标识符。行索引通常是整数、标签、日期等数据类型，它们可以帮助我们定位和引用特定的行。在 DataFrame 中，默认的行索引是以整数递增的方式生成的，从 0 开始，但也可以通过指定一个自定义的行索引来创建 DataFrame。

列索引用于标识和访问 DataFrame 中的每一列。列索引通常是列名或列标签，它们用于引用特定的列数据。在 DataFrame 中，每一列可以有自己的名称，即列索引。通过指定列名，可以轻松地访问和操作 DataFrame 中的列数据。

读入"各类信息表.xlsx"中第一张工作簿，赋值给变量 df，此为 DataFrame 数据，如图 3-35 所示。

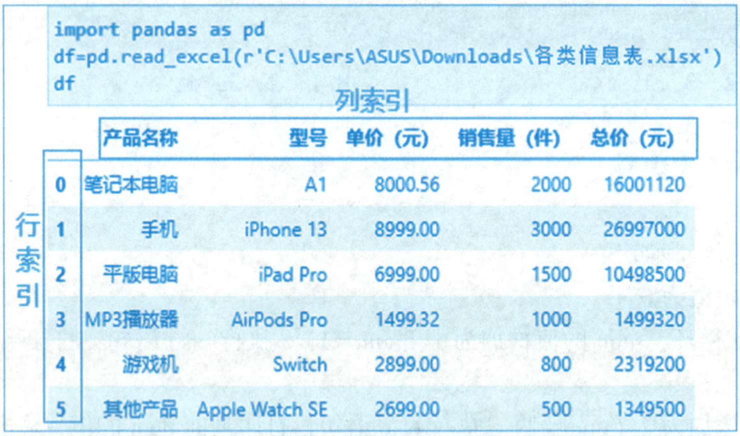

图 3-35　读入的各类信息表

在图 3-35 所示的 DataFrame 中，行索引是默认生成的整数索引，从 0 开始。而列索引是由列名组成的，即'产品名称'、'型号'和'单价（元）'、'销售量（价）'、'总价（元）'。行索引和列索引是唯一地标识和访问 DataFrame 中的每一个数据元素，以便进行数据的操作和分析。

1. 设置行索引

默认情况下，数据框的行索引是整数序列，从 0 开始递增。然而，你可以通过设置索引属性来指定自己的索引。

set_index() 是 pandas 库中的一个函数，用于设置 DataFrame 中的一个或多个列为行索引。基本语法为：

```
df.set_index(keys,drop=True,append=False,inplace=False,verify_
integrity=False)
```

相关的参数含义如下：

- keys：用于设置索引的列名或列名列表，可以是单个列名、列名列表或元组；
- drop：是否将列删除作为索引列，默认为 True；
- append：是否将新索引添加到现有索引上，默认为 False；
- inplace：是否在原数据框上进行修改，默认为 False；
- verify_ integrity：如果启用，将检查新索引是否重复，默认为 False。

（1）设置单级索引。

【例 3-36】将读入的"各类信息表 . xlsx"第一张工作簿数据 df 中的列"产品名称"设为行索引。

```
df1=df.set_index('产品名称')
df1
```

运行结果如图 3-36 所示。

```
df1=df.set_index('产品名称')
df1
```

产品名称	型号	单价（元）	销售量（件）	总价（元）
笔记本电脑	A1	8000.56	2000	16001120
手机	iPhone 13	8999.00	3000	26997000
平版电脑	iPad Pro	6999.00	1500	10498500
MP3播放器	AirPods Pro	1499.32	1000	1499320
游戏机	Switch	2899.00	800	2319200
其他产品	Apple Watch SE	2699.00	500	1349500

图 3-36　例 3-36 的运行结果

在这个例子中，通过 set_index( ) 函数将"产品名称"列设置为数据框的索引。通过 DataFrame. index 函数可以查看数据框的行索引。

```
df1.index
```

运行结果如图 3-37 所示。

```
df1.index   #查看行索引
```

```
Index(['笔记本电脑', '手机', '平版电脑', 'MP3播放器', '游戏机', '其他产品'], dtype='object', name='产品名称')
```

图 3-37　查看例 3-36 运行结果的行索引

（2）设置多级索引（MultiIndex）

在处理多级索引的数据时，pandas 提供了 MultiIndex。通过列表、元组等类型数据参数在一个轴上设置多个级别的索引，使得可以在一个轴上表示多个维度的信息。

【例 3-37】将读入的"各类信息表.xlsx"第一张工作簿数据 df 中的列"产品名称"、"型号"设为行索引。

```
df2=df.set_index(['产品名称','型号'])
df2
```

运行结果如图 3-38 所示。

```
df2=df.set_index(['产品名称','型号'])
df2
```

产品名称	型号	单价（元）	销售量（件）	总价（元）
笔记本电脑	A1	8000.56	2000	16001120
手机	iPhone 13	8999.00	3000	26997000
平版电脑	iPad Pro	6999.00	1500	10498500
MP3播放器	AirPods Pro	1499.32	1000	1499320
游戏机	Switch	2899.00	800	2319200
其他产品	Apple Watch SE	2699.00	500	1349500

图 3-38　例 3-37 的运行结果

在这个例子中，通过 set_index()函数的元组类型参数 ['产品名称','型号'] 设置了两层索引，第一层行索引为"产品名称"列，第二层行索引为"型号"列。通过 DataFrame.index 函数可以查看数据框的全部行索引，通过 DataFrame.index.levels [层级]可分别查看每级的行索引。

```
df2.index   #查看行索引
```

```
df2.index.levels[0]    #查看第 1 层索引
```

运行结果如图 3-39 所示。

```
df2.index    #查看行索引

MultiIndex([( '笔记本电脑',              'A1'),
           (     '手机',         'iPhone 13'),
           (   '平版电脑',          'iPad Pro'),
           ('MP3播放器',      'AirPods Pro'),
           (    '游戏机',           'Switch'),
           (   '其他产品', 'Apple Watch SE')],
           names=['产品名称','型号'])
```

```
df2.index.levels[0]    #查看第1层索引

Index(['MP3播放器','其他产品','平版电脑','手机','游戏机','笔记本电脑'], dtype='object', name='产品名称')
```

图 3-39　查看例 3-37 运行结果的行索引

2. 重置行索引

reset_index( ) 是 pandas 库中的一个函数,用于重置索引。当我们对 DataFrame 进行一些操作后,可能会导致索引发生变化,此时就可以使用 reset_index( ) 函数将索引重置为默认的整数索引。基本的语法如下:

```
DataFrame.reset_index(level=None, drop=False, inplace=False, col_level=0, col_fill='')
```

相关参数的含义如下:

- level:指定要重置的索引层级,可以是 int、str、list、tuple、slice 或 None,默认值为 None,表示重置所有索引。
- drop:指定是否删除要重置的索引层级,如果为 True,则将指定层级删除,如果为 False,则将指定层级转换为列,默认值为 False。
- inplace:指定是否在原 DataFrame 上进行操作,如果为 True,则在原 DataFrame 上进行操作,返回值为 None;如果为 False,则不在原 DataFrame 上进行操作,返回一个重置索引后的新 DataFrame,默认值为 False。
- col_level:如果列索引是多级索引,则指定要重置的列级别。默认值为 0,表示重置所有列。
- col_fill:如果重置的列索引是一个多级索引,则用于指定新的列索引的填充值。

【例 3-38】将【例 3-36】的 df1 重置为默认行索引。

```
df1.reset_index(inplace=True)
df1
```

运行结果如图 3-40 所示。

图 3-40　例 3-38 的运行结果

【例 3-39】将【例 3-37】的 df2 中第 1 层索引重置,其他层不变。

```
df2.reset_index(inplace=True,level=0)
df2
```

运行结果如图 3-41 所示。

```
df2.reset_index(inplace=True,level=0)
df2
```

型号	产品名称	单价 (元)	销售量 (件)	总价 (元)
A1	笔记本电脑	8000.56	2000	16001120
iPhone 13	手机	8999.00	3000	26997000
iPad Pro	平版电脑	6999.00	1500	10498500
AirPods Pro	MP3播放器	1499.32	1000	1499320
Switch	游戏机	2899.00	800	2319200
Apple Watch SE	其他产品	2699.00	500	1349500

图 3-41　例 3-39 的运行结果

3. 设置列索引

（1）使用 columns 属性。

设置列索引可以使用 pandas 库中的 DataFrame 的 columns 属性。基本语法如下：

```
DataFrame.columns = ['列名 1','列名 2','列名 3']
```

注意，使用此方法设置列索引是对所有列进行修改，因此列表中的元素个数必须与 DataFrame 的列数相等。

【例 3-40】将读入的"各类信息表.xlsx"第一张工作簿数据 df 的全部列名称进行修改。

```
df3=df
df3.columns = ['产品大类','产品小类','单价','销售量','总价']
df3
```

运行结果如图 3-42 所示。

```
df3=df
df3.columns = ['产品大类','产品小类','单价','销售量','总价']
df3
```

	产品大类	产品小类	单价	销售量	总价
0	笔记本电脑	A1	8000.56	2000	16001120
1	手机	iPhone 13	8999.00	3000	26997000
2	平版电脑	iPad Pro	6999.00	1500	10498500
3	MP3播放器	AirPods Pro	1499.32	1000	1499320
4	游戏机	Switch	2899.00	800	2319200
5	其他产品	Apple Watch SE	2699.00	500	1349500

图 3-42　例 3-40 的运行结果

（2）rename( )方法。

rename( )是 pandas 中用于修改 DataFrame 或 Series 对象的索引、列名、行名等的方法，基本语法如下：

```
DataFrame.rename(mapper=None, index=None, columns=None, axis=None, copy=True, inplace=False, level=None)
```

相关的参数含义如下：

● mapper：字典或函数，用于指定新的索引、列名或行名。字典应该以原始索引、列或行名为键，以新索引、列或行名为值。函数应该接收原始索引、列或行名并返回新索引、列或行名。如果此参数没有指定，则表明只对 index、columns 或 level 进行操作。

● index：字典或函数，用于指定新的行名。与 mapper 一样，字典应该以原始行名为键，以新行名为值；函数应该接收原始行名并返回新行名。注意，此参数不能与 columns 一起使用。

● columns：字典或函数，用于指定新的列名。与 mapper 一样，字典应该以原始列名为键，以新列名为值；函数应该接收原始列名并返回新列名。注意，此参数不能与 index 一起使用。

● axis：整数或字符串，用于指定需要重命名的轴。当该参数为 0 时表示对行名进行操作，为 1 时则表示对列名进行操作。

● copy：bool 类型，默认为 True，表示在进行重命名操作时是否复制 DataFrame 或 Series 数据。

● inplace：bool 类型，默认为 False，表示是否在原对象上进行操作。

● level：整数、字符串或元组，用于指定需要重命名的多轴级别。

【例 3-41】将读入的"各类信息表 . xlsx"第一张工作簿数据 df 的全部列名称进行修改。

```
df4=df.rename(columns={'单价(元)':'单价','销售量(件)':'销售量','总价(元)':'总价'})
df4
```

运行结果如图 3-43 所示。

```
df4 = df.rename(columns={'单价（元）':'单价', '销售量（件）':'销售量','总价（元）':'总价'})
df4
```

	产品名称	型号	单价	销售量	总价
0	笔记本电脑	A1	8000.56	2000	16001120
1	手机	iPhone 13	8999.00	3000	26997000
2	平版电脑	iPad Pro	6999.00	1500	10498500
3	MP3播放器	AirPods Pro	1499.32	1000	1499320
4	游戏机	Switch	2899.00	800	2319200
5	其他产品	Apple Watch SE	2699.00	500	1349500

图 3-43　例 3-41 的运行结果

以上代码中，通过使用 rename( )方法，其中的 columns 参数指定了要重命名的列名，并使用一个字典将原始列名映射到新的列名中。具体来说，代码将 DataFrame 中的三个列名进行了修改，分别是"单价（元）""销售量（件）"和"总价（元）"，将它们重命名为了"单价""销售量"和"总价"。

►►| 3.4.2　数据排序 ►► ►

sort_values( )是 pandas DataFrame 和 Series 对象中的一个方法，用于对数据进行排序操作。可以按照指定的列名或行名对数据进行排序。基本语法如下：

```
DataFrame.sort_values(by,axis＝0,ascending＝True,inplace＝False,
ignore_index＝False, key＝None)
```

各参数的含义如下：

● by：指定进行排序的列名或行名，可以是字符串或列表。如果需要按照多个列名或行名进行排序，可以使用列表将它们按照优先级依次排列。

● axis：指定排序轴的方向，0 表示按照行名排序（即对各行进行排序），1 表示按照列名排序（即对各列进行排序），默认为 0。

● ascending：指定排序的升序或降序，True 表示升序，False 表示降序，默认为 True。

● inplace：指定是否直接在原数据上进行排序，True 表示在原数据上进行排序，False则不修改原数据，并生成一个新的已排序的 DataFrame。

● ignore_ index：指定是否忽略原数据的行索引或列索引，并生成一个新的索引。True 表示生成一个新的从 0 开始的索引，False 表示按照原数据中的索引进行排序。

● key：用于指定排序算法，可以是一个函数或方法，用于对排序数据进行转换。比如可以用 lambda 表达式对数据进行取绝对值排序。

【例 3-42】将读入的"各类信息表 . xlsx"第一张工作簿数据 df 进行按产品名称进行升序排列。

```
df＝df.sort_values('产品名称')
df
```

运行结果如图 3-44 所示。

df=df.sort_values('产品名称') df					
	产品名称	型号	单价（元）	销售量（件）	总价（元）
3	MP3播放器	AirPods Pro	1499.32	1000	1499320
5	其他产品	Apple Watch SE	2699.00	500	1349500
2	平版电脑	iPad Pro	6999.00	1500	10498500
1	手机	iPhone 13	8999.00	3000	26997000
4	游戏机	Switch	2899.00	800	2319200
0	笔记本电脑	A1	8000.56	2000	16001120

图 3-44　例 3-42 的运行结果

【**例 3-43**】续【例 3-42】，将按产品名称排序改为按销售量、产品名称双列排序。

```
df.sort_values(['销售量(件)','产品名称'],inplace=True)
df
```

运行结果如图 3-45 所示。

```
df.sort_values(['销售量（件）','产品名称'],inplace=True)
df
```

	产品名称	型号	单价（元）	销售量（件）	总价（元）
1	其他产品	Apple Watch SE	2699.00	500	1349500
4	游戏机	Switch	2899.00	800	2319200
0	MP3播放器	AirPods Pro	1499.32	1000	1499320
2	平版电脑	iPad Pro	6999.00	1500	10498500
5	笔记本电脑	A1	8000.56	2000	16001120
3	手机	iPhone 13	8999.00	3000	26997000

图 3-45　例 3-43 的运行结果

【**例 3-44**】续【例 3-43】，行索引重新生成、从 0 开始。

```
df.sort_values(['销售量(件)','产品名称'],inplace=True,ignore_
index=True)
df
```

运行结果如图 3-46 所示。

```
df.sort_values(['销售量（件）','产品名称'],inplace=True,ignore_index=True)
df
```

	产品名称	型号	单价（元）	销售量（件）	总价（元）
0	其他产品	Apple Watch SE	2699.00	500	1349500
1	游戏机	Switch	2899.00	800	2319200
2	MP3播放器	AirPods Pro	1499.32	1000	1499320
3	平版电脑	iPad Pro	6999.00	1500	10498500
4	笔记本电脑	A1	8000.56	2000	16001120
5	手机	iPhone 13	8999.00	3000	26997000

图 3-46　例 3-44 的运行结果

【**例 3-45**】续【例 3-44】，改为按降序排列。

```
df.sort_values(['销售量(件)','产品名称'],inplace=True,ignore_
index=True,ascending=False)
df
```

运行结果如图 3-47 所示。

```
df.sort_values(['销售量（件）','产品名称'],inplace=True,ignore_index=True,ascending=False)
df
```

	产品名称	型号	单价（元）	销售量（件）	总价（元）
0	手机	iPhone 13	8999.00	3000	26997000
1	笔记本电脑	A1	8000.56	2000	16001120
2	平板电脑	iPad Pro	6999.00	1500	10498500
3	MP3播放器	AirPods Pro	1499.32	1000	1499320
4	游戏机	Switch	2899.00	800	2319200
5	其他产品	Apple Watch SE	2699.00	500	1349500

图 3-47 例 3-45 的运行结果

3.5 数据筛选查询

在财经数据分析中，数据筛选是一个关键步骤，用于从大量数据中提取出符合特定条件的部分数据。pandas 通过行、列索引来筛选数据，具体筛选方法包括以下几种：

- 直接筛选：直接获取行列，使用 []。
- 索引器筛选：通过 loc、iloc 索引器筛选。
- 条件筛选：按条件筛选，选择符合一定条件的数据。

读入"各类信息表.xlsx"中第一张工作簿，赋值给变量 df，此为 DataFrame 数据，如图 3-48 所示。以此数据为例，使用各类方式进行筛选查询。

```
import pandas as pd
df=pd.read_excel(r'C:\Users\ASUS\Downloads\各类信息表.xlsx')
df
```

```
import pandas as pd
df=pd.read_excel(r'C:\Users\ASUS\Downloads\各类信息表.xlsx')
df
```

	产品名称	型号	单价（元）	销售量（件）	总价（元）
0	笔记本电脑	A1	8000.56	2000	16001120
1	手机	iPhone 13	8999.00	3000	26997000
2	平板电脑	iPad Pro	6999.00	1500	10498500
3	MP3播放器	AirPods Pro	1499.32	1000	1499320
4	游戏机	Switch	2899.00	800	2319200
5	其他产品	Apple Watch SE	2699.00	500	1349500

图 3-48 读入的各类信息表

▶▶| 3.5.1 直接筛选 ▶▶ ▶

DataFrame 直接筛选使用［］，直接筛选语法：DataFrame［］，可以进行、列的筛选。

选择单列数据：DataFrame［'列索引'］。

选择多列数据：DataFrame［['列索引1'，'列索引2'，...]］，通过列名组成的列表选择多列数据，不能使用切片方式选择连续的列。

选择行数据：按位置选择索引切片的方式，左闭右开，类似于字符串、列表等的切片取值方式。如：DataFrame［1：2］表示选择第二行数据，DataFrame［1：4］表示选择索引 1 至 3 行的连续多行数据。

选择某一个值：DataFrame［列索引］［行索引］，注意先列后行。

【例 3-46】按直接筛选方式对读入的"各类信息表 .xlsx"中第一张工作簿 df 进行操作。

```
df['产品名称']  #选择单列数据
df[['产品名称','单价(元)']]     #选择多列数据
df[1:2]     #选择单行数据
df[1:4]         #选择连续多行数据
df['产品名称'][0]     #列索引在前,行索引在后,选择某一个值
```

运行结果如图 3-49 所示。

图 3-49 例 3-46 运行结果

▶▶| 3.5.2 索引器筛选 ▶▶ ▶

DataFrame[ ]直接筛选的方式虽然可以操作 DataFrame 数据，但是这些操作并不能满足其他一些数据获取的需求，比如，[ ]直接筛选的方法只能操作选取连续的多行，不能选取

非连续的多行；[ ]直接筛选的方法也不能同时进行多行多列的处理。为此，pandas 包提供了更为灵活的 loc 或 iloc 索引器来访问 DataFrame 数据。

1. loc 索引器

loc 是一个基于标签的索引器。它允许根据行标签和列标签来选择数据。如有自定义索引，先使用自定义索引，如果没有，则也可使用原始索引。

使用 loc 索引器可以选择单行、多行的数据，或者选择行和列的交集，也可以只选取行索引，但不能直接选取列索引，必须先行后列，常见形式有如下几种：

● 选择单行/多行数据：df.loc［'行索引'］、df.loc［［'行索引 1'，'行索引 2'，…］］。可通过行索引名组成的列表选择多行数据。

● 选择多行多列数据（即行列交集）：df.loc［［'行索引 1'，'行索引 2'，…］，［'列索引 1'，'列索引 2'，…］］，通过两个列表选择行列组合。

● loc 切片（选择连续的多行多列）：df.loc［'行索引 1'：'行索引 2'，'列索引 1'：'列索引 2'］，通过切片选取连续的行列组合。特别注意：loc 切片为左右都为闭区间。

【例 3-47】按 loc 索引器方式对"各类信息表 . xlsx"中第一张工作簿进行操作。

```
df.loc[[0, 3, 5]]    #选取多行数据
df.loc[[0, 3, 5],['产品名称','单价(元)']]    #选取多行多列数据
df.loc[0, '产品名称']    #选择某一个值,先行后列。
df.loc[1:2,'产品名称':'单价(元)']    #切片选取连续的多行多列数据,左右都是闭区间。
df.loc[:,'产品名称':'单价(元)']
#选择连续多列数据,必须先行后列。逗号前面仅有冒号,代表所有行全选。
df.loc[:, ['产品名称','单价(元)']]    #选择多列数据。
```

运行结果如图 3-50 所示。

```
df.loc[[0,3,5]]    #选取多行数据
```

	产品名称	型号	单价 (元)	销售量 (件)	总价 (元)
0	笔记本电脑	A1	8000.56	2000	16001120
3	MP3播放器	AirPods Pro	1499.32	1000	1499320
5	其他产品	Apple Watch SE	2699.00	500	1349500

```
df.loc[[0,3,5],['产品名称','单价 (元)']]    #选取多行多列数据
```

	产品名称	单价 (元)
0	笔记本电脑	8000.56
3	MP3播放器	1499.32
5	其他产品	2699.00

```
df.loc[0,'产品名称']    #选择某一个值, 先行后列。
```

'笔记本电脑'

图 3-50　例 3-47 的运行结果

```
df.loc[1:2,'产品名称':'单价（元）']    #切片选取连续的多行多列数据
```

	产品名称	型号	单价（元）
1	手机	iPhone 13	8999.0
2	平板电脑	iPad Pro	6999.0

```
df.loc[:,'产品名称':'单价（元）']
#选择连续多列数据，必须先行后列。逗号前面仅有冒号，代表所有行全选。
```

	产品名称	型号	单价（元）
0	笔记本电脑	A1	8000.56
1	手机	iPhone 13	8999.00
2	平板电脑	iPad Pro	6999.00
3	MP3播放器	AirPods Pro	1499.32
4	游戏机	Switch	2899.00
5	其他产品	Apple Watch SE	2699.00

```
df.loc[:,['产品名称','单价（元）']]    #选择多列数据。
```

	产品名称	单价（元）
0	笔记本电脑	8000.56
1	手机	8999.00
2	平板电脑	6999.00
3	MP3播放器	1499.32
4	游戏机	2899.00
5	其他产品	2699.00

图 3-50　例 3-47 的运行结果（续）

2. iloc 索引器

iloc 是一个基于整数位置的索引器，与 loc 索引器的使用几乎相同，不同的是：iloc 索引器中只能使用原始索引（位置信息），不能使用自定义索引，且 iloc 索引器切片为前闭后开。

【例 3-48】按 iloc 索引器方式对"各类信息表 . xlsx"中第一张工作簿进行操作，取得与【例 3-47】相同运行结果。

```
df.iloc[[0, 3, 5]]    #选取多行数据
df.iloc[[0, 3, 5],[0, 2]]    #选取多行多列数据
df.iloc[0, 0]    #选择某一个值，先行后列。
df.iloc[1:3, 0:3]    #切片选取连续的多行多列数据，左闭右开
df.iloc[:, 0:3]
#选择连续多列数据，必须先行后列。逗号前面仅有冒号，代表所有行全选。
df.iloc[:,[0, 2]]    #选择多列数据。
```

运行结果如图 3-51 所示。

```
df.iloc[[0,3,5]]    #选取多行数据
```

	产品名称	型号	单价 (元)	销售量 (件)	总价 (元)
0	笔记本电脑	A1	8000.56	2000	16001120
3	MP3播放器	AirPods Pro	1499.32	1000	1499320
5	其他产品	Apple Watch SE	2699.00	500	1349500

```
df.iloc[[0,3,5],[0,2]]    #选取多行多列数据
```

	产品名称	单价 (元)
0	笔记本电脑	8000.56
3	MP3播放器	1499.32
5	其他产品	2699.00

```
df.iloc[0,0]    #选择某一个值，先行后列。
```

'笔记本电脑'

```
df.iloc[1:3,0:3]    #切片选取连续的多行多列数据，左闭右开
```

	产品名称	型号	单价 (元)
1	手机	iPhone 13	8999.0
2	平板电脑	iPad Pro	6999.0

```
df.iloc[:,0:3]
#选择连续多列数据，必须先行后列。逗号前面仅有冒号，代表所有行全选。
```

	产品名称	型号	单价 (元)
0	笔记本电脑	A1	8000.56
1	手机	iPhone 13	8999.00
2	平板电脑	iPad Pro	6999.00
3	MP3播放器	AirPods Pro	1499.32
4	游戏机	Switch	2899.00
5	其他产品	Apple Watch SE	2699.00

```
df.iloc[:,[0,2]]    #选择多列数据。
```

	产品名称	单价 (元)
0	笔记本电脑	8000.56
1	手机	8999.00
2	平板电脑	6999.00
3	MP3播放器	1499.32
4	游戏机	2899.00
5	其他产品	2699.00

图 3-51　例 3-48 运行结果

▶▶| 3.5.3　条件筛选 ▶▶ ▶

条件筛选也称为布尔索引或带条件判断的索引。条件筛选根据布尔条件选择对应的行。pandas 提供了多种筛选数据的方法，常用的方法有：单条件筛选、多条件筛选、isin（）方法筛选、query（）方法筛选、基于 loc 或 iloc 索引器的筛选。

1. 使用单条件进行筛选

DataFrame[DataFrame['列索引'] > value]

这将返回一个新的 DataFrame 对象，其中包含满足指定条件的行。">" 可换为任意的比较运算符。

【例 3-49】筛选出 "各类信息表 .xlsx" 的第一张工作簿中单价大于 6000 的数据。

df[df['单价(元)']>6000]

运行结果如图 3-52 所示。

df[df['单价（元）']>6000]				
产品名称	**型号**	**单价（元）**	**销售量（件）**	**总价（元）**
0 笔记本电脑	A1	8000.56	2000	16001120
1 手机	iPhone 13	8999.00	3000	26997000
2 平板电脑	iPad Pro	6999.00	1500	10498500

图 3-52　例 3-49 运行结果

2. 使用多个条件进行筛选

DataFrame[(DataFrame['列索引'] > value1) & (DataFrame['列索引'] == value2)]

这将返回一个新的 DataFrame 对象，其中包含满足多个条件的行。">" "==" 可换为任意的比较运算符。"&" 操作符表示 "与"，"|" 操作符表示 "或" "~" 操作符表示 "非"，特别注意此语句中不能使用逻辑运算符 and、or、not 来表示与、或、非。

【例 3-50】筛选出 "各类信息表 .xlsx" 的第一张工作簿中手机单价大于 6000 的数据。

df[(df['单价(元)']>6000) & (df['产品名称']=='手机')]

运行结果如图 3-53 所示。

df[(df['单价（元）']>6000) & (df['产品名称']=='手机')]				
产品名称	**型号**	**单价（元）**	**销售量（件）**	**总价（元）**
1 手机	iPhone 13	8999.0	3000	26997000

图 3-53　例 3-50 运行结果

3. 使用 isin( )方法进行筛选

```
DataFrame[DataFrame['列索引'].isin([value1, value2,…])]
```

这将返回一个新的 DataFrame 对象，其中包含在给定列表中的值对应的行。

【例 3-51】筛选出"各类信息表.xlsx"的第一张工作簿中手机、游戏机、MP3 播放器的数据。

```
df[df['产品名称'].isin(['手机', '游戏机', 'MP3 播放器'])]
```

运行结果如图 3-54 所示。

df[df['产品名称'].isin(['手机', '游戏机', 'MP3播放器'])]				
产品名称	**型号**	**单价（元）**	**销售量（件）**	**总价（元）**
3 MP3播放器	AirPods Pro	1499.32	1000	1499320
4 游戏机	Switch	2899.00	800	2319200

图 3-54 例 3-51 运行结果

4. 使用 query( )方法进行筛选

```
DataFrame.query('列索引名> value')
```

query( )方法可以根据指定的条件筛选出符合要求的行，这些条件可以包含在一个字符串表达式中，并传递给 query 方法。具体来说，这个字符串表达式可以包含列名、运算符、常量、布尔值、函数和逻辑运算符，最后返回符合条件的行，组成一个新的 DataFrame 对象。

【例 3-52】使用 query( )方法筛选出"各类信息表.xlsx"的第一张工作簿中单价大于6000 的数据。

```
df1=df.rename(columns={'单价(元)':'单价'})
df1.query('单价>6000')
```

运行结果如图 3-55 所示。

df1=df.rename(columns={'单价（元）':'单价'}) df1.query('单价>6000')				
产品名称	**型号**	**单价**	**销售量（件）**	**总价（元）**
0 笔记本电脑	A1	8000.56	2000	16001120
1 手机	iPhone 13	8999.00	3000	26997000
2 平版电脑	iPad Pro	6999.00	1500	10498500

图 3-55 例 3-52 运行结果

注意：使用 query( )方法列索引名不能包含一些特殊字符，比如列名"单价（元）"

中的小括号。因此此题在使用此方法前将"单价（元）"重命名为"单价"，否则报错。另，比较运算符后为数值类型，故此方法不能筛选"产品名称""型号"等字符串列。故使用query()方法有一定的局限性，谨慎选用。

5. 使用loc和iloc索引器进行筛选

使用loc和iloc索引器进行条件筛选时，需要将条件表达式作为字符串进行传递，可以筛选出单列（或多列）满足一定条件的行。

条件表达式的基本形式是列索引（loc一般用列名，iloc用整数位置）加上比较运算符和值，在不同条件之间可以使用逻辑运算符"&"、"|"或"~"组合成复合条件。相关语句示例如下：

```
DataFrame.loc[(DataFrame['列索引']>条件)]    #筛选单列
DataFrame.loc[(DataFrame['列索引']>条件) & DataFrame['列索引号']==
条件)]    #筛选多列
```

【例3-53】使用loc方法筛选出"各类信息表.xlsx"的第一张工作簿中手机单价大于6000的数据。

```
df.loc[(df['单价(元)']>6000) & (df['产品名称']=='手机')]
```

运行结果如图3-56：

df.loc[(df['单价（元）']>6000) & (df['产品名称']=='手机')]				
产品名称	**型号**	**单价（元）**	**销售量（件）**	**总价（元）**
1 手机	iPhone 13	8999.0	3000	26997000

图3-56 例3-53的运行结果

【例3-54】使用iloc方法筛选出"各类信息表.xlsx"的第一张工作簿中手机单价大于6000的数据。

```
df[(df.iloc[:, 2] > 6000) & (df.iloc[:,0]=='手机')]
```

运行结果如图3-57：

df[(df.iloc[:, 2] > 6000) & (df.iloc[:,0]=='手机')]				
产品名称	**型号**	**单价（元）**	**销售量（件）**	**总价（元）**
1 手机	iPhone 13	8999.0	3000	26997000

图3-57 例3-54的运行结果

▶ **拓展阅读：用代码敲出世界冠军**

双眼紧盯电脑屏幕，十指飞快地敲击键盘，随着一排排代码的生成，一款以世界技能大赛为主题的展示性移动App初具雏形……在2022年世界技能大赛特别赛韩国赛区，中国选手杨书明凭借扎实的编程基础，从韩国、日本、德国等国家和地区的 11 名选手中脱颖而出，夺得移动应用开发项目金牌，成为这一世赛新增项目的首位金牌获得者。

全能选手的练成并非一朝一夕。2015 年，抱着"开发一款属于自己的游戏"的想法，杨书明来到广州市工贸技师学院网站开发与维护专业学习。开学后，他第一次了解到世赛，看着获奖选手们身戴奖牌、手捧鲜花的模样，少年心里默默埋下一颗种子：参加世赛，为国争光！

网站开发与维护专业对算法和代码的掌握要求很高，初中毕业的杨书明数学基础薄弱，学起来有些吃力。他利用课余时间，一点点地"啃"编程专业知识，反复刷在线算法题库中的题目，不懂之处追着老师和同学请教。为了避免理论和实践脱节，杨书明从临摹小部件开始，琢磨他人的思路和方案，乐此不疲地积攒经验。

"完成指定任务后，书明会及时总结分析，将一些复杂的技术点进行拆分，从理论到实践全方面掌握。"叶重涵说，碰上不懂的问题，杨书明常常凌晨三点都不睡觉，不弄明白不罢休。

热爱、专注和刻苦让杨书明练就了迅速破解难题的本领。一次，在研发图案验证码时，一道"在不依赖任何工具的情况下，实现将异形图案拖拽到指定位置"的题目拦住了大家的脚步。"当时，我和企业专家一起研究了两天都没有彻底解决，没想到，书明根据开发原理从头做了一遍，2 个多小时就解决了问题。"国家级技能大师、广州市工贸技师学院高级技师陈立准笑着说。

2022 年 10 月 13 日，世界技能大赛特别赛移动应用开发项目正式拉开序幕。和国内比赛相比，本次比赛时间短、题量大、考试内容涉及面更广，"最难的是，比赛时选手可使用的工具有限，且工位不能连接互联网，每天仅有 2 次到指定区域查询的机会。"拿到题目时，不少选手都有些慌张，但杨书明的节奏没有被打乱。

理清题目要求、设计整体框架、开发通用工具……他有条不紊地实现着一个个小功能，从细节处不断优化用户体验。为期 4 天的竞赛，杨书明与时间赛跑、与高手较量，最终凭借扎实的技能基础、强大的心理素质，站上了世界技能巅峰的领奖台，"那一刻，我觉得所有的付出都是值得的。"

（资料来源：学习强国）

【思政元素】

1. 工匠精神。通过杨书明的故事，展示对专业技能的极致追求和精益求精的态度。讨论如何在学习和工作中培养工匠精神，追求卓越。

2. 爱国主义精神。强调杨书明参加世赛的初衷是为了为国争光，体现了爱国主义精神。讨论在全球化背景下，如何通过专业技能为国家发展做出贡献。

3. 终身学习的人生观。杨书明的故事体现了终身学习的重要性，他通过不断学习和实践来提高自己的技能。讨论在财经大数据领域中，如何保持学习的热情和适应快速变化的技术环境。

本章习题

一、单项选择题（以下选项只有一个正确答案）

1. 在 Python 中，用于读取 CSV 文件的常用库是？（　　）
   A. Numpy 　　　　　B. pandas 　　　　　C. Matplotlib 　　　　D. Scikit-learn

2. 下列哪个函数用于将 pandas DataFrame 保存为 CSV 文件？（　　）
   A. to_csv( ) 　　　　B. save_csv( ) 　　　C. export_csv( ) 　　　D. write_csv( )

3. 当使用 pd. read_excel( ) 函数读取文件时，如果希望忽略第一行（通常包含列名），
   应该设置哪个参数为 True？（　　）
   A. header 　　　　　B. index 　　　　　C. skiprows 　　　　D. names

4. 下列哪个选项不是 pandas 提供的数据读取功能？（　　）
   A. 读取 CSV 文件 　　　　　　　　　B. 读取 SQL 数据库
   C. 读取图片文件 　　　　　　　　　D. 读取 Excel 文件

5. 已知 a=7，那么执行语句 a+=3 之后，输出的结果为（　　）。
   A. 7 　　　　　　　B. 10 　　　　　　C. 3 　　　　　　　D. 4

6. 已知 x=7，那么执行语句 x%4 之后，输出的结果为（　　）。
   A. 1 　　　　　　　B. 2 　　　　　　　C. 3 　　　　　　　D. 0

7. 已知 x=7，那么执行语句 x//3 之后，输出的结果为（　　）。
   A. 1 　　　　　　　B. 2 　　　　　　　C. 3 　　　　　　　D. 2. 333

8. 已知 str1 = "apple"，str2 = "apricot"，执行语句 str1 in str2，返回的结果为（　　）。
   A. True 　　　　　　B. False 　　　　　C. "apple" 　　　　　D. "apricot"

9. 执行以下语句

```
y=5
x=y** 2
y* =2
x==y
```

输出的结果为（　　）。
   A. 25 　　　　　　　B. 10 　　　　　　　C. True 　　　　　　D. False

10. 表达式（6 and 2）+3 ** 2 输出结果为（　　）。
    A. 8 　　　　　　　B. 9 　　　　　　　C. 11 　　　　　　　D. 14

11. 已知 x=50 * 2，y=50 ** 2，那么执行语句 x! =y，返回的结果为（　　）。
    A. True 　　　　　　B. False 　　　　　C. 100 　　　　　　　D. 2500

12. 下列哪个转义字符代表换行符？（　　）
    A. \n 　　　　　　　B. \t 　　　　　　　C. \r 　　　　　　　D. \

13. 给定字符串 str2 = "年度总收入：123456.78 元"，若执行 str2 [7：12]，则输出的结果是（　　）。

    A. "总收入："　　　　B. "12345"　　　　C. "3456.78"　　　　D. "123456"

14. 表达式"Python"+"is" * 3 的结果是什么？（　　　）

    A. "Pythonisisi"　　B. "Pythonis"　　C. "Pythonisis"　　D. "Pythonisisis"

15. 执行语句 print ('本月%d 日销售额为%.1f 元' % (15, 7899.45))，输出的结果是什么？（　　　）

    A. 本月 15 日销售额为 7899.5 元　　　B. 本月 15 日销售额为 7899.45 元

    C. 本月 15 日销售额为 7899.4 元　　　D. 本月 15 日销售额为 7899 元

16. 在 Python 中，字符串" hello" 的第三个字符的索引是（　　　）。

    A. 2　　　　　　　B. 3　　　　　　　C. 1　　　　　　　D. 0

17. 给定字符串 s = 'Hello World!'，执行 s.title() 后会得到什么结果？（　　　）

    A. 'HELLO WORLD!'　　　　　　　B. 'Hello World!'

    C. 'hello world!'　　　　　　　　D. 'hEllo wOrLd!'

18. 已知 x = 'apple' 和 y = 'banana'，执行 z = x [1：4] +y [2：5] 后，z 的值是什么？（　　　）

    A. 'pplba'　　　　B. 'ppban'　　　　C. 'pplel'　　　　D. 'pplnan'

19. 若要打印出' 本月销售额为：10000.50 元'，以下哪个 format() 表达式的用法是正确的？（　　　）

> print('本月销售额为:{:.2f}元'.format(sales))

    A. sales = 10000.5　　　　　　　B. sales = '10000.50'

    C. sales = 10000　　　　　　　　D. sales = 10000.501

20. 下列 Python 表达式中，能够正确执行字符串拼接的是（　　　）。

    A. 2+'b'　　　　B. 'Hello'+3　　　　C. 'World' * 2　　　　D. 'First' − 'Second'

21. 在 Python 中，有列表 L = [5, 3, 1, 4]，如果先后执行语句 L.insert (1, 2) 和 L.reverse()，那么打印输出列表 L 的结果是什么？（　　　）

    A. [5, 1, 3, 4, 2]　　　　　　　B. [2, 4, 3, 1, 5]

    C. [5, 2, 3, 1, 4]　　　　　　　D. [4, 1, 3, 2, 5]

22. 在 Python 中，有列表 x = [1, 2, 3]，y = x [:]，执行语句 y.remove (2)，输出 x 的值是什么？（　　　）

    A. [1, 2, 3]　　B. [1, 3]　　C. [2, 3]　　D. [3, 2, 1]

23. 在 Python 中，以下哪个数据类型可以进行切片操作？（　　　）

    A. set　　　　B. list　　　　C. int　　　　D. float

24. 字典 D = {'行政部门'：5, '财务部门'：3, '人事部门'：2}，执行语句 sum (D.values()) 的结果为（　　　）。

    A. 3　　　　　　　　　　　　　B. 5

    C. 10　　　　　　　　　　　　　D. 返回一个错误，因为不能对字典值求和

25. 列表 list1 = [['apple', 'banana'], ['cherry', 'date'], [1, 2, 3]], 执行语句 list1 [1] [0] 返回的结果为 (　　)。

　　A. 'cherry'　　　　　　　　　　B. ['cherry', 'date']

　　C. ['apple', 'banana']　　　　　D. 1

26. 计算表达式 float (27 ** (1/3)) 的值, 并将其与以下选项进行比较 (　　)。

　　A. 2.83　　　　B. 3.0　　　　C. 9.0　　　　D. 0.5

27. 执行条件判断语句:

```
grade='A'
if grade=='A'or grade=='B':
    print('优秀')
elif grade=='C'or grade=='D':
    print('及格')
else:
    print('不及格')
```

输出的结果是 (　　)。

　　A. 优秀　　　　B. 及格　　　　C. 不及格　　　　D. 语法错误

28. 一家书店规定, 购买图书满 100 元可以打 9 折, 满 200 元可以打 8 折, 否则不打折。小明购书金额为 180 元, 执行以下 Python 程序语句, 正确的输出是 (　　)。

```
amount=180
if amount >=200:
    discount=0.8
elif amount >=100:
    discount=0.9
else:
    discount=1.0
final_amount=amount *discount
print("折扣后的金额是:", final_amount)
```

　　A. 折扣后的金额是: 162.0　　　　B. 折扣后的金额是: 180.0

　　C. 折扣后的金额是: 200.0　　　　D. 语法错误

29. 在编程中, 如果要判断一个数是否为偶数, 并在是偶数的情况下判断其是否大于 10, 应该使用以下哪种结构? (　　)

　　A. if-else　　　　B. if-elif　　　　C. if-elif-else　　　　D. if 嵌套

30. 根据以下条件判断语句:

```
score=85
if score >=90:
    grade='A'
elif score >=80:
    grade='B'
elif score >=70:
    grade='C'
else:
    grade='D'
```

若要使 grade 的值为 'B'，score 的取值范围应该是（　　）。

    A. 90~100　　　　B. 80~89　　　　C. 70~79　　　　D. 60~69

31. elif 语句是在什么条件下被检查的？（　　）

    A. 总是首先检查 elif 条件

    B. 只有当前面的 if 或 elif 条件为 False 时才检查 elif 条件

    C. elif 条件在 else 条件之后检查

    D. elif 条件在 if 条件之前检查

32. 下列关于流程控制语句的描述中，哪一项是错误的？（　　）

    A. 在 Python 中，for 语句可以用来遍历任何可迭代对象，例如列表、元组、字符串等

    B. 在 Python 的 if…elif…结构中，else 子句是必须的

    C. 循环可以嵌套使用，例如一个 for 循环中可以包含另一个 for 循环，或者一个 while 循环中可以包含一个 for 循环

    D. while 循环的执行是基于一个条件，只有当该条件为真时，循环才会继续执行

33. 当执行以下代码时，如果用户输入整数 5，输出结果将是什么？（　　）

```
n=int(input("请输入一个整数:"))
d={}
for i in range(1, n+1):
    d[i]=i * i
print(d)
```

    A. {1：1, 2：4, 3：9, 4：16, 5：25}

    B. [1, 4, 9, 16, 25]

    C. {1：1, 2：4, 3：9, 4：16, 5：25, 6：36}

    D. [1, 4, 9, 16, 25, 36]

34. 关于 Python 中的 range 函数，以下说法正确的是（　　）。

    A. range（5）会生成一个包含 0 到 5（包括 5）的整数序列。

    B. range（2，5）会生成一个包含 2 到 5（包括 5）的整数序列。

C. range 函数的步长值默认为 0。

D. range（0，10，2）会生成一个从 0 开始，到 10 结束（不包括 10），步长为 2 的整数序列。

35. 按位置选取 DataFrame 数据中的索引值 2 到索引值 4 的所有行，以下语法正确的是（　　）。

A. df（2：4）　　B. df［2：4］　　C. df（2：5）　　D. df［2：5］

36. 根据以下表格（材料采购预算）生成的 DataFrame，行索引为原始索引，列索引为表格第一行。直接筛选一月份和四月份采购预算情况，以下选项中语法正确的是（　　）。

项目	一月份	二月份	三月份	四月份
甲产品生产量	4000	4000	4500	5000
材料定额单耗	6	6	6	6
预计生产需要量	24000	24000	27000	30000
期末结存量	2400	2700	3000	2875
期初结存量	2500	2400	2700	3000
预计材料采购量	23900	24300	27300	29875
材料计划单价	12	12	12	12
预计采购金额	286800	291600	327600	358500

A. df［［'一月份'，'四月份'］］　　B. df［'一月份'，'四月份'］

C. df［'一月份'］and df［'四月份'］D. df［1，4］

37. 接上题，用 loc 索引器筛选一月份和三月份的预计生产需要量和预计采购金额，以下语法正确的是（　　）。

A. df.loc［［2：7］，['一月份'：'三月'］］

B. df.loc［［2，7］，['一月份'，'三月份'］］

C. df.loc［['一月份'，'三月份'］，［2，7］］

D. df.loc［['一月份'：'三月份'］，［2：7］］

38. 在使用布尔索引筛选 DataFrame 中的数据时，以下语法中存在错误的是（　　）。

A. df［df['列名'］==值］用于选取单列中满足特定值的行

B. df［df['列名1'］>值1 & df['列名2'］<值2］用于选取多列中满足多个条件的行

C. df［（df['列名1'］==值1）&（df['列名2'］>值2）］用于选取多列中满足多个条件的行

D. df［df['列名'］.isin（［值1，值2］）］用于选取单列中值属于给定列表的行

39. 关于 loc 和 iloc 索引器的特性描述，以下哪项是不正确的？（　　）

A. loc 索引器使用标签进行数据的选取

B. iloc 索引器使用整数位置进行数据的选取

C. loc 索引器支持切片操作，并且切片区间是闭区间

D. iloc 索引器不支持切片操作，只能使用具体的位置索引

二、多项选择题（有两个及两个以上的正确答案）

1. 在 Python 中，以下哪些方法可以用来读取数据？（　　）

A. 使用 pandas 库的 read_csv()函数读取 CSV 文件

B. 使用 pandas 库的 read_excel()函数读取 Excel 文件

C. 使用 Numpy 库的 load_txt()函数读取文本文件

D. 使用标准库的 open()函数直接读取文本文件内容

2. 下列关于 pandas DataFrame 保存方法的描述中，哪些是正确的？（　　）

A. to_csv()方法可以将 DataFrame 保存为 CSV 文件

B. to_excel()方法可以将 DataFrame 保存为 Excel 文件

C. to_json()方法可以将 DataFrame 保存为 JSON 格式

D. to_sql()方法可以直接将 DataFrame 保存到任何 SQL 数据库

3. 在 Python 中，以下哪些属于基本（内置）数据类型？（　　）

A. 整数（Integer）　　　　　　　　B. 列表（List）

C. 布尔值（Boolean）　　　　　　　D. 字典（Dictionary）

4. 关于 Python 中的数据类型，以下哪些说法是正确的？（　　）

A. 字符串（String）是不可变的。

B. 列表（List）中的元素可以是不同类型的数据。

C. 元组（Tuple，本题未提及）是一种可变的数据结构。

D. 字典（Dictionary）的键（key）必须是不可变的数据类型。

5. 下列表达式中，哪些返回的值是 True？（　　）

A. 23 > 2 * 3　　　　　　　　　　B. "数据"in" 大数据分析"

C. 2! = 2 or 0 == 1　　　　　　　　D. not False

6. 下列选项中，哪些是可以用于字符串格式化的符号或方法？（　　）

A. %　　　　　　B. $　　　　　　C. format()　　　　D. f-string

7. 给定字符串 s = 'Hello123456'，以下哪些操作可以得到正确的结果？（　　）

A. s [1] 返回' e'　　　　　　　　　B. '123456' in s 返回 True

C. s. isalpha()返回 False　　　　　　D. s. isdigit()返回 False

8. 要输出"账户名称为'银行存款'，当前余额为 20000 元"，以下哪些代码片段是错误的？（　　）

A. '账户名称为 {}，当前余额为 {} 元'. format ('银行存款', 20000)

B. f'账户名称为 {account_name}，当前余额为 {balance} 元'

C. '账户名称：{0}，余额：{1} 元'. format ('银行存款', 20000)

D. ' {}，余额：{} '. format ('银行存款', 20000)

9. 在 Python 中，以下哪些是关于高级数据类型的正确描述？（　　　）

    A. 列表（List）是一种有序的数据集合，可以包含重复的元素

    B. 元组（Tuple）是不可变的数据结构，一旦创建就不能修改其内容

    C. 集合（Set）是无序的，不包含重复元素的数据结构，常用于成员关系测试和消除重复元素

    D. 字典（Dictionary）的键（key）必须是可变的数据类型，而值（value）可以是任意数据类型

10. 在 Python 中，以下关于字典（Dictionary）的说法哪些是正确的？（　　　）

    A. 字典是一种无序的数据结构。

    B. 字典的键（key）必须是不可变的数据类型。

    C. 字典的值（value）可以是任意数据类型。

    D. 字典中的键（key）必须是唯一的。

11. 以下关于 Python 数据结构的描述中，正确的是（　　　）。

    A. 元组是不可变序列，其内容不能修改

    B. 字典是键值对的无序集合

    C. 集合中的元素有序，但不允许重复

    D. 列表是有序的对象集合，通过索引访问元素

12. 对于 if…else 语句，下列哪些描述是准确的？（　　　）

    A. 当条件为真时，执行 if 后的代码块；否则，执行 else 后的代码块

    B. Python 使用缩进来表示代码块的层次结构

    C. else 语句后可以包含条件表达式

    D. 在编写 if 语句时，推荐的做法是对齐缩进，通常是一个制表符或一个固定的空格数

13. 关于 if 嵌套语句，下列哪些说法是错误的？（　　　）

    A. 如果某个判断依赖于另一个判断的结果，那么应该使用 if 嵌套语句。

    B. if 嵌套仅允许在 if 语句内部嵌套，不允许在 elif 语句内部嵌套。

    C. 在 if 嵌套语句中，内层不可以使用 elif 或 else。

    D. 在内层 if 语句中，也需要保持正确的缩进，通常是一个制表符或四个空格。

14. 根据以下表格（各产品 2024 年第二季度每月生产量）生成的 DataFrame，行索引为原始索引，列索引为表格第一行。如果要筛选乙产品产量超过 5000 的行，以下语法正确的是（　　　）。

时间	甲产品	乙产品	丙产品	丁产品
2024 年 4 月	4000	4000	4500	6500
2024 年 5 月	6000	5000	5500	6500
2024 年 6 月	3000	6000	5800	6500

    A. df［df［'乙产品'］>5000］　　　　B. df［df［'乙产品'］］>5000

    C. df.loc［df［'乙产品'］>5000］　　D. df.loc［（df［'乙产品'］>5000）］

15. 给定一个以数字作为默认索引的 DataFrame，代表灯饰企业的销售数据。关于使用 loc 索引器进行筛选，以下哪些描述是正确的？（　　）

A. 若要根据行索引和列索引精确选取一个元素，可以使用 df.loc［行索引，列索引］

B. 若要筛选多行多列的数据，可以使用 df.loc［行索引列表，列索引列表］

C. 不能使用 loc 索引器进行切片操作来选择连续的行列组合。

D. 可以使用布尔索引与 loc 结合，如 df.loc［df［'列名'］==值］

三、判断题

1. 当使用 pd.read_excel() 函数读取 Excel 文件时，可以指定要读取的工作表名称或索引。　　　　　　　　　　　　　　　　　　　　　　　　　　　　　（　　）

2. 在 Python 中，数字被视为数据，而文字则不被视为数据。　　　　（　　）

3. 表达式中的运算顺序是先进行逻辑运算，然后进行乘除运算，接着进行加减运算，最后进行比较运算。根据这个顺序，表达式（3>2）＊（6/2）的计算结果应该是（True）＊3。　　　　　　　　　　　　　　　　　　　　　　　　　　　　（　　）

4. 变量 a 被赋值为字符串'现金'，变量 b 被赋值为字符串'库存现金'。表达式（a in b）的结果是 True，因为'现金'是'库存现金'的一个子字符串。　　　　　　（　　）

5. 在逻辑运算中，只有数字 0 代表假（即 False），而数字 1 代表真（即 True）。其他数字在逻辑运算中不具有真假值。　　　　　　　　　　　　　　　　　　（　　）

6. Python 中的//运算符用于执行整除操作，它返回除法运算的商的整数部分。（　　）

7. 字符串的正向索引从左侧开始，起始值为 0，终止值为字符串长度减一；字符串的负向索引从右侧开始，起始值为-1，终止值为字符串开头。　　　　　　　　　（　　）

8. 在字符串前面加上'r'或'R'，可以使得字符串内的反斜杠被视为普通字符而不是转义字符。　　　　　　　　　　　　　　　　　　　　　　　　　　　　　（　　）

9. 假设 a='1'和 b='2'，执行语句 result＝a+b 后，result 的值将是'12'。（　　）

10. Python 集合中所有元素必须为相同类型的数据。　　　　　　　（　　）

11. 字典、元组、字符串都支持通过键（key）来访问元素。　　　　（　　）

12. if 语句必须与 else 语句一起使用。　　　　　　　　　　　　　（　　）

13. 编写 if 语句时，需要对齐缩进，且可以嵌套使用。　　　　　　（　　）

14. 在 Python 中，while 循环会一直执行，直到条件为 False 为止。（　　）

15. for 循环在 Python 中只能用于遍历列表。　　　　　　　　　　（　　）

16. break 语句可以在 for 循环中使用，用于提前结束循环；continue 语句在 while 循环中没有作用。　　　　　　　　　　　　　　　　　　　　　　　　　　　　（　　）

17. 在 pandas DataFrame 中，使用索引列表进行条件筛选时，可以使用逻辑运算符 and、or、not。　　　　　　　　　　　　　　　　　　　　　　　　　　　　　（　　）

18. 直接索引 DataFrame 时，只能选取特定的列，而无法同时选取多行。　（　　）

19. iloc 索引器在 pandas 中是基于从 0 开始的整数位置索引，其切片操作是前闭后开的。　　　　　　　　　　　　　　　　　　　　　　　　　　　　　　　（　　）

20. 在 pandas 的 DataFrame 中，行索引和列索引都可以是自定义的索引（标签），而

不是仅仅基于位置的整数索引。   （   ）

四、实操题

1. 读入'各类信息表.xlsx'中的第三个工作簿，并查看后3条数据。

2. 将【例3-3】中的 df.to_excel（r'D:\东方学院 \ 个人情况表.xlsx'）添加参数修改为：df.to_excel（r'D:\东方学院 \ 个人情况表.xlsx'，sheet_name = '销售部门'，index = False），比较两次输入生成的表格内容有何不同，添加的参数代表什么意思？

3. 假设 x = 35523266245，y = 678，使用 python 编程计算，计算 x 除以 y 的整数部分及余数各为多少？

4. 采用 input（）函数输入自己的姓名和身份证号，从中提取出出生年份、月份、日期信息，打印输出："您好，X。你的生日是 X 年 X 月 X 日！"（X 代表输入的姓名和取出的年月日，打印输出时采用第一章的字符串","拼接的方式）

5. 将上题中的打印输出："您好，X。你的生日是 X 年 X 月 X 日！"分别改为由 % 占位符、format（）格式化、f-strings 格式化等方式输出。

6. 自行创建字符串，结合表3-11，练习字符串中各种常见内建函数的使用，通过查看运行结果，熟悉各种内建函数的作用。

7. 创建一个列表，储存凯恩斯货币需求理论：交易动机、谨慎动机、政策动机，判断一下"投机动机"是否存在此列表中。如无，将"投机动机"添加进该列表，将不属于凯恩斯货币需求理论的"政策动机"删除。

8. 假设在上海证券交易所上市有四只股票，该四只股票的股票代码、股票名称及今日股价如表1所示。

要求：

（1）创建一个字典储存以下表格数据，键为"股票代码"，值为"今日股价"；

（2）新增中国银河（601881），今日收盘价为10.99；

（3）修改浦发银行的今日股价为7.15。

表1　某日股票报价表

股票代码	股票名称	今日股价
600000	浦发银行	7.10
600004	白云机场	11.20
600009	上海机场	37.89
600011	华能国际	7.87

9. 甲公司从银行借款500万，还款期限5年，采取复利计算利息，年利率为8%。请使用循环语句编写一个程序，输出甲公司每年末累计应还款金额为多少，保留一位小数。（while 循环/for 循环）

10. 读入"各类信息表.xlsx"的第三张工作簿，选择姓名、职务、基本工资、实发工资等列，筛选出基本工资大于8000元或者实发工资大于6500元的数据。

第 4 章

财经数据处理

4.1　财经数据描述

▶▶| 4.1.1　表格数据类型查看及转换　▶▶　▶

　　不同的数据源常常使用不同的数据类型，数据类型转换可以将不兼容的数据类型转换为兼容的数据类型，使得数据可以在不同的系统之间兼容。

　　在数据清洗过程中，可能需要将某些数据类型转换为另一种数据类型，比如将字符串类型转换为整型或浮点型，以便进行数值分析等操作。

　　在进行数据分析前，需要将不同的数据类型转换为适合分析的数据类型，比如将时间戳转换为日期时间格式，将文本数据转换为数值型数据等。

　　在数据存储过程中，需要将数据类型转换为适合存储的数据类型，以节省存储空间，减少数据冗余。

　　在进行数据可视化展示时，需要将数据类型转换为适合展示的数据类型，比如将数值型数据转换列表或序列数据，以便匹配柱状图、折线图等。

　　总之，数据类型转换可以提高数据的兼容性、整合数据、准备数据进行分析和可视化，为数据分析提供有价值的信息。

1. 使用 dtypes 属性查看数据类型

　　在进行适合的数据类型转换前，一般需查看、确认数据类型。pandas 中 DataFrame 对象的 dtypes 属性可以获取每列数据的数据类型。

　　【例 4-1】读入'东方公司近五年销售单 .xlsx'表，使用 dtypes 属性查看各列数据类型。

```
import pandas as pd        #导入 pandas 包
df=pd.read_excel (r'C: \Users \ASUS \Downloads \东方公司近五年销售
单 .xlsx')                 #读取文件
df.dtypes                  #查看数据类型
```

运行结果如图 4-1 所示。

```
import pandas as pd        #导入pandas包
df = pd.read_excel(r'C:\Users\ASUS\Downloads\东方公司近五年销售单.xlsx')  #读取文件
df.dtypes  #查看数据类型
```

```
年份            int64
月份            int64
交易编号         int64
产品名称        object
型号           object
价格          float64
dtype: object
```

图 4-1　例 4-1 的运行结果

在这个例子中，首先使用 pd. read_excel( ) 函数来读取一个名为"东方公司近五年销售单 . xlsx"的 excel 文件，并将其存储在 DataFrame 对象 df 中。然后，使用 df. dtypes 来获取每列的数据类型。

如果想查看特定列的数据类型，可以通过列名来索引 df 序列，例如：df ['列名'] .dtypes。

2. 使用 info( ) 函数查看数据类型

如果希望获得关于数据的更多信息，那么可以使用 DataFrame 对象的 info( ) 函数来打印完整的数据信息摘要。这个信息摘要会显示数据集中的行列数量、每列名称、非空值数量以及数据类型。此外，还可以看到数据集所占用的内存大小。

【例 4-2】沿用【例 4-1】读入'东方公司近五年销售单 . xlsx'的数据框 df，使用 info( ) 函数查看数据信息摘要。

```
#打印数据信息摘要
df.info()
```

运行结果如图 4-2 所示。

```
df.info()

<class 'pandas.core.frame.DataFrame'>
RangeIndex: 1000 entries, 0 to 999
Data columns (total 6 columns):
 #   Column     Non-Null Count   Dtype
---  ------     --------------   -----
 0   年份         1000 non-null    int64
 1   月份         1000 non-null    int64
 2   交易编号       1000 non-null    int64
 3   产品名称       1000 non-null    object
 4   型号         1000 non-null    object
 5   价格         1000 non-null    float64
dtypes: float64(1), int64(3), object(2)
memory usage: 47.0+ KB
```

图 4-2　例 4-2 的运行结果

3. 使用 astype( ) 函数进行数据类型转换

在 Python 中，可以使用 DataFrame 对象的 astype( ) 函数来进行数据类型转换。通过 astype( ) 函数，我们可以将某一列的数据类型转换为整数类型（int）、浮点数类型（float）或字符串类型（str）等。

【例 4-3】沿用【例 4-1】读入'东方公司近五年销售单.xlsx'的数据框 df，将年份、月份、交易编号转换为字符串类型。

```
df['年份']=df['年份'].astype(str)
df['月份']=df['月份'].astype(str)
df['交易编号']=df['交易编号'].astype(str)
df.dtypes
```

或

```
df=df.astype({'年份':str,'月份':str,'交易编号':str})
df.dtypes
```

运行结果如图 4-3 所示。

```
df['年份'] = df['年份'].astype(str)
df['月份'] = df['月份'].astype(str)
df['交易编号'] = df['交易编号'].astype(str)
df.dtypes

年份          object
月份          object
交易编号        object
产品名称        object
型号          object
价格          float64
dtype: object
```

```
df = df.astype({'年份':str,'月份':str,'交易编号':str})
df.dtypes

年份          object
月份          object
交易编号        object
产品名称        object
型号          object
价格          float64
dtype: object
```

图 4-3　例 4-3 的运行结果

【小提示】当看到字符串类型被显示为 object 时，不必过多关注它，因为它只是 Python 对该对象的一种标记方式，你仍然可以正常使用和操作该字符串对象。这是因为在 Python 中，字符串类型是基于一个名为 str 的内置类来实现的。object 是 Python 中所有类的基类，它是构建所有其他类的基础。

注意，数据类型转换可能会引发异常，因为无法将某些值转换为目标数据类型。这可能是因为以下原因。

（1）类型不匹配。尝试将一个不能被转换为目标类型的数据进行转换时，会引发"TypeError"异常。例如，尝试将字符串'abc'转换为整数，或将布尔值'True'转换为浮点数都会引发异常。

（2）格式错误。在某些情况下，尝试将一个字符串转换为特定类型（如整数或浮点数）时，如果字符串的格式不符合要求，会引发"ValueError"异常。例如，尝试将字符串'123.45'转换为整数时，会引发异常，因为字符串包含了小数点。

（3）无效的字面值。尝试将一个无效的字面值转换为目标类型时，可能会引发"ValueError"异常。例如，尝试将字符串'hello'转换为整数时，会引发异常，因为它不是一个有效的整数字面值。

（4）整数溢出。尝试将一个超出目标类型所能表示的范围的整数进行转换时，会引发"OverflowError"异常。例如，尝试将一个非常大的整数转换为'int'类型时，可能会引发异常。

另外，注意在将浮点型数据转换为整数时，该数值的小数部分被截断，只取整数部分，而不是进行四舍五入的处理。

▶▶| 4.1.2　数据统计　▶▶　▶

使用 DataFrame 对象的 describe()函数可以对数据集的各个统计特征（如均值、标准差、最小值、最大值等）进行描述性统计。表 4-1 列举一些常用的统计函数。

表 4-1　常用的统计函数

函数	说明	函数	说明
sum()	对指定的数值列进行求和计算	cumsum()	计算指定数值列的累计和
mean()	对指定的数值列计算平均值	cumprod()	计算指定数值列的累计乘积
median()	对指定的数值列计算中位数	cummax()	计算指定数值列的累计最大值
min()	对指定的数值列找到最小值	cummin()	计算指定数值列的累计最小值
max()	对指定的数值列找到最大值	skew()	计算指定数值列的偏度
std()	对指定的数值列计算标准差	kurtosis()	计算指定数值列的峰度
var()	对指定的数值列计算方差	cov()	计算两个数值列之间的协方差
count()	统计非缺失值的数量	corr()	计算两个数值列之间的相关系数
unique()	返回指定列的唯一值	mode()	找到指定列中的众数
value_counts()	统计指定列中不同值的出现次数	quantile()	计算指定数值列的分位数
describe()	对 DataFrame 或 Series 对象进行描述性统计分析，生成统计摘要信息	rank()	对指定数值列进行排名

函数	说明	函数	说明
corr( )	计算 DataFrame 中列之间的相关系数	diff( )	计算指定数值列的差分
pct_change( )	计算指定数值列的百分比变化		

表 4-1 包含了统计函数的名称和相应的说明，可以根据需要来选择合适的函数用于各种数据分析和统计计算任务。这些统计函数可以应用于整个数据集，也可以针对某一列或某一行进行计算。当需要统计 DataFrame 所有列的数据时，只需使用 DataFrame. 函数( )即可；如果需要对某一列或某几列数据统计时只需 DataFrame［'列名'］. 函数( )。如：

```
#求和
total=DataFrame['列名'].sum()
#求均值
average=DataFrame['列名'].mean()
#求中位数
median=DataFrame['列名'].median()
```

【补充小知识】

以上这些统计函数除了 describe( )外，基本都有 axis 这个参数。axis 是一个在 pandas 中常用的参数，用于指定沿着哪个轴进行操作。在 pandas 中，axis 值可以是 0 或 1，分别表示按行或按列进行操作，一般默认为 0。如图 4-4 所示，当 axis＝0 时，表示沿着行的方向进行操作，也可以理解为沿着行索引的方向，逐行操作。比如计算每行的和、平均值、最大值等。当 axis＝1 时，表示沿着列的方向进行操作，也可以理解为沿着列名的方向，逐列操作。比如计算每列的和、平均值、最大值等。

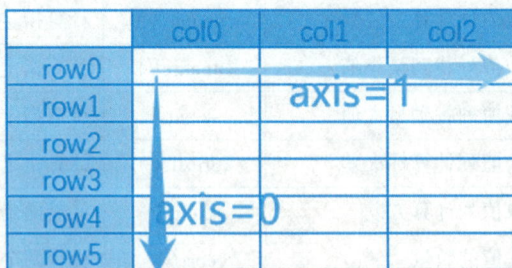

	col0	col1	col2
row0		axis=1	
row1			
row2			
row3			
row4	axis=0		
row5			

图 4-4　参数 axis 的轴向操作

1. describe( )函数

describe( )函数是 pandas 库中 DataFrame 和 Series 对象的一个常用统计函数，它用于返回统计指标的摘要信息，如计数（count）、均值（mean）、标准差（std）、最小值（min）、25%分位数（25%）、50%分位数（50%）、75%分位数（75%）和最大值（max）。

【例 4-4】读入"近五年某股票交易行情.xlsx"，查看均值、标准差等基本统计信息。

```
import pandas as pd #导入pandas包
df=pd.read_excel(r'C:\Users\ASUS\Downloads\近五年某股票交易行情
.xlsx')
df.describe()
```

运行结果如图 4-5 所示。

```
import pandas as pd    # 导入pandas包
df = pd.read_excel(r'C:\Users\ASUS\Downloads\近五年某股票交易行情.xlsx')
df.describe()
```

	开盘价	最高价	最低价	收盘价	前收盘价	成交量	成交额	复权状态	换手率	交易状态	涨跌幅
count	1214.000000	1214.000000	1214.000000	1214.000000	1214.000000	1.214000e+03	1.214000e+03	1214.0	1214.000000	1214.0	1214.000000
mean	9.318460	9.394193	9.244662	9.314522	9.315362	3.820010e+07	3.706306e+08	3.0	0.132146	1.0	-0.006559
std	1.780336	1.808181	1.756293	1.780360	1.778367	2.362693e+07	2.685619e+08	0.0	0.081712	0.0	1.162354
min	6.520000	6.590000	6.490000	6.530000	6.530000	1.089596e+07	7.832138e+07	3.0	0.037100	1.0	-7.753300
25%	7.402500	7.440000	7.340000	7.392500	7.390000	2.248093e+07	1.858780e+08	3.0	0.077265	1.0	-0.588675
50%	9.485000	9.530000	9.430000	9.455000	9.460000	3.180316e+07	2.963605e+08	3.0	0.109600	1.0	0.000000
75%	10.737500	10.827500	10.620000	10.720000	10.720000	4.602076e+07	4.616533e+08	3.0	0.158900	1.0	0.5 .25
max	13.240000	13.330000	13.030000	13.170000	13.170000	2.034989e+08	2.102113e+09	3.0	0.693300	1.0	9.025900

图 4-5 例 4-4 的运行结果

2. pct_change() 函数使用

经济活动中有许多数据需要进行同比或环比。大家经常会看到如下的这些描述：2023 年 4 月全国城镇调查失业率为 5.0%，环比上升 0.1 个百分点，同比下降 0.1 个百分点。2023 年 3 月中国出口总额为 1992.4 亿美元，同比下降 2.7%，环比下降 13.9%。2023 年 4 月 30 日，上证指数为 3085.68 点，较上月环比下降 1.03%，较去年同期同比上涨 16.6%。

pct_change() 函数是 pandas 库中 DataFrame 和 Series 对象的一个函数，用于计算百分比变化。pct_change() 函数可以非常方便地进行同比或环比比较，包括但不限于 GDP、消费、出口、进口、就业、物价、股市、房价、汇率、财务等。比如：国内生产总值（GDP）可以在季度报告中进行季度同比和环比比较；消费者物价指数（CPI）可以进行月度同比和环比比较；企业的营业收入、营业成本、营业利润也可以按年、按季度或是按月进行同比或环比等。

pct_change() 函数的基本用法如下：

```
DataFrame.pct_change(periods=1, fill_method='pad', limit=None,
freq=None)
```

其中，periods 参数用于指定要计算的时间周期。默认情况下，periods 被设置为 1，表示计算每个元素与前一个元素之间的百分比变化。这将返回一个新的 DataFrame 或 Series 对象，其中包含了与原始数据相对应的百分比变化。

【例 4-5】读入"近五年某股票交易行情.xlsx"，计算每日开盘价、最高价等数值型数据较前一日的变动幅度。

```
import pandas as pd
df=pd.read_excel(r'C:\Users\ASUS\Downloads\近五年某股票交易行情
.xlsx')
numeric_columns=df.select_dtypes(include='number').columns
df[numeric_columns].pct_change()
```

运行结果如图 4-6 所示。

```
import pandas as pd
df = pd.read_excel(r'C:\Users\ASUS\Downloads\近五年某股票交易行情.xlsx')
numeric_columns = df.select_dtypes(include='number').columns
df[numeric_columns].pct_change()
```

	开盘价	最高价	最低价	收盘价	前收盘价	成交量	成交额	复权状态	换手率	交易状态	涨跌幅
0	NaN	NaN	NaN	NaN	NaN	NaN	NaN	NaN	NaN	NaN	NaN
1	-0.004107	0.003064	0.008351	0.011340	-0.010204	-0.214981	-0.207510	0.0	-0.214987	0.0	-2.111342
2	0.003093	0.018330	0.004141	0.015291	0.011340	0.456656	0.478022	0.0	0.456671	0.0	0.348335
3	0.036999	0.009000	0.022680	0.002008	0.015291	-0.131582	-0.124642	0.0	-0.131588	0.0	-0.868678
4	-0.005946	-0.005946	-0.001008	-0.002004	0.002008	-0.359889	-0.360765	0.0	-0.359888	0.0	-1.997998
	...	...	...	...	...	...	...	...	...	...	...

图 4-6　例 4-5 的运行结果

在例 4-5 中，第 4 行代码 pct_change( ) 函数通过计算每个元素与前一个元素之间的百分比变化，返回了一个新的 DataFrame，其中包含了相对于原始数据的百分比变化值。注意，第一行的结果为 NaN，因为没有前一个元素用于计算百分比变化。

第 3 行代码使用 select_dtypes( ) 函数过滤出数值型的列，这样就只对 DataFrame 中的数值型列计算百分比变化，而不会考虑包含字符串的列。这是因为 pct_change( ) 函数无法计算字符串类型的数据，在使用此函数时要确保 DataFrame 只包含数值型的数据。

3. cumsum( ) 函数使用

在经济活动中，cumsum( ) 函数适用于各种可计算累积值的情况。根据具体需求可以将其应用于不同类型的经济数据，以便得到所需的结果。比如：计算企业在一段时间内的累积销售额或累积成本；计算经营活动中的累积利润或亏损，通过观察累积利润/亏损的趋势，以评估企业的盈利能力；在市场营销领域，可计算企业在各个时间点上的累积市场份额，帮助了解企业的市场地位和竞争力；适用于企业利润表中"本年累计数"的计算；还可应用于一些财务指标，如累积现金流、累积资产增长率等。这些累积数据可以提供更全面的视角，以帮助企业做出更好的商业决策。

cumsum( ) 函数是 pandas 库中的一个函数，用于计算序列的累积和。具体来说，cumsum( ) 函数会对输入的序列（如 DataFrame 列或 NumPy 数组）中的每个元素，计算该元素及其前面所有元素的和，并返回一个新的序列，其中每个元素是原序列中相应位置之前所有元素的累积和。基本语法如下：

```
DataFrame.cumsum(axis=None, skipna=None, * args, ** kwargs)
```

cumsum( )函数没有必需的参数，可选的参数如下：

- axis：指定要沿着哪个轴计算累积和。默认为 0，即按列计算累积和。可以设置为 1，按行计算累积和。

- Skipna：是否忽略 NaN 值。默认为 True，意味着忽略 NaN 值。如果设置为 False，将 NaN 视为有效值，并对其计算累积和。

【例 4-6】 对商品进行帕累托最优分析。

```
import pandas as pd
#定义商品信息
commodities=pd.DataFrame({
'商品名称':['土豆','白菜','西红柿','芹菜','冬瓜'],
'销售量':[1567890, 457894, 2354790, 352189, 7056785]
})
#根据销售量进行降序排序
commodities=commodities.sort_values('销售量',ascending=False)
#计算商品的销售量累计占比
commodities['sales_percentage']=commodities['销售量'].cumsum()/commodities['销售量'].sum()
#获取帕累托最优商品列表
pareto_optimal_commodities = commodities[commodities['sales_percentage']<=0.8]
print(pareto_optimal_commodities)
```

运行结果如图 4-7 所示。

```
import pandas as pd
#定义商品信息
commodities=pd.DataFrame({
'商品名称':['土豆','白菜','西红柿','芹菜','冬瓜'],
'销售量':[1567890,457894,2354790,352189,7056785]
})
#根据销售量进行降序排序
commodities=commodities.sort_values('销售量',ascending=False)
#计算商品的销售量累计占比
commodities['sales_percentage']=commodities['销售量'].cumsum()/commodities['销售量'].sum()
#获取帕累托最优商品列表
pareto_optimal_commodities=commodities[commodities['sales_percentage']<=0.8]
print(pareto_optimal_commodities)

  商品名称      销售量    sales_percentage
4   冬瓜    7056785         0.598563
2  西红柿   2354790         0.798298
```

图 4-7　例 4-6 的运行结果

这个程序的基本思路是：首先根据商品的利润进行降序排序；然后计算商品的利润累计占比和成本累计占比；最后筛选出利润累计占比小于等于 80% 的商品，这些商品就是帕累托最优商品。

4. cumprod( )函数的使用

在经济活动中，cumprod( )函数可用于计算复合增长率，复合增长率是一种描述某一变量累积增长的指标。将经济指标视为一个时间序列，并使用累积乘积函数对其进行操作，可以得到相对于初始值的变化。这可以帮助了解经济指标长期的累积增长情况。在投资策略分析中，cumprod( )函数可以用于分析投资策略的累积收益。假设有一个由投资收益率组成的时间序列数据，则可以使用该函数计算出从投资开始到今天的累积收益率。这有助于评估不同投资策略的风险和回报，并帮助做出更明智的投资决策。在生产效率分析中，cumprod( )可以计算出生产效率的累积变化。这可以了解生产效率的长期变化趋势，并帮助评估不同生产策略的效果。

在 pandas 中，cumprod( )是 Series 和 DataFrame 对象的方法，用于计算累积乘积。对于 Series 对象，cumprod( )函数可以直接调用，而对于 DataFrame 对象，可以在列上应用该方法。基本语法如下：

```
DataFrame.cumprod(axis=None, skipna=None, * args, ** kwargs)
```

需要注意的是，cumprod( )方法默认按照列方向进行累积乘积操作，可以使用"axis"参数来指定按行或按列进行操作。例如，"axis=0"表示按列累积乘积，"axis=1"表示按行累积乘积。

【例 4-7】 使用 cumprod( )函数计算股票的累积收益率。

```
import pandas as pd
df=pd.read_excel(r'C:\Users\ASUS\Downloads\近五年某股票交易行情.xlsx')
df['日收益率']=df['收盘价'].pct_change()
df['累计收益率']=df['日收益率'].add(1).cumprod().sub(1)
df[['交易所行情日期','证券代码','收盘价','日收益率','累计收益率']]
```

运行结果如图 4-8 所示。

```
[7]  import pandas as pd
     df = pd.read_excel(r'C:\Users\ASUS\Downloads\近五年某股票交易行情.xlsx')
     df['日收益率'] = df['收盘价'].pct_change()
     df['累计收益率'] = df['日收益率'].add(1).cumprod().sub(1)
     df[['交易所行情日期','证券代码','收盘价','日收益率','累计收益率']]
```

[7]:

	交易所行情日期	证券代码	收盘价	日收益率	累计收益率
0	2019-01-02	sh.600000	9.70	NaN	NaN
1	2019-01-03	sh.600000	9.81	0.011340	0.011340
2	2019-01-04	sh.600000	9.96	0.015291	0.026804
3	2019-01-07	sh.600000	9.98	0.002008	0.028866
4	2019-01-08	sh.600000	9.96	-0.002004	0.026804

图 4-8　例 4-7 运行结果

第 3 行代码使用 pct_change ( ) 函数计算每日收盘价相对于前一日的增长率，即日收益率。

第 4 行代码加 1 并使用 cumprod ( ) 计算日收益率的累积乘积；然后使用 sub (1) 函数减去 1 得到最终结果。"累计收益率"列中每个数据表示相对于初始收盘价的累积收益率。由于第一日的收益没有前一年收益的基数，所以第一年的增长率为 NaN。

股票的累积收益率是一个重要的指标，可以用于衡量投资的效果和股票的市场表现。通过计算累积收益率可以知道从开始购买股票以来的整体回报率。

需要注意的是，cumprod ( ) 函数的使用，通常前提是数据递增或递减，如果存在不符合这个规则的数据，则使用该函数可能会导致不准确的结果。可能需要先对数据进行一些清理和预处理，以确保数据的递增或递减性。另外，cumprod ( ) 方法返回的结果可以随着时间的增长会变的非常大，可能超出计算机可以处理的值，所以在使用时需要注意，选择合适的数据类型和数据结构，以确保计算结果的准确性并避免数值溢出的问题。

4.2　财经数据清洗

数据作为信息系统中最为重要的资产之一，对于企业的决策和运营有着至关重要的影响。然而，由于数据来源的多样和采集方式的不同，导致了大量的"脏数据""噪声数据"和"数据杂质"的存在。

脏数据主要表现为地名、人名、日期等不规范的记录，以及信息的更新变化、数据源不同等引起的不一致性，例如一个人名有多种不同的拼写方式或者一个日期在不同数据源中的表示不同。又比如，在一份销售报表中，某个销售员的姓名记录不一致，一个数据源中用"张三"，另一个数据源则用"张三先生"，这就是一种脏数据。

噪声数据则表现为数据中出现错误或异常，比如年薪为负数等。又比如，在一张财务报表中，某个部门的收入数据为负值，这就是一种噪声数据。

数据杂质则是指与数据本身无关的数据，比如在一份调查报告中，有部分记录并不是实际采集的数据，而是为了测试而添加的无效数据，这就是一种数据杂质。

这些不同类型的"脏数据""噪声数据"和"数据杂质"如果不进行有效的清洗和处理，将会严重影响企业的决策和运营效果。因此，通过相应规范的数据清洗，可以确保数据的一致性、准确性和可靠性。数据清洗是一个开放性问题，需要根据数据的具体情况，找到最合适的解决方案。

本节主要以表 4-2 的数据为例进行清洗方式的展示。

表 4-2　2019 年至 2023 年某 CPI 指数

指标	地区	2019 年	2020 年	2021 年	2022 年	2023 年
住房	广西壮族自治区	104.3	98.53	100.425	109.5	109.2
住房	重庆市	104.7	97	101.351	109.6	107.9

指标	地区	2019 年	2020 年	2021 年	2022 年	2023 年
住房	重庆市	104.7	97	101.351	109.6	107.9
住房	海南省	106.1	99.3	100.907	108.12	
住房	青海省	102.4	99.5	#103.286	105.3	106.5
住房	云南省	*104.3	99.83	100.224	106.6	*111.6
住房	四川-省	105	97.2	101.329	108.9	111
住房	西藏自治区	104.41	101.1	101.739	103.3	104.8
住房	吉林省		97.9	101.235	107.5	107.5
住房	上海市	104.8	100.7	102.513	105	105.3
住房	安徽省	104.6	97.46	102.099	107.1#	108.4
住房	山东省	104.3	98.3#	102.36	107.9	109.5
住房		105.6	98.5	100.585	107.8	108.8
住房	河南省	104.1	96.84	101.225	107.4	108.5
住房	西藏	104.41	101.1	101.739	103.3	104.8
住房	吉林省	103.6	97.9	101.235	107.5	107.5
住房	上海市	104.8	100.7	102.51%	105	105.3
住房	陕西省	103.8	98.2	101.896	105.6	107.6
住房	新疆维吾尔自治区	101.56	100.8	102.826	106.3	
	贵州省	104.5	99.21	100.346	106.4	110.3
住房	甘肃省	104	99.4	1009.01	105.4	106.4

观察表 4-2 "2019 年至 2023 年某 CPI 指数 . xlsx", 可以发现（为与 python 的默认行索引一致, 除列名称外的第一行从 0 开始数数）：

第 4 行、第 5 行、第 6 行、第 11 行、第 12 行、第 18 行有部分数据不规范, 存在 " * " " – " " # " " % " 等一些特殊字符；

第 7 行和第 16 行的地区名称不一致, 一个是 "西藏自治区", 一个是 "西藏"；

第 2 行、第 3 行重复；

第 10 行、第 13 行、第 19 行全为空行；

第 3 行、第 8 行、第 14 行、第 22 行有空值；

第 23 行的 2021 年数据异常大, 与其他值不相配；

……

在我们的目测观察中, 数据前后、中间存在着的空格是不易被发现的, 还有可能会遗漏一些空值、重复值、异常值等。尤其是当数据量比较大时, 手工修改工作量大、易出错, 显然已不能满足数据处理需要。此时, 利用 pandas 包的一些方法、函数能够更好地实现数据清洗工作。

▶▶| 4.2.1　不规范、不一致的数据处理　▶▶ ▶

1. 去除各种特殊字符

【例4-8】读入表4-2 "2019年至2023年某CPI指数.xlsx"，存储在变量df中，去除表格中 "%" " * " "-" "#" 等一些特殊字符。

```
import pandas as pd
df=pd.read_excel(r'C:\Users\ASUS\Downloads\2019年至2023年某CPI指数.xlsx')

df=df.replace(r'\*','',regex=True).replace(r'-','',regex=True).replace(r'#','',regex=True).replace(r'%','',regex=True)   #同理使用替换的方式删除* 和-等特殊符号，* 前用\是防止转义；regex:是否使用正则表达式,False是不使用,True是使用,默认是False。
df.loc[[4, 5, 6, 11, 12, 18]]
```

运行结果如图4-9所示。

```
import pandas as pd
df = pd.read_excel(r'C:\Users\ASUS\Downloads\2019年至2023年某CPI指数.xlsx')
df=df.replace(r'\*','',regex=True).replace(r'-','',regex=True).\
replace(r'#','',regex=True).replace(r'%','',regex=True)
#同理使用替换的方式删除*和- 等特殊符号，*前用\ 是防止转义；regex: 是否使用正则表达式,Fal
df.loc[[4,5,6,11,12,18]]
```

	指标	地区	2019年	2020年	2021年	2022年	2023年
4	住房	青海省	102.4	99.5	103.286	105.3	106.5
5	住房	云南省	104.3	99.83	100.224	106.6	111.6
6	住房	四川省	105	97.2	101.329	108.9	111
11	住房	安徽省	104.6	97.46	102.099	107.1	108.4
12	住房	山东省	104.3	98.3	102.36	107.9	109.5
18	住房	上海市	104.8	100.7	102.51	105	105.3

图 4-9　例 4-8 的运行结果

这几行代码主要使用 pandas 库中的 replace（）函数将 DataFrame（df）中所有包含 "%" " * " "-" "#" 等的字符替换为空，从运行结果看第4行、第5行、第6行、第11行、第12行、第18行的数据已全部去掉了这些特殊字符。

同理，使用 replace（）函数可以替换掉所有的空格、制表符、换页符等不易观测到的特殊字符。

【例4-9】沿用【例4-8】读入的数据框 df，去除表格中所有的空格、制表符、换页符等不易观测到的特殊字符。

```
df=df.replace(r'\s+','',regex=True)
#正则表达式中 \s 匹配任何空白字符,包括空格、制表符、换页符等等,而 \s+则表示匹配任意多个上面的字符。
df
```

运行结果如图 4-10 所示。

```
df = df.replace(r'\s+','',regex=True)
#正则表达式中 \s 匹配任何空白字符,包括空格、制表符、换页符等等,而 \s+ 则表示匹配任意多个上面的字符。
df
```

	指标	地区	2019年	2020年	2021年	2022年	2023年
0	住房	广西壮族自治区	104.3	98.53	100.425	109.5	109.2
1	住房	重庆市	104.7	97	101.351	109.6	107.9
2	住房	重庆市	104.7	97	101.351	109.6	107.9
3	住房	海南省	106.1	99.3	100.907	108.12	NaN
4	住房	青海省	102.4	99.5	103.286	105.3	106.5
5	住房	云南省	104.3	99.83	100.224	106.6	111.6
6	住房	四川省	105	97.2	101.329	108.9	111

图 4-10　例 4-9 的运行结果

【补充小知识】

正则表达式是一种用于匹配和操作文本的强大工具。它由一个模式字符串组成,可以描述字符所形成的模式。在 Python 中,可以使用内置的 re 模块来使用正则表达式。下面是一些常见的正则表达式的元字符和符号:

.：匹配任意一个字符,除了换行符。

*：匹配前一个字符零次或多次。

+：匹配前一个字符一次或多次。

?：匹配前一个字符零次或一次。

^：匹配字符串的开始位置。

$：匹配字符串的结束位置。

\：用于转义下一个字符。

[]：匹配方括号中的任意一个字符。

()：创建一个捕获组。

|：用于指示可选的选择项。

使用这些元字符和符号,可以构建复杂的模式来匹配特定的文本。

还有另一种方法可实现去除特殊字符,使用 applymap() 函数和一个简单的 lambda 表达式来对 DataFrame 中的所有元素进行操作。先用 str() 方法把所有元素都强制转换为字符串,用字符串的 replace() 方法将特殊字符替换为空字符。这里的替换仅是对字符串的操作,不涉及正则表达式匹配的问题。

【例 4-10】 读入表 4-2 "2019 年至 2023 年某 CPI 指数 . xlsx",存储在变量 df2 中,使

用 applymap( )函数去除表格中空格、"%""＊""－""#"等一些特殊字符。

```
import pandas as pd
df2=pd. read_excel(r'C: \Users \ASUS \Downloads \2019 年至 2023 年某 CPI
指数.xlsx')
df2 = df2. applymap (lambda x: str (x). replace ('',''). replace ('* ',
''). replace ('-',''). replace ('#',''). replace ('%',''))
df2.loc[[3,4,5,6,11,12,18]]
```

运行结果如图 4-11 所示。

```
import pandas as pd
df2= pd.read_excel(r'C:\Users\ASUS\Downloads\2019年至2023年某CPI指数.xlsx')
df2 = df2.applymap(lambda x:str(x).replace(' ','').replace('*','').\
                    replace('-','').replace('#','').replace('%',''))
df2.loc[[3,4,5,6,11,12,18]]
```

	指标	地区	2019年	2020年	2021年	2022年	2023年
3	住房	海南省	106.1	99.3	100.907	108.12	nan
4	住房	青海省	102.4	99.5	103.286	105.3	106.5
5	住房	云南省	104.3	99.83	100.224	106.6	111.6
6	住房	四川省	105	97.2	101.329	108.9	111
11	住房	安徽省	104.6	97.46	102.099	107.1	108.4
12	住房	山东省	104.3	98.3	102.36	107.9	109.5
18	住房	上海市	104.8	100.7	102.51	105	105.3

图 4-11　例 4-10 的运行结果

例 4-10 的运行结果与例 4-8、例 4-9 处理后的结果相同。但是这里有一个问题：原存在空值的数据全部被填充为了字符串"nan"，比如行索引 3，这样数据在后继进行空值检验时会检验不出，不利于空值的处理。因此，如果采用此方法前建议先进行空值处理后再使用。

2. 处理不一致的数据

根据观测数据发现，"地区"列有的是"西藏自治区"，有的是"西藏"，需要将这两个数据进行统一，正确的应为"西藏自治区"。

【例 4-11】接【例 4-9】，将"地区"列的"西藏自治区"和"西藏"统一为"西藏自治区"。

```
df['地区']=df['地区']. replace ('西藏自治区','西藏')
df['地区']=df['地区']. replace ('西藏','西藏自治区')
df.loc[[7,16]]
```

运行结果如图 4-12 所示。

```
df['地区']=df['地区'].replace('西藏自治区','西藏')
df['地区']=df['地区'].replace('西藏','西藏自治区')
df.loc[[7,16]]
```

	指标	地区	2019年	2020年	2021年	2022年	2023年
7	住房	西藏自治区	104.41	101.1	101.739	103.3	104.8
16	住房	西藏自治区	104.41	101.1	101.739	103.3	104.8

图 4-12　例 4-11 的运行结果

▶▶| 4.2.2　重复值检验及删除　▶▶　▶

1. 重复行的处理

重复值检验是指在数据集中查找并判断是否存在重复的行或列。删除重复值是指将数据集中的重复行或列删除，以保持数据集的唯一性。在 Python 中，可以使用 duplicated () 函数进行重复值检验、使用 drop_duplicates () 删除重复行。重复行处理常用函数及描述如表 4-3 所示。

表 4-3　重复行处理常用函数及描述

函数 1	函数 2	常用参数	描述
duplicated ()	drop_ duplicates ()	subset	指定要检查或删除重复性的列 subset = ['列名 1'，'列名 2'，…]
		keep	指定保留哪个重复行（或者删除所有重复行），默认为"first"，指保留重复的第一行；可选"last"，指保留重复的最后一行
		replace	默认为 False，True 表示在原数据上删除
		ignore_ index	True 表示重建索引，默认为 False

一般情况下，CPI 指数一个地区只有一个数据，因此凡是"地区"列有重复的数据应视为重复数据，因此指定"地区"列进行重复值检测。如不加参数"地区"，则只有当一行的数据全部一样时才视为重复值。

【例 4-12】接【例 4-11】，查看重复行。

```
#查看"地区"列是否重复,也可用 subset='地区'      df.duplicated()
df.duplicated('地区')
```

运行结果如图 4-13 所示。

```
#查看"地区"列是否重复,也可用subset='地区'
df.duplicated('地区')

0      False
1      False
2       True
3      False
4      False
5      False
6      False
7      False
8      False
9      False
10     False
11     False
12     False
13      True
14      True
15     False
16      True
17      True
18      True
19      True
20     False
21     False
22     False
23     False
dtype: bool
```

```
df.duplicated()

0      False
1      False
2       True
3      False
4      False
5      False
6      False
7      False
8      False
9      False
10     False
11     False
12     False
13      True
14     False
15     False
16      True
17     False
18     False
19      True
20     False
21     False
22     False
23     False
dtype: bool
```

图 4-13　例 4-12 的运行结果

　　duplicated( )函数返回一个布尔值列表,其中每个项目都指示相应行是否存在于 DataFrame 中的先前行中。从图 4-13 的运行结果对比可知,左图索引号 2、13、14、16、17、18、19 为 True,代表这些行的地区名称有重复;右图索引号 2、13、16、19 为 True,表示这些行的所有数据和其他某行的数据一样。通过这种方法可以筛选出人工较难观测到的重复值。

　　【例 4-13】接【例 4-12】,按"地区"列去重,仅保留最后一次出现的值。

```
df=df.drop_duplicates('地区', keep='last')
```

#last 为保留最后出现的数据,first 为保留首先出现的数据。

```
df
```

运行结果如图 4-14 所示。

```
df=df.drop_duplicates('地区',keep='last')
#last为保留最后出现的数据，first为保留首先出现的数据。
df
```

	指标	地区	2019年	2020年	2021年	2022年	2023年
0	住房	广西壮族自治区	104.3	98.53	100.425	109.5	109.2
2	住房	重庆市	104.7	97	101.351	109.6	107.9
3	住房	海南省	106.1	99.3	100.907	108.12	NaN
4	住房	青海省	102.4	99.5	103.286	105.3	106.5
5	住房	云南省	104.3	99.83	100.224	106.6	111.6
6	住房	四川省	105	97.2	101.329	108.9	111
11	住房	安徽省	104.6	97.46	102.099	107.1	108.4

图 4-14 例 4-13 的运行结果

【小提示】

• subset 参数在使用时可加可不加。

• 如使用参数 replace 则不必重新赋值给 df 即可在原表中修改，直接用 df. drop_duplicates（'地区'，keep='last'，replace=True）。

• 如添加 ignore_index，用 df. drop_duplicates（'地区'，keep='last'，replace=True，ignore_index=True），则表示索引号从 0 开始依次重排。

以上这三个参数在 python 中比较常见，作为各类函数的参数时用法基本相同。

2. 重复列的处理

除了检验重复行，有时还需要检验和删除重复列，只需使用".T"对数据集进行转置，将列转换为行，然后再使用 duplicated()、drop_duplicates() 函数来检验及删除转置后的数据，最后再使用".T"将行转换为列，恢复数据集的原始结构。基本语法如下：

```
DataFrame=DataFrame.T.duplicated()
DataFrame=DataFrame.drop_duplicates().T
```

▶▶| 4.2.3 异常值检测及处理 ▶▶ ▶

异常值检测和处理是数据分析和预处理中的重要步骤，它们帮助我们识别和处理数据中的异常或离群值。常见的异常值检测方法有：基于统计学的方法，如描述性统计、Z-score 等；基于机器学习的方法，如箱线图、聚类分析等。现主要介绍采用描述性统计、Z-score 及箱线图法。

1. 第一种方法，采用描述性统计发现异常值

第一步，进行数据基本信息查看。

【例 4-14】 接【例 4-13】，查看数据基本信息。

```
df.info()
```

运行结果如图 4-15 所示。

```
df.info()

<class 'pandas.core.frame.DataFrame'>
Int64Index: 17 entries, 0 to 23
Data columns (total 7 columns):
 #   Column   Non-Null Count   Dtype
---  ------   --------------   -----
 0   指标        15 non-null     object
 1   地区        16 non-null     object
 2   2019年     16 non-null     object
 3   2020年     16 non-null     object
 4   2021年     16 non-null     object
 5   2022年     16 non-null     object
 6   2023年     14 non-null     object
dtypes: object(7)
memory usage: 1.1+ KB
```

图 4-15　例 4-14 的运行结果

第二步，通过数据基本信息查看发现 "2019 年" 列到 "2023 年" 列的数据是非数值型数据，需进行数据转换后，再次查看数据类型。

【例 4-15】接【例 4-14】，转换数据类型。将 "2019 年" 列到 "2023 年" 列的数据转为浮点型（即小数），并再次查看数据类型。

```
df=df.astype({'2019年':'float64','2020年':'float64','2021年':
'float64','2022年':'float64','2023年':'float64'})
df.dtypes
```

运行结果如图 4-16 所示。

```
df = df.astype({'2019年':'float64','2020年':'float64','2021年':'float64','2022年':'float64','2023年':'float64'})
df.dtypes

指标       object
地区       object
2019年    float64
2020年    float64
2021年    float64
2022年    float64
2023年    float64
dtype: object
```

图 4-16　例 4-15 的运行结果

```
df3=df.copy()    #使用 copy()方法创建 df 的深拷贝（deep copy）,这样 df3 就
会与 df 完全独立,供例【例 4-19】使用
df4=df.copy()        #供例【例 4-20】使用
```

第三步，采用描述性统计查看计数、平均值、方差、最小值、四分位数、最大值。

【例 4-16】接【例 4-15】，对数据进行描述性统计。

```
df.describe()
```

运行结果如图 4-17 所示。

df.describe()					
	2019年	2020年	2021年	2022年	2023年
count	16.000000	16.000000	16.000000	16.000000	14.000000
mean	104.154375	98.829375	158.298000	106.870000	108.178571
std	1.030547	1.369800	226.858273	1.730973	2.031740
min	101.560000	96.840000	100.224000	103.300000	104.800000
25%	103.950000	97.790000	101.145500	105.550000	106.750000
50%	104.300000	98.870000	101.545000	106.850000	108.150000
75%	104.625000	99.582500	102.397500	107.955000	109.425000
max	106.100000	101.100000	1009.010000	109.600000	111.600000

图 4-17　例 4-16 的运行结果

第四步，通过描述性统计发现 2021 年数据的平均值、方差、最大值存在异常，进一步地查看 2021 年数据的全部值，以寻找异常值。

【例 4-17】接【例 4-16】，查看 2021 年数据的全部值。

```
df['2021年'].values        #输出异常值所在列的数据值
```

运行结果如图 4-18 所示。

```
df['2021年'].values        #输出异常值所在列的数据值

array([ 100.425, 101.351, 100.907, 103.286, 100.224, 101.329,
       102.099, 102.36 , 101.225, 101.739, 101.235, 102.51 ,
          nan, 101.896, 102.826, 100.346, 1009.01 ])
```

图 4-18　例 4-17 的运行结果

第五步，通过观察异常数据，发现可能是因为小数点位置错误导致的异常，因此可以直接将其替换为正确的值。替换后再次查看数据值，以确保替换正确。

【例 4-18】接【例 4-17】，替换异常值，再次查看 2021 年数据的全部值。

```
df['2021年'].replace(1009.01,100.901, inplace=True)
df['2021年'].values
```

运行结果如图 4-19 所示。

```
df['2021年'].replace(1009.01,100.901, inplace=True)
df['2021年'].values

array([100.425, 101.351, 100.907, 103.286, 100.224, 101.329, 102.099,
       102.36 , 101.225, 101.739, 101.235, 102.51 ,    nan, 101.896,
       102.826, 100.346, 100.901])
```

图 4-19　例 4-18 的运行结果

2. 第二种方法，用 Z-score 对异常值进行处理

使用 Z-分数（Z-score）是一种常用的方法，用于检测和处理 DataFrame 中的异常值。Z-分数表示数据点相对于均值的偏差程度，通过将数据点转换为单位标准差来量化。

【例 4-19】接【例 4-15】，用 Z-score 对数据框 df3 的异常值进行处理。

```python
import numpy as np
def replace_outliers(df, threshold=3):
    global outliers
    z_scores = (df - df.mean()) / df.std()
    outliers = (z_scores > threshold) | (z_scores < -threshold)
    df[outliers] = np.nan
    return df

df3 = replace_outliers(df3)
while outliers.any().any():
    df3 = replace_outliers(df3)
df3.tail(7)
```

运行结果如图 4-20 所示。

```python
import numpy as np
def replace_outliers(df, threshold=3):
    global outliers
    z_scores = (df - df.mean()) / df.std()
    outliers = (z_scores > threshold) | (z_scores < -threshold)
    df[outliers] = np.nan
    return df

df3 = replace_outliers(df3)
while outliers.any().any():
    df3 = replace_outliers(df3)
df3.tail(7)
```

	指标	地区	2019年	2020年	2021年	2022年	2023年
17	住房	吉林省	103.60	97.90	101.235	107.5	107.5
18	住房	上海市	104.80	100.70	102.510	105.0	105.3
19	NaN	NaN	NaN	NaN	NaN	NaN	NaN
20	住房	陕西省	103.80	98.20	101.896	105.6	107.6
21	住房	新疆维吾尔自治区	101.56	100.80	102.826	106.3	NaN
22	NaN	贵州省	104.50	99.21	100.346	106.4	110.3
23	住房	甘肃省	104.00	99.40	NaN	105.4	106.4

图 4-20　例 4-19 的运行结果

第一段代码：除了之前导入的 pandas 包，还导入了名为 numpy 的库，用于后面的数值计算。

第二段代码：定义了一个名为 replace_outliers 的函数，接受一个 DataFrame 作为参数以及一个可选的 threshold 参数，默认值为 3（这是设置的阈值，超过阈值的即为异常值，可根据需求调整阈值）。该函数的作用是将 DataFrame 中的离群值替换为 NaN（缺失值）。

函数内部首先 outliers 声明为全局变量，以使其在函数体外也能调用。

接着使用了 "（df-df. mean()）/ df. std ()" 这个公式计算了 DataFrame 的 Z 分数值。Z 分数表示了一个数据点与其所在数据集的平均值的偏差多少个标准差。

接着根据 Z 分数与 threshold 的比较，创建了一个名为 outliers 的布尔型 DataFrame，表示了哪些数据点被判定为离群值。outliers 中的值为 True，表示该数据点为离群值。

最后通过对 DataFrame 的索引操作（df［outliers］），将离群值对应的位置的数据替换为 NaN，并返回替换了离群值的 DataFrame。

第三段代码：调用了 replace_outliers 函数，并将返回的 DataFrame 赋值给变量 df。这样就将原始的 DataFrame 中的离群值替换为 NaN。

接着，使用一个 while 循环来多次执行离群值替换的过程，直到 DataFrame 中不再有离群值。循环的条件判断使用了 outliers. any(). any()，表示只要 DataFrame outliers 中存在任何一个为 True 的值，就继续执行循环。当所有的值都为 False 时，outliers. any(). any()的结果为 False，循环结束。

最后查看 DataFrame 的后 7 行数据。

特别需要注意的是，outliers 是一个全局变量，在函数内部修改了 outliers 的值后，可以在函数外部使用该变量。

【补充小知识】

def 关键字可以进行自定义函数，定义函数的基本语法是：

```
def 函数名(参数 1,参数 2, …)：
    函数体
```

相关的参数如下：

- def：表示定义函数的关键字。
- 函数名：代表函数的名称，要符合标识符的命名规范，和变量命名的规则一致。
- （参数 1，参数 2，…）：函数的参数列表。每个参数都要符合标识符的命名规范。也可以没有参数，即为空括号()。
- ：：冒号用于表示函数定义的结束，接下来缩进的代码块表示函数的函数体。
- 函数体：函数体是包含在函数中的代码块。它可以包含任何有效的 Python 代码，用于实现函数特定的功能。函数体必须缩进，一般缩进 4 个空格。

3. 第三种方法，箱线图法。

【例 4-20】接【例 4-15】，用箱线图法对数据框 df4 的异常值进行处理。

```
q1=df4.quantile(0.25)
q3=df4.quantile(0.75)
iqr=q3-q1
threshold=5
upper_bound=q3+threshold * iqr
lower_bound=q1-threshold * iqr
cols_to_process=['2019年','2020年','2021年','2022年','2023年']
df4[cols_to_process]=df4[cols_to_process].where((df4[cols_to_process]<=upper_bound)&(df4[cols_to_process]>=lower_bound),other=pd.NA)
df4.tail(7)
```

运行结果如图 4-21 所示。

```
q1 = df4.quantile(0.25)
q3 = df4.quantile(0.75)
iqr = q3 - q1
threshold = 5
upper_bound = q3 + threshold * iqr
lower_bound = q1 - threshold * iqr
cols_to_process = ['2019年', '2020年', '2021年', '2022年', '2023年']
df4[cols_to_process] = df4[cols_to_process].where((df4[cols_to_process] <= up
df4.tail(7)
```

	指标	地区	2019年	2020年	2021年	2022年	2023年
17	住房	吉林省	103.6	97.9	101.235	107.5	107.5
18	住房	上海市	104.8	100.7	102.51	105	105.3
19	NaN	NaN	<NA>	<NA>	<NA>	<NA>	<NA>
20	住房	陕西省	103.8	98.2	101.896	105.6	107.6
21	住房	新疆维吾尔自治区	101.56	100.8	102.826	106.3	<NA>
22	NaN	贵州省	104.5	99.21	100.346	106.4	110.3
23	住房	甘肃省	104	99.4	<NA>	105.4	106.4

图 4-21　例 4-20 的运行结果

这段代码使用了箱线图的概念，计算数据的第一四分位数和第三四分位数，并计算四分位数间距（IQR）。通过设置阈值的倍数将选定的列中位于箱线图上下限之外的值视为异常值，并将这些异常值置为缺失值。

首先，计算了四分位数的下限 q1 和上限 q3。这是用于定义异常值范围的基础统计量。

其次，计算了 IQR（四分位数范围），即 iqr=q3-q1。IQR 是将数据分为上下两个四分位数的度量，也被用来识别异常值。

接下来，指定了一个 threshold 阈值（根据数据观测在这里为 5，一般情况下是使用 1.5），用于调整上下限的范围，以便较大地容纳异常值。我们通过将阈值乘以 IQR 来计算新的上下限范围，默认情况下，上下限范围将在原始四分位数范围的基础上扩展 5 倍 IQR。

然后，指定了要进行处理的特定列名的列表 cols_to_process。这个列表包含了'2019 年'，'2020 年'，'2021 年'，'2022 年'，'2023 年'等列。

最后，使用了 df［cols_to_process］的方式来选取 DataFrame 中的这些特定列，并使用 where()方法将不符合异常值范围的值替换为 pd. NA（pandas 中表示缺失值的标记）。

以上三种方法均可根据实际需求选用。筛选出异常值后，可使用多种方法对异常值进行处理，比如：直接替换为正确值，这种方法一般适用于小规模且有据可查的数据；还可以将异常值替换为空值，在后面的空值处理章节中继续处理；还可以直接用平均值、中位值直接替换，这种适用于数据本身没有空值的情况；还可以直接删除包含异常值的行或列。

▶▶| 4.2.4　缺失值的处理　▶▶　▶

1. 缺失值检验

缺失值检验是指识别数据集中是否存在缺失值的过程。在 Python 中，可以使用 isnull()和 isna()这两种方法进行缺失值检验。这两个方法没有实际的区别，它们是完全等价的，只是名称不同而已，都是 pandas 中 DataFrame 和 Series 对象的方法，用于检查元素是否为缺失值。pandas 提供了 isnull()方法，而在较新的版本中，为了更符合其他库和语言的命名惯例，增加了 isna()方法，所以这两个方法可以互相替代。isna()的主要用法如表 4-4 所示。

表 4-4　isna( )的主要用法

方法	描述	参数
df. isna( )	查看缺失值位置	axis = 0：默认值，沿行计算，即计算每列 axis = 1：沿列计算，即计算每行
df. isna( ). all( )	判断某一行或列是否全为空	
df. isna( ). any( )	判断某一行或列是否有缺失值	
df. isna( ). sum( )	统计每行或列缺失值数量	
df. isna( ). sum( ). sum( )	统计 DataFrame 中缺失值合计数	
Series. isna( ). value_ counts( )	统计 Series 中不同元素出现的次数	

【例 4-21】接【例 4-18】，查看 df 缺失值位置。

```
df.isna()
```

运行结果如图 4-22 所示。

```
df.isna()
```

	指标	地区	2019年	2020年	2021年	2022年	2023年
0	False	False	False	False	False	False	False
2	False	False	False	False	False	False	False
3	False	False	False	False	False	False	True
4	False	False	False	False	False	False	False
5	False	False	False	False	False	False	False
6	False	False	False	False	False	False	False
11	False	False	False	False	False	False	False

图 4-22　例 4-21 的运行结果

图 4-22 运行结果返回一个与原始数据集大小相同的布尔类型的 DataFrame，其中的每个元素对应原始数据集中相应位置的元素是否为缺失值。对于每个元素，如果是缺失值，其值为 True，否则为 False。

【**例 4-22**】接【例 4-21】，运用 isna ( ) 的各方法查看 df 的缺失值。运行结果见图 4-23。

```
df.isna().any()                df.isna().any(axis=1)
df.isna().sum()                df.isna().sum(axis=1)
df.isna().sum().sum()
```

```
df.isna().all(axis=1)

0      False
2      False
3      False
4      False
5      False
6      False
11     False
12     False
15     False
16     False
17     False
18     False
19      True
20     False
21     False
22     False
23     False
dtype: bool
```

```
df.isna().all()

指标         False
地区         False
2019年      False
2020年      False
2021年      False
2022年      False
2023年      False
dtype: bool
```

```
df.isna().any()                df.isna().any(axis=1)
```

```
df.isna().any()

指标          True
地区          True
2019年        True
2020年        True
2021年        True
2022年        True
2023年        True
dtype: bool
```

```
df.isna().any(axis=1)

0       False
2       False
3        True
4       False
5       False
6       False
11      False
12      False
15      False
16      False
17      False
18      False
19       True
20      False
21       True
22       True
23      False
dtype: bool
```

df.isna().sum()   df.isna().sum(axis=1)

```
df.isna().sum()

指标          2
地区          1
2019年        1
2020年        1
2021年        1
2022年        1
2023年        3
dtype: int64
```

```
df.isna().sum(axis=1)

0       0
2       0
3       1
4       0
5       0
6       0
11      0
12      0
15      0
16      0
17      0
18      0
19      7
20      0
21      1
22      1
23      0
dtype: int64
```

df.isna().sum().sum()

```
df.isna().sum().sum()

10
```

图 4-23　例 4-22 的运行结果

【例 4-23】接【例 4-21】，运用 isna( ) 统计各列缺失值个数。

```
df.isna().apply(lambda x:x.value_counts())
```

运行结果见图 4-24。

df.isna().apply(lambda x:x.value_counts())							
	指标	地区	2019年	2020年	2021年	2022年	2023年
False	15	16	16	16	16	16	14
True	2	1	1	1	1	1	3

图 4-24　例 4-23 的运行结果

在例 4-23 中，df.isna( ) 返回一个与原始 DataFrame 相同形状的布尔值 DataFrame，其中缺失值用 True 表示。然后，使用 apply( ) 方法将 x.value_counts( ) 应用于每一列。value_counts( ) 方法将会计算每列中每个唯一值的出现次数。在这种情况下，对于每一列都会得到一个 Series，其中索引是唯一值，值是它的计数。

在实际工作中，可以根据数据分析的需求选用以上缺失值检验的方法，一般情况下 df.isna( ).all( ) 和 df.isna( ).sum( ) 比较常用，前者可以查看全为空的行或列，后者可以统计出每列或每行为空的数量，便于后续地缺失值填充。

2. dropna( ) 函数删除缺失值

采用 dropna( ) 函数可以删除包含缺失值的行或列。dropna( ) 函数的主要参数及描述如表 4-5 所示。

表 4-5　dropna( ) 函数的主要参数及描述

常用参数	描述
axis	默认为 0，表示删除含有缺失值的行；axis = 1，表示删除含有缺失值的列
how	默认 'any'，表示删除含有任一空值的行或列；how = 'all'，表示删除全为空的行或列
thresh	至少包含非缺失值的阈值。比如：thresh = 3，表示只要行或列有 3 个非缺失值则不删除
subset	对特定列进行缺失值删除
inplace	默认为 False，inplace = True 表示直接在原数据上更改

由前面的缺失值的检验结果可知，该数据中含有全为空的行，对于全为空的行一般情况下为直接删除。

【例 4-24】接【例 4-22】，删除全部为空的值。

```
df.dropna(how='all', inplace=True)
df.tail(7)
```

运行结果如图 4-25 所示。

```
df.dropna(how='all',inplace=True)
df.tail(7)
```

	指标	地区	2019年	2020年	2021年	2022年	2023年
16	住房	西藏自治区	104.41	101.10	101.739	103.3	104.8
17	住房	吉林省	103.60	97.90	101.235	107.5	107.5
18	住房	上海市	104.80	100.70	102.510	105.0	105.3
20	住房	陕西省	103.80	98.20	101.896	105.6	107.6
21	住房	新疆维吾尔自治区	101.56	100.80	102.826	106.3	NaN
22	NaN	贵州省	104.50	99.21	100.346	106.4	110.3
23	住房	甘肃省	104.00	99.40	100.901	105.4	106.4

图 4-25　例 4-24 的运行结果

如果图 4-25 运行结果中出现红色的提示，这仅是一个警告，并不是错误。这个警告提示你正在将 DataFrame 的子集设置为一个新值，而不是对原始 DataFrame 进行更改，第二次运行则不会出现了。

```
df5=df.copy()    #供【例 4-26】使用
```

2. 采用 fillna( ) 函数填充缺失值

缺失值填充是指使用某种方法将缺失值替换为其他的值。在 Python 中，可以使用多种方法来填充缺失值。fillna( ) 函数是 pandas 库中的一个方法，用于填充 DataFrame 或 Series 对象中的缺失值（NaN 值）。fillna( ) 函数的主要参数及描述如表 4-6 所示。

表 4-6　fillna( ) 函数的主要参数及描述

常用参数	描述
value	用于填充的值，不能使用列表。value 可省略
method	method = 'ffill' 表示用前一个非空值填充；method = 'bfill' 表示用后一个非空值填充
axis	默认为 0；axis = 1 沿列进行填充
inplace	默认为 False，inplace = True 表示直接在原数据上更改

（1）将缺失值填充为指定的值。

经观察，"指标"列的索引 22 行为空，且"指标"列的数据均为"住房"，因此我们可将应该空值指定填充为"住房"。

【例 4-25】接【例 4-24】，将"指标"列的空值指定填充为"住房"。

```
df['指标']=df['指标'].fillna('住房')
df.tail()
```

运行结果如图 4-26 所示。

```
df['指标']=df['指标'].fillna('住房')
df.tail()
```

	指标	地区	2019年	2020年	2021年	2022年	2023年
18	住房	上海市	104.80	100.70	102.510	105.0	105.3
20	住房	陕西省	103.80	98.20	101.896	105.6	107.6
21	住房	新疆维吾尔自治区	101.56	100.80	102.826	106.3	NaN
22	住房	贵州省	104.50	99.21	100.346	106.4	110.3
23	住房	甘肃省	104.00	99.40	100.901	105.4	106.4

图 4-26　例 4-25 的运行结果

```
df6=df.copy()    #供【例 4-28】使用
df7=df.copy()
```

在实际数据处理中，有较多情况是需将 DataFrame 或 Series 中的所有缺失值填充为 0。代码如下：

```
df.fillna(0,inplace=True)
```

（2）将缺失值向上或向下填充。

同样的，因为"指标"列索引 22 行的上、下值均为"住房"，因此也可以采用向上或向下的方式填充。

【例 4-26】接【例 4-24】，将"指标"列的空值向上填充为"住房"。

```
df5['指标']=df5['指标'].fillna(method='ffill')
df5.tail()
```

运行结果如图 4-27 所示。

```
df5['指标']=df5['指标'].fillna(method='ffill')
df5.tail()
```

	指标	地区	2019年	2020年	2021年	2022年	2023年
18	住房	上海市	104.80	100.70	102.510	105.0	105.3
20	住房	陕西省	103.80	98.20	101.896	105.6	107.6
21	住房	新疆维吾尔自治区	101.56	100.80	102.826	106.3	NaN
22	住房	贵州省	104.50	99.21	100.346	106.4	110.3
23	住房	甘肃省	104.00	99.40	100.901	105.4	106.4

图 4-27　例 4-26 的运行结果

图 4-27 的运行结果与图 4-26 采用指定填充方式的运行结果一样。

（3）使用已知数据的指标（例如平均值、中位数或众数）来填充缺失值。

【例 4-27】接【例 4-25】，将"2023 年"列的空值按平均数填充。

```
df[' 2023年' ].fillna(df[' 2023年' ].mean(),inplace=True)
df
```

运行结果如图 4-28 所示。

```
df['2023年'].fillna(df['2023年'].mean(),inplace=True)
df
```

	指标	地区	2019年	2020年	2021年	2022年	2023年
0	住房	广西壮族自治区	104.30	98.53	100.425	109.50	109.200000
2	住房	重庆市	104.70	97.00	101.351	109.60	107.900000
3	住房	海南省	106.10	99.30	100.907	108.12	108.178571
4	住房	青海省	102.40	99.50	103.286	105.30	106.500000
5	住房	云南省	104.30	99.83	100.224	106.60	111.600000
6	住房	四川省	105.00	97.20	101.329	108.90	111.000000
11	住房	安徽省	104.60	97.46	102.099	107.10	108.400000

图 4-28 例 4-27 的运行结果

此程序中采用数据列的平均值 mean( ) 进行填充缺失值，在现实生活中还可以用中位数 median( ) 或众数 mode( ) 等填充。

3. 插值法填充数据

插值方法是有选择性的，不同类型的插值方法在不同的情况下可能更适用。根据数据的特性，可以尝试使用不同的插值方法。以下是常见的插值方法及其适用范围和优缺点。

（1）线性插值（Linear Interpolation）：

适用范围：适用于数据变化较为平滑、缺失值数量较少的情况。

优点：简单快速，计算效率高。

缺点：不考虑局部的曲线走势，可能会出现较大的误差。

（2）多项式插值（Polynomial Interpolation）：

适用范围：适用于数据变化较为复杂、缺失值数量较少的情况。

优点：可以精确地拟合数据，不受数据点的分布情况限制。

缺点：可能会产生振荡或过拟合，特别是在高阶多项式中。

（3）拉格朗日插值（Lagrange Interpolation）：

适用范围：适用于数据缺失值比较少的情况。

优点：可以精确地拟合数据，并且不受数据点的分布情况限制。

缺点：计算量较大，对于大量数据点的情况可能效率较低。

（4）样条插值（Spline Interpolation）：

适用范围：适用于数据变化较为复杂，缺失值较多的情况。

优点：光滑插值，可以模拟数据的曲线走势。

缺点：可能会产生过度拟合的效果，特别是在较高阶的样条插值中。

（5）Kriging 插值（Kriging Interpolation）：

适用范围：适用于考虑空间相关性和变异的数据插值，特别是地理信息系统中的地质、气象等数据。

优点：考虑了数据之间的空间相关性，适用于不规则分布的数据。

缺点：计算量较大，对于大规模数据的插值较慢。

综上，当存在少量缺失值时，线性插值和多项式插值通常是较好的选择。当数据变化复杂或存在较多缺失值时，样条插值或 Kriging 插值可能更适合。这些插值方法并非唯一的解决方案，根据实际问题，可能需要结合其他数据处理技术或领域知识来处理缺失值和插值问题。

【例 4-28】接【例 4-25】，将"2019 年"列至"2023 年"列的空值以拉格朗日插值方法（Lagrange Interpolation）进行填充。

```python
import pandas as pd
from scipy.interpolate import lagrange
cols_to_process=['2019年', '2020年', '2021年', '2022年', '2023年']
#定义拉格朗日插值函数
def lagrange_interpolate(series, index):
    #只对非缺失值进行插值
    non_na_series=series.dropna()
    if len(non_na_series) < 2:   #如果非缺失值少于2个,无法进行插值
        return series
    polynomial=lagrange(non_na_series.index, non_na_series.values)
    return polynomial(index)
for col in cols_to_process:
    df6[col]=df6.apply(lambda row: lagrange_interpolate(df6[col],
row.name) if pd.isna(row[col]) else row[col], axis=1)


df6
```

这段代码是对数据表格中的各列进行拉格朗日插值。

首先，定义了一个包含需要进行插值的列名的列表 cols_to_process。

然后，定义了拉格朗日插值。这个函数接受一个 series（通常是 DataFrame 的一列）和一个 index 作为参数。它首先从 series 中删除所有缺失值（NaN），然后检查剩余的非缺失值是否少于 2 个。如果少于 2 个，它无法进行有效的插值，因此返回原始的 series。否则，它使用 scipy.interpolate.lagrange 函数创建一个拉格朗日插值多项式，并使用 index 参数计算插值结果。

最后，使用了一个循环来遍历 cols_to_process 列表中的每个列名。对于每个列，它使用 apply 方法结合一个 lambda 函数来应用拉格朗日插值。这个 lambda 函数检查当前行中指定列的值是否为 NaN。如果是，它使用 lagrange_interpolate 函数和当前行的名称（即索引）来计算插值结果。否则，它返回原始值。

运行结果如图 4-29 所示。

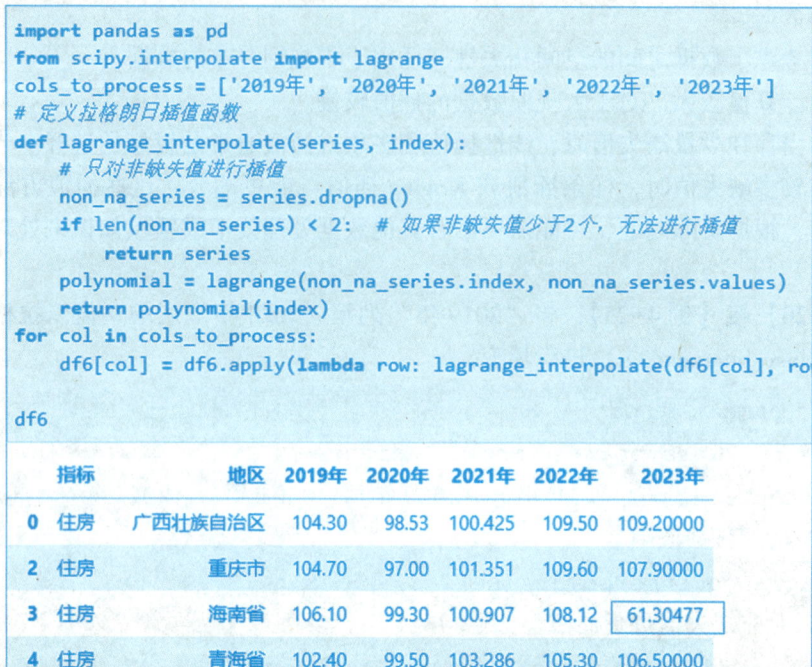

```python
import pandas as pd
from scipy.interpolate import lagrange
cols_to_process = ['2019年', '2020年', '2021年', '2022年', '2023年']
# 定义拉格朗日插值函数
def lagrange_interpolate(series, index):
    # 只对非缺失值进行插值
    non_na_series = series.dropna()
    if len(non_na_series) < 2:  # 如果非缺失值少于2个，无法进行插值
        return series
    polynomial = lagrange(non_na_series.index, non_na_series.values)
    return polynomial(index)
for col in cols_to_process:
    df6[col] = df6.apply(lambda row: lagrange_interpolate(df6[col], ro

df6
```

	指标	地区	2019年	2020年	2021年	2022年	2023年
0	住房	广西壮族自治区	104.30	98.53	100.425	109.50	109.20000
2	住房	重庆市	104.70	97.00	101.351	109.60	107.90000
3	住房	海南省	106.10	99.30	100.907	108.12	61.30477
4	住房	青海省	102.40	99.50	103.286	105.30	106.50000

图 4-29　例 4-28 的运行结果

由运行结果可知生成的填充值分别为 61.3 和 152.67，与 2023 年其他地区的数据相差较大。这是因为在数据点分布不均匀或数据点数量较少的情况下，拉格朗日插值法可能会导致填充的缺失值与其他值之间的差异较大，这通常是因为拉格朗日插值法倾向于在数据点之间生成直线，而不管数据的真实趋势所致。

以下为改用局部样条插值的代码：

```python
import pandas as pd
from scipy.interpolate import UnivariateSpline
cols_to_process = ['2019年', '2020年', '2021年', '2022年', '2023年']
def local_spline_interpolate(series, index):
    #只对非缺失值进行插值
    non_na_series = series.dropna()
    if len(non_na_series) < 2:   #如果非缺失值少于2个,无法进行插值
        return series
    spline = UnivariateSpline(non_na_series.index, non_na_series.values, s=0)
    #将插值结果转换为浮点数
    interpolated_value = float(spline(index))
    #保留一位小数
```

```
        return round(interpolated_value, 1)
    for col in cols_to_process:
        df7[col] = df7.apply(lambda row: local_spline_interpolate(df7
[col], row.name) if pd.isna(row[col]) else row[col], axis=1)
    df7
```

运行结果中 2023 年索引 3 和 21 行的填充值分别为 105.3 和 110.0，符合数据的真实趋势。因此，在实际应用中，需要综合考虑插值方法的适用性和准确性，可能需要尝试几种不同的方法，并比较它们的结果，并结合其他数据技术来处理缺失值。

4.3　财经数据转换

▶▶ 4.3.1　数据转置　▶▶　▶

要进行数据行列转置，可以使用 pandas 库中的 ".T" 属性或 ".transpose()" 方法。

【例 4-29】 读入"利润表项目.xlsx"，将列"年"设为索引，在使用".T"属性或".transpose()"方法进行行列转置。

首先，读入数据。

```
import pandas as pd
df = pd.read_excel(r'C:\Users\ASUS\Downloads\利润表项目.xlsx')
df.head()
```

运行结果如图 4-30 所示。

```
import pandas as pd
df=pd.read_excel(r'C:\Users\ASUS\Downloads\利润表项目.xlsx')
df.head()
```

	年	营业收入	营业成本	净利润
0	2012	345700	212743.78	67411.50
1	2013	388000	243664.00	74108.00
2	2014	354780	218331.61	70388.35
3	2015	372300	232687.50	71742.21
4	2016	322000	175329.00	87133.20

图 4-30　例 4-29 读入利润表项目的运行结果

其次，进行行列转置。

```
df.set_index('年', inplace=True)
df=df.T   #还可用 df=df.transpose()
df
```

运行结果如图 4-31 所示。

年	2012	2013	2014	2015	2016	
营业收入	345700.00	388000.0	354780.00	372300.00	322000.0	384
营业成本	212743.78	243664.0	218331.61	232687.50	175329.0	237
净利润	67411.50	74108.0	70388.35	71742.21	87133.2	75

图 4-31   例 4-29 行列转置运行结果

".T" 属性和 "transpose()" 方法均可实现数据的行列转置，可以根据个人习惯选择使用其中之一。

▶▌ 4.3.2   数据连接 ▶▶ ▶

在财经数据分析中，经常需要将多个数据集合并在一起进行分析。比如：将股票、债券、外汇等资产的价格数据、收益率数据、波动率等指标数据合并在一起，进行投资组合分析，选择最佳的投资组合；将公司的财务报表数据、股价数据、行业数据、新闻数据等合并在一起，进行公司财务分析，评估其财务状况、盈利能力、估值等，预测未来走势；将不同公司的财务数据、市场份额数据、新闻数据、行业数据等合并在一起，进行行业分析，揭示行业现状、趋势、关键驱动因素等，选取最具投资价值的企业或板块；将社交媒体数据、新闻数据、公司财报数据等合并在一起，进行舆情分析，了解公众对公司或产品的看法，对公司形象和市场反应预测。将宏观经济数据、股票市场数据、债券市场数据、利率数据等合并在一起，进行市场分析，预测市场走势、风险和机遇。

pandas 库提供了许多方法来进行数据连接，最常见的方法是使用 concat()、merge()、join() 等函数。

1. concat() 合并

concat 是 pandas 中用于数据合并的函数，可以按行或列的方向将多个 pandas 对象进行合并，可以合并多个 DataFrame、Series 等对象。

concat() 方法的基本语法：

```
pd.concat(objs, axis=0, join='outer', join_axes=None, ignore_
index=False, keys=None, levels=None, names=None, verify_integrity=
False, copy=True)
```

其中，常用的参数如下：

- objs：一个包含多个 DataFrame、Series 等对象的列表。
- axis：默认为 0，表示按行（垂直方向）方向合并；设置为 1，表示按列（水平方向）方向合并。
- join：默认为' outer' ，表示使用并集（union）进行合并；可选值还有' left' 、' right' 、和' inner' 。
- ignore_index：默认为 False，表示使用原始的索引。设置为 True，表示忽略合并后的索引，创建一个新的整数索引。

【例 4-30】将"管理人员工资表 . xlsx""车间人员工资表 . xlsx""销售部人员工资表 . xlsx"等三张表纵向合并为一张总表。

```
import pandas as pd
df1=pd. read_excel(r'C: \Users \ASUS \Downloads \管理人员工资表.xlsx')
df2=pd. read_excel(r'C: \Users \ASUS \Downloads \车间人员工资表.xlsx')
df3= pd. read_excel (r'C: \Users \ASUS \Downloads \销售部人员工资表.xlsx')
df=pd. concat([df1,df2,df3],ignore_index=True)
df
```

运行结果如图 4-32 所示。

```
import pandas as pd
df1=pd.read_excel(r'C:\Users\ASUS\Downloads\管理人员工资表.xlsx')
df2=pd.read_excel(r'C:\Users\ASUS\Downloads\车间人员工资表.xlsx')
df3=pd.read_excel(r'C:\Users\ASUS\Downloads\销售部人员工资表.xlsx')
df=pd.concat([df1,df2,df3],ignore_index=True)
df
```

	部门	姓名	职务	基本工资	岗位工资
0	财务部	王棣棠	总经理	5000	7000
1	人力资源部	周絮	总经理	5000	7000
2	财务部	段红	财务经理	4000	4000
3	人力资源部	乔晨语	一般员工	3000	2000
4	供电车间	杜飞	主任	4600	1200
5	供电车间	李成勋	工人	3000	850
6	供水车间	蒋国建	工人	3000	450
7	供水车间	王云峰	工人	3000	450
8	销售部	陈国平	采购经理	4600	3500
9	销售部	周连军	采购员	2000	2800
10	销售部	刘莉	采购员	2000	2800

图 4-32 例 4-30 的运行结果

【例4-31】 在【例4-30】的代码中添加参数 axis=1，可以进行横向合并。

```python
import pandas as pd
df1=pd.read_excel(r'C:\Users\ASUS\Downloads\管理人员工资表.xlsx')
df2=pd.read_excel(r'C:\Users\ASUS\Downloads\车间人员工资表.xlsx')
df3=pd.read_excel(r'C:\Users\ASUS\Downloads\销售部人员工资表.xlsx')
df=pd.concat([df1,df2,df3],axis=1)
df
```

运行结果如图4-33所示。

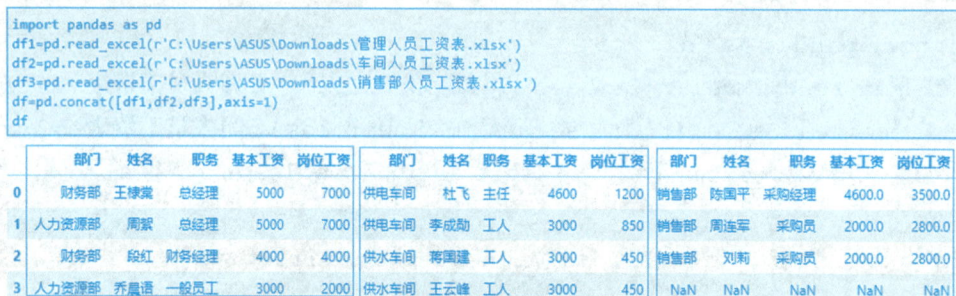

图 4-33　例 4-31 的运行结果

2. merge( ) 合并

merge 是 pandas 中用于数据合并的函数，可根据两个或多个 DataFrame 的一个或多个键进行连接。

下面是 merge( ) 方法的基本语法：

```python
pd.merge(left, right, how='inner', on=None, left_on=None, right_on=None, left_index=False, right_index=False, sort=False, suffixes=('_x', '_y'), copy=True, indicator=False, validate=None, max_depth=None)
```

其中，常用的参数如下：

- left：左边的 DataFrame 对象。
- righ：右边的 DataFrame 对象。
- how：连接方式，类似于 SQL 中的连接方式。默认为' inner'，表示取交集；还可以设置为' left' 、' right' 、' outer'，分别表示取左连接、右连接、并集。
- on：进行连接的列（键）。如果 left 和 right 对象中，连接键的列名不同，可以使用 left_on 和 right_on 参数指定它们分别对应的列名。如果连接键是索引列，可以使用 left_index 和 right_index 参数指定。
- suffixes：添加连接键相同时，用于区分左右表中具有相同列名的列的后缀。

【例4-32】 分别读入 "管理人员工资表.xlsx" "加班工资.xlsx"，以 "管理人员工资

表 .xlsx" 为主表，将 "加班工资 .xlsx" 按部门、姓名匹配合并入主表。

首先，读入 "管理人员工资表 .xlsx" 存储在变量 df1 中。运行结果如图 4-34 所示。

```
import pandas as pd
df1=pd.read_excel(r'C:\Users\ASUS\Downloads\管理人员工资表.xlsx')
df1
```

```
import pandas as pd
df1=pd.read_excel(r'C:\Users\ASUS\Downloads\管理人员工资表.xlsx')
df1
```

	部门	姓名	职务	基本工资	岗位工资
0	财务部	王棣棠	总经理	5000	7000
1	人力资源部	周絮	总经理	5000	7000
2	财务部	段红	财务经理	4000	4000
3	人力资源部	乔晨语	一般员工	3000	2000

图 4-34　例 4-32 读入管理人员工资表的运行结果

其次，读入 "加班工资 .xlsx" 存储在变量 df2 中。运行结果如图 4-35 所示。

```
df2=pd.read_excel(r'C:\Users\ASUS\Downloads\加班工资.xlsx')
df2
```

```
df2=pd.read_excel(r'C:\Users\ASUS\Downloads\加班工资.xlsx')
df2
```

	部门	姓名	加班工资
0	办公室	路明	300
1	财务部	王华	500
2	财务部	段红	350
3	人力资源部	乔晨语	100

图 4-35　例 4-32 读入加班工资表的运行结果

最后，使用 merge( ) 合并两表，连接键为 ['部门', '姓名']，采用左连接。运行结果如图 4-36 所示。

```
df=pd.merge(df1,df2,on=['部门','姓名'],how='left')
df
```

```
df=pd.merge(df1,df2,on=['部门','姓名'],how='left')
df
```

	部门	姓名	职务	基本工资	岗位工资	加班工资
0	财务部	王棣棠	总经理	5000	7000	NaN
1	人力资源部	周絮	总经理	5000	7000	NaN
2	财务部	段红	财务经理	4000	4000	350.0
3	人力资源部	乔晨语	一般员工	3000	2000	100.0

图 4-36　例 4-32 两表合并的运行结果

以上代码使用了 pandas 库中的 merge( )方法来合并两个 DataFrame 对象 df1 和 df2。在这个代码中，on = ['部门', '姓名'] 指定了连接的键，也就是按照'部门'列和'姓名'列的值进行连接。how = 'left' 表示采用左连接方式，也就是以左边的 df1 为基准，保留所有 df1 的行，并且将 df2 中匹配到的行合并入 df1 中，没有匹配到的部分将用空值填充。如果采用其他连接方式，如'inner'、'outer'或者'right'，则会根据不同的规则处理连接操作。

3. join( )合并

join( )是 pandas 对 DataFrame 处理的一个方法，可以用于将两个 DataFrame 对象按照它们的行或者列进行拼接并返回一个新的 DataFrame 对象。

join( )方法的语法如下：

```
DataFrame.join(other, on = None, how = 'left', lsuffix = '', rsuffix = '' , sort = False)
```

其中，常用的参数如下：
- other：指定需要拼接的另一个 DataFrame 对象。
- on：可以指定拼接时使用的列名，被连接的共同列必须在 DataFrame 的索引级别中。
- how：用于指定连接方式，可选值包括'left'、'right'、'outer'和'inner'，默认为'left'。
- sort：表示是否根据列名进行排序，默认为 False，即不排序。
- lsuffix 和 rsuffix：分别用于区分 DataFrame 中相同的列名。因为不允许重复的列名出现，必须给重复的列名指定后缀。

join( )方法默认拼接方式为按照行进行拼接，如果需要按照列进行拼接，则需要先通过 ".T" 方法将 DataFrame 转置进行行拼接后再重新转置。

【例 4-33】分别读入"管理人员工资表.xlsx""车间人员工资表.xlsx"，使用 join( )实现横向拼接。

```
import pandas as pd
df1=pd.read_excel(r'C:\Users\ASUS\Downloads\管理人员工资表.xlsx')
df2=pd.read_excel(r'C:\Users\ASUS\Downloads\车间人员工资表.xlsx')
df=df1.join(df2,lsuffix='_left',rsuffix='_right')
df
```

运行结果如图 4-37。

```
import pandas as pd
df1=pd.read_excel(r'C:\Users\ASUS\Downloads\管理人员工资表.xlsx')
df2=pd.read_excel(r'C:\Users\ASUS\Downloads\车间人员工资表.xlsx')
df=df1.join(df2,lsuffix='_left',rsuffix='_right')
df
```

	部门_left	姓名_left	职务_left	基本工资_left	岗位工资_left	部门_right	姓名_right	职务_right	基本工资_right	岗位工资_right
0	财务部	王棣棠	总经理	5000	7000	供电车间	杜飞	主任	4600	1200
1	人力资源部	周繇	总经理	5000	7000	供电车间	李成勋	工人	3000	850
2	财务部	段红	财务经理	4000	4000	供水车间	蒋国建	工人	3000	450
3	人力资源部	乔晨语	一般员工	3000	2000	供水车间	王云峰	工人	3000	450

图 4-37　例 4-33 两表合并的运行结果

这段程序主要是使用 pandas 库来读取两个 Excel 文件，并将它们连接在一起。读入两个 excel 表格，存入 df1、df2 这两个变量中，使用 join()方法将两个 DataFrame 进行连接，将 df1 定义为左侧的 DataFrame，df2 定义为右侧的 DataFrame。在连接时，使用了后缀"_ left"和"_ right"来区分重复的列名，保证了连接的正确性。这样，通过两个 Excel 文件的连接，我们得到了一个包含两个文件数据的新 df。

【小提示】concat()、merge()、join()的用法辨析：

● concat()函数适用于两个或多个 DataFrame 进行简单的直接横向合并（即按列合并）或纵向合并（即按行合并）。当列名或列索引相同时拼接在同一列（或行）；不相同时各为各自的列（或行）。

● merge()函数仅适用于横向合并（即按列合并），且可根据一个或多个键（即关键列）进行匹配连接，类似于 excel 表中的 vlookup 函数。

● join()函数仅适用于横向合并（即按列合并），如需纵向合并需先进行列转置。当有相同的列名时，可分别将两列加后缀名后重新命名，各自为各自的列；也可将相同的列名设为索引后连接，其结果与 merge()函数一样（此功能不如 merge 方便）。

4. 多张表格的合并与拆分

【例 4-34】读入"各地区数据.xlsx"，将此表按省份拆分为多个表格。

```
import pandas as pd
import os
df=pd.read_excel(r'C:\Users\ASUS\Downloads\各地区数据.xlsx')
df
```

运行结果如图 4-38 所示。

```
import pandas as pd
import os
df=pd.read_excel(r'C:\Users\ASUS\Downloads\各地区数据.xlsx')
df
```

	序号	日期	省份	门店编号	产品类型	销量	区域
0	1	2023-02-01	辽宁	store_1	Product1	7	东北
1	1	2023-02-01	浙江	store_25	Product8	7	东南
2	1	2023-02-01	江苏	store_49	Product8	7	华东
3	1	2023-02-01	广东	store_72	Product3	7	华南
4	1	2023-02-01	山西	store_97	Product1	7	华中
...	...	...	...	...	...	...	...
4019	541	2023-02-20	四川	store_238	Product4	7	西南
4020	542	2023-02-20	四川	store_243	Product5	7	西南
4021	543	2023-02-20	云南	store_234	Product6	7	西南
4022	544	2023-02-20	云南	store_245	Product6	7	西南
4023	545	2023-02-20	重庆	store_232	Product6	7	西南

4024 rows × 7 columns

图 4-38 例 4-34 读入各地区数据的运行结果

```
df_list=list(df['省份'].drop_duplicates())
if  not os.path.exists(r"D:\拆分后的数据"):
    os.mkdir(r"D:\拆分后的数据")
for i in df_list:
    tempdata=df[df['省份']==i]
tempdata.to_excel(r'D:\\拆分后的数据\\'+i+'数据表.xlsx',index=False)
```

运行后，打开 D 盘有一个名为"拆分后的数据"的文件夹，里面生成了多个 excel 文件，如图 4-39 所示。

这段程序的主要功能是将一个包含各地区数据的 Excel 文件按照省份进行拆分，然后将拆分后的数据保存到 Excel 文件中。具体程序解释如下：

第 1、2 行代码分别导入了 pandas 库和 os 库。

第 3 行代码使用 pd. read_excel( ) 函数来读取包含各地区数据的 Excel 文件，文件的路径是 "C:\Users\ASUS\Downloads\各地区数据.xlsx"，并将读取的数据保存到 df 变量中。

第 5 行代码使用 list( ) 函数和 drop_duplicates( ) 函数来找出 df 中所有不同的省份，并将这些省份名称保存到 df_list 变量中。

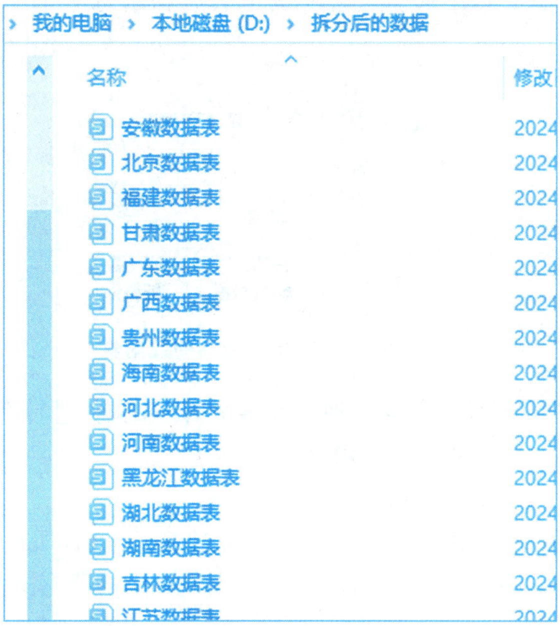

图 4-39　例 4-34 拆分后的数据表

第 6、7 行使用 if 语句和 os. path. exists( ) 函数来检查新文件夹 "D:\拆分后的数据" 是否存在。如果不存在，使用 os. mkdir( ) 函数来创建一个新的文件夹。

第 8、9 行代码使用一个 for 循环来遍历 df_list 中的每个省份，并根据省份名称选择出 df 中对应省份的数据，将其保存到变量 tempdata 中。

第 10 行代码使用 tempdata. to_excel( ) 函数将拆分后的数据保存到本地 Excel 文件中，文件名的格式为 "省份数据表 .xlsx"，并将文件保存到 "D:\拆分后的数据" 文件夹中。index＝False 表示不保存 Excel 文件中的行索引。保存的操作在 for 循环内部执行，这样每次循环结束后就会生成一个新的 Excel 文件。

通过以上代码就完成了将一个 Excel 文件按照省份拆分成多个 Excel 文件的过程。

【例 4-35】将【例 4-34】拆分生成的多张 excel 表格重新再合并成一个表格。

```
import os
import pandas as pd
path＝r"D:\拆分后的数据"
file_name＝os. listdir(path)
df＝pd. DataFrame()
for i in file_name:
    df1＝pd. read_excel(path+'\\'+i)
    df＝pd. concat([df, df1], ignore_index＝True)
df. to_excel(r'D:\\合并后的各省份数据 .xlsx', index＝False)
```

运行后在 D 盘生成了一个名为"合并后的各省份数据"的 excel 表格，如图 4-40 所示。

图 4-40 例 4-35 拆分后的数据表

这段程序的主要功能是将一个文件夹中的多个 Excel 文件进行合并，并将合并后的数据保存到一个新的 Excel 文件中。具体解释如下：

第 1、2 行代码导入了 os 库和 pandas 库。

第 3 行代码定义了一个变量 path，存储待合并的 Excel 文件所在的文件夹路径。

第 4 行代码使用 os. listdir( )函数来获取指定文件夹中的所有文件名，并保存到 file_ name 变量中。

第 5 行代码创建一个空的 DataFrame df，用于存储合并后的数据。

第 6、7 行代码使用一个 for 循环来遍历 file_name 列表中的每个文件名，并逐个读取这些 Excel 文件中的数据，将每个文件的数据保存到名为 df1 的临时 DataFrame 中。

第 8 行代码使用 pd. concat( )函数将每个 df1 合并到前面创建的 df 中。ignore_index = True 表示合并后的 DataFrame 忽略原始索引。

第 9 行代码使用 df. to_excel( )函数将合并后的数据保存到一个新的 Excel 文件中，文件名为合并后的各省份数据 . xlsx，并且不保存 Excel 文件中的行索引。

通过以上代码就完成了将一个文件夹中的多个 Excel 文件合并并保存的过程。

▶▶ 4.3.3 数据映射 ▶▶ ▶

在财经数据的处理时，经常需要逐行、逐列或针对表中某一元素进行操作。map( )、apply( )、applymap( )这三个方法提供了强大而简便的处理方式，是数据分析处理中的三大利器。

读入"股票指标 . xlsx"表存储在变量 df 中，如图 4-41 所示：

```
import pandas as pd
df=pd. read_excel(r'C:\Users\ASUS\Downloads\股票指标 . xlsx')
df
```

```
import pandas as pd
df=pd.read_excel(r'C:\Users\ASUS\Downloads\股票指标.xlsx')
df
```

	日期	收盘价	净利润	市值
0	2023-01-31	100	10	1000
1	2023-02-28	105	12	1100
2	2023-03-31	110	14	1200
3	2023-04-30	115	16	1300
4	2023-05-31	120	18	1400

图 4-41　读入的股票指标表

根据"股票指标.xlsx"计算市盈率，根据市盈率设置风险等级，根据风险等级确定是否买入，如需买入则计算出所需的金额。

1. map( )的使用

map( )是 python 自带的方法，适用于 Series 对象。可以使用函数、字典等映射来对 Series 中的每个元素进行转换，执行简单的元素级操作。返回一个新的 Series 对象，原始 Series 不会被修改。如果需要在原始 Series 上进行操作，需要使用赋值语句覆盖原始的 Series。

【例 4-36】根据读入的"股票指标.xlsx" df，新设一列为"市盈率"，使用市值与净利润计算出市盈率指标；新设一列为"风险等级"，当市盈率大于或等于 100 时，风险等级为"高风险"；否则为"低风险"。

```
市盈率=市值/净利润
df['市盈率']=(df['市值']/df['净利润']).map(lambda x: round(x,2))
df['风险等级']=df['市盈率'].map(lambda x:'高风险'if x>=100 else '低风险')
df
```

运行结果如图 4-42 所示。

```
df['市盈率'] = (df['市值'] / df['净利润']).map(lambda x: round(x, 2))
df['风险等级'] = df['市盈率'].map(lambda x: '高风险' if x >= 100 else '低风险')
df
```

	日期	收盘价	净利润	市值	市盈率	风险等级
0	2023-01-31	100	10	1000	100.00	高风险
1	2023-02-28	105	12	1100	91.67	低风险
2	2023-03-31	110	14	1200	85.71	低风险
3	2023-04-30	115	16	1300	81.25	低风险
4	2023-05-31	120	18	1400	77.78	低风险

图 4-42　例 4-36 的运行结果

第1行代码在 df 中创建一个名为"市盈率"的新列，该新列的值是通过将"市值"列除以"净利润"列得到的。同时这里使用了一个匿名函数"lambda x：round（x，2）"，它将每个元素 x 四舍五入到2位小数，并使用 map() 方法将结果应用于每个元素，结果被赋值给了"市盈率"列。

第2行代码在 df 中创建一个名为"风险等级"的新列，该新列的值是通过将"市盈率"列中的每个元素应用于 map() 方法而得到的。这里使用了一个匿名函数 lambda x：'高风险' if x >=100 else '低风险'，它根据"市盈率"的值判断风险级别。如果"市盈率"大于等于100，则风险级别为"高风险"，否则为"低风险"。结果被赋值给了"风险等级"列。

【例4-37】接【例4-36】，新设一列为"是否买入"。当风险等级为"高"时设为"是"；当风险等级为"低"时设为"否"。

```python
df['是否买入']=df['风险等级'].map({'高风险':'否','低风险':'是'})
df
```

运行结果如图4-43所示。

```
df['是否买入'] = df['风险等级'].map({'高风险':'否','低风险':'是'})
df
```

	日期	收盘价	净利润	市值	市盈率	风险等级	是否买入
0	2023-01-31	100	10	1000	100.00	高风险	否
1	2023-02-28	105	12	1100	91.67	低风险	是
2	2023-03-31	110	14	1200	85.71	低风险	是
3	2023-04-30	115	16	1300	81.25	低风险	是
4	2023-05-31	120	18	1400	77.78	低风险	是
5	2023-06-30	115	16	1300	81.25	低风险	是

图4-43　例4-37的运行结果

这句代码的作用是根据 df 的"风险等级"列的值，给 DataFrame 添加一个新的列"是否买入"，并根据"风险等级"的值进行映射。"｛'高风险'：'否'，'低风险'：'是'｝"这是一个字典，它定义了"风险等级"列中的两个可能值和其对应的映射关系。使用 map() 方法将"风险等级"列的每个值根据上述映射关系进行转换，最终返回一个新的 Series 对象，在这个新的 Series 对象中，"风险等级"列的值被映射为"是否买入"的值。

2. apply() 的使用

apply() 可以应用于整个 DataFrame 或 DataFrame 的某一列。可以使用函数来处理每个元素或每一行。可以执行复杂的操作，包括元素级操作和行级操作。返回一个新的 Series 或 DataFrame 对象，原始数据不会被修改。可以通过指定 axis 参数来选择按行或按列操作，默认为 axis=0 沿行操作。

【例4-38】接【例4-37】，新设一列为"买入金额"。当是否买入为"是"时，买入

1000 股，由市值和股数算出金额后填入"买入金额"列；当是否买入为"否"时，"买入金额"为 0。

```
买入资金=市值*股数
def Buyfunds(x):
    if x['是否买入']=='是':
        x['买入资金']=x['市值']* 1000
    else:
        x['买入资金']=0
    return x
df=df.apply(Buyfunds, axis=1)
df
```

运行结果如图 4-44 所示。

```
def Buyfunds(x):
    if x['是否买入'] == '是':
        x['买入资金'] = x['市值']*1000
    else:
        x['买入资金'] = 0
    return x
df=df.apply(Buyfunds,axis=1)
df
```

	日期	收盘价	净利润	市值	市盈率	风险等级	是否买入	买入资金
0	2023-01-31	100	10	1000	100.00	高风险	否	0
1	2023-02-28	105	12	1100	91.67	低风险	是	1100000
2	2023-03-31	110	14	1200	85.71	低风险	是	1200000
3	2023-04-30	115	16	1300	81.25	低风险	是	1300000
4	2023-05-31	120	18	1400	77.78	低风险	是	1400000

图 4-44　例 4-38 的运行结果

这段代码定义了一个名为 Buyfunds() 的函数，它接受一个参数 x，表示 DataFrame 的每一行数据。这个函数的作用是根据每一行中的"是否买入"列的值判断是否买入股票，并计算相应的买入资金。

具体地，函数内部使用了条件语句来判断"是否买入"列是否等于"是"。如果是，则将"市值"列的值乘以 1000，表示买入 1000 股，并将计算结果赋值给"买入资金"列。如果不是，则将"买入资金"列的值设为 0。

最后，使用"df.apply（Buyfunds，axis＝1）"将函数应用到 DataFrame 的每一行（"axis＝1"参数表示将函数应用到每一行），并将返回的结果重新赋值给原始的 df。这样，就实现了对每一行数据进行判断和计算买入资金的操作。

3. applymap( )的使用

applymap( )只能应用于 DataFrame 对象,可以对 DataFrame 中的每个元素进行转换。执行简单的元素级操作,返回一个新的 DataFrame 对象,原始 DataFrame 不会被修改。

【例 4-39】接【例 4-38】,在 DataFrame 中的每个元素的前后添加"＊"。

```
df=df.applymap(lambda x:'*'+str(x)+'*')
df
```

运行结果如图 4-45 所示。

	日期	收盘价	净利润	市值	市盈率	风险等级	是否买入	买入资金
0	*2023-01-31 00:00:00*	*100*	*10*	*1000*	*100.0*	*高风险*	*否*	*0*
1	*2023-02-28 00:00:00*	*105*	*12*	*1100*	*91.67*	*低风险*	*是*	*1100000*
2	*2023-03-31 00:00:00*	*110*	*14*	*1200*	*85.71*	*低风险*	*是*	*1200000*
3	*2023-04-30 00:00:00*	*115*	*16*	*1300*	*81.25*	*低风险*	*是*	*1300000*
4	*2023-05-31 00:00:00*	*120*	*18*	*1400*	*77.78*	*低风险*	*是*	*1400000*

图 4-45　例 4-39 的运行结果

这句代码使用了 applymap( )方法来对 DataFrame 的每个元素应用一个 lambda 函数。具体地,lambda 函数接受一个参数 x,将 x 转换为字符串后,在前后添加了＊。然后,将这个 lambda 函数应用到 df 的每个元素上,并将结果返回给新的 df。

【小提示】

总体而言,map( )方法适用于对 Series 中的每个元素进行简单的转换操作;apply( )方法适用于对整个 DataFrame 或某一列进行复杂的操作;applymap( )方法适用于对 DataFrame 中的每个元素进行简单的转换操作。根据不同的任务和需求,选择适合的方法可以提高代码的可读性和执行效率。

▶▶| 4.3.4　数据分组聚合 ▶▶ ▶

在数据分析中,我们经常需要对数据进行分组,并对每个组进行统计操作,例如计算每个组的平均值、总和等。pandas 库提供了强大的功能来进行数据分组和聚合操作。

1. groupby( )分组函数

分组函数 groupby( )用于将数据按照某个标准分组。它可以将数据集按照某些特征进行分组,并将相同特征的数据归为一组。

groupby( )函数的基本语法为:

```
DataFrame.groupby(by = None, axis = 0, level = None, as_index = True,
sort = True, group_keys = True, squeeze = False, observed = False, **
kwargs)
```

常用的参数如下：

- by：用于指定分组的依据，可以是一个列名、多个列名组成的列表、Series、字典、函数或多个函数组成的列表等。
- axis：用于指定按照哪个轴进行分组，默认为 0，即按行进行分组。
- level：用于指定多级索引的层级进行分组。
- as_index：用于指定分组后的结果是否以分组列作为索引，默认为 True。
- sort：用于指定分组后的结果是否按照分组列进行排序，默认为 True。
- group_keys：用于指定是否在结果中包含分组键，默认为 True。
- squeeze：用于指定是否压缩结果，如果分组的结果只有一个组，则返回 Series，默认为 False。
- observed：用于指定在对多级索引进行分组时，是否只使用观察到的值，默认为 False。

【例 4-40】读入"东方公司近五年销售单.xlsx"存储在变量 df 中，按"产品名称""型号"进行汇总统计。

```
import pandas as pd
df=pd.read_excel(r'C:\Users\ASUS\Downloads\东方公司近五年销售单.xlsx')
df=df.astype({'年份':'str','月份':'str','交易编号':'str'})
df1=df.groupby(['产品名称','型号']).sum()    #sum 总数,mean 平均值,count 计数
df1
```

运行结果如图 4-46 所示。

```
import pandas as pd
df=pd.read_excel(r'C:\Users\ASUS\Downloads\东方公司近五年销售单.xlsx')
df=df.astype({'年份':'str','月份':'str','交易编号':'str'})
df1=df.groupby(['产品名称','型号']).sum()
df1
```

产品名称	型号	销售价格
产品A	型号1	699.14
	型号2	479.79
	型号3	406.58
	型号4	514.52
	型号5	287.45
...	...	...
产品L	型号4	528.03
	型号5	724.97

图 4-46 例 4-40 的运行结果

这段代码读入"东方公司近五年销售单.xlsx"为 df 后，对 df 进行了一些数据类型的转换操作，将'年份'、'月份'和'交易编号'这三列转换为字符串类型，以避免分组聚合时对此三列数据进行操作。（可采用 info、dtypes 等函数查看数据类型）

接着，使用 groupby（）函数对 DataFrame 对象 df 进行分组操作，按照"产品名称"和"型号"两列进行分组。这意味着会将具有相同"产品名称"和"型号"的行归为同一组，每组默认对 df 中所有数值型数据进行聚合操作。

在这里，使用了 sum（）函数对每个分组进行汇总求和操作，此处适用于各类内置统计函数，比如 describe 基本描述性统计、mean 平均值、count 非空值的计数、min 最小值、max 最大值、median 中位数等等，具体详见 4.1.2 节表 4-1。这将得到一个新的 DataFrame 对象 df1，它包含了按照"产品名称"和"型号"分组后的汇总结果。

如不想进行数据类型转换，可筛选出相应列后再进行分组聚合操作，得到的结果一样，相关代码如下：

```
df1 = df [['产品名称', '型号', '销售价格']].groupby (['产品名称', '型号']).sum()
```

2. agg（）聚合函数

groupby（）函数调用后，会返回一个 GroupBy 对象，它包含了按指定标准分组后的结果。可以对这个对象继续进行操作，如应用聚合函数 agg（）、过滤函数 filter（）等。

agg（）函数可以自定义多种聚合方式，如：对一列使用多种聚合；对每列使用相同的多种聚合；对选定列使用不同的聚合等。可以使用内置函数（如 sum、mean 等）或自定义函数进行聚合操作。该函数的基本语法为：

```
DataFrame.agg(func, axis=0, * args, ** kwargs)
```

常用的参数如下：

● func：指定一个或多个聚合函数，可以是内置函数或自定义函数。可以使用字符串、函数或函数列表来调用内置函数，也可以创建自定义函数，并将其用作参数进行聚合操作。

● axis：默认值为 0，表示对列进行聚合操作或者对行进行聚合操作。如果 axis = 1，则表示对行进行操作。

● * args 和 ** kwargs：可选参数，用于传递给聚合函数的其他参数。

【例 4-41】创建一个 DataFrame 对象 dfX。

```
import pandas as pd
#创建 DataFrame 对象
dfX=pd.DataFrame({'类别':['A','A','B','B','C','A','A','C','B',],
                  '列2':[1, 2, 3, 4, 5, 21, 22, 23, 24],
                  '列3':[6, 7, 8, 9, 10, 25, 26, 27, 28],
                  '列4':[11, 12, 13, 14, 15, 29, 30, 31, 32],
                  '列5':[16, 17, 18, 19, 20, 33, 34, 35, 36]})
dfX
```

运行结果如图 4-47 所示。

```
import pandas as pd
#创建DataFrame对象
dfX=pd.DataFrame({'类别':['A','A','B','B','C','A','A','C','B',],
                  '列2':[1,2,3,4,5,21,22,23,24],
                  '列3':[6,7,8,9,10,25,26,27,28],
                  '列4':[11,12,13,14,15,29,30,31,32],
                  '列5':[16,17,18,19,20,33,34,35,36]})
dfX
```

	类别	列2	列3	列4	列5
0	A	1	6	11	16
1	A	2	7	12	17
2	B	3	8	13	18
3	B	4	9	14	19
4	C	5	10	15	20
5	A	21	25	29	33
6	A	22	26	30	34
7	C	23	27	31	35
8	B	24	28	32	36

图 4-47　例 4-41 的运行结果

【例 4-42】接【例 4-41】的 dfX，按类别分组，计算列 2、列 3、列 4、列 5 等每列的最大值，最小值，平均值。

```
dfX1=dfX.groupby('类别').agg(['max','min', 'mean'])
dfX1
```

运行结果如图 4-48 所示。

```
dfX1 = dfX.groupby('类别').agg(['max','min', 'mean'])
dfX1
```

	列2			列3			列4			列5
	max	min	mean	max	min	mean	max	min	mean	max	min	mean
类别												
A	22	1	11.500000	26	6	16.0	30	11	20.500000	34	16	25.000000
B	24	3	10.333333	28	8	15.0	32	13	19.666667	36	18	24.333333
C	23	5	14.000000	27	10	18.5	31	15	23.000000	35	20	27.500000

图 4-48　例 4-42 的运行结果

【例 4-43】接【例 4-41】的 dfX，按类别分组，计算列 2 的合计数，最小值；列 3 的最大值与最小值，列 4 的合计数与最大值。

```
dfX2=dfX.groupby('类别').agg({'列2':['sum','min'],'列3':['max',
'min'],'列4':['sum','max']})
dfX2
```

运行结果如图 4-49 所示。

```
dfX2=dfX.groupby('类别').agg({'列2':['sum','min'],'列3':['max','min'],'列4':['sum','max']})
dfX2
```

	列2			列3		列4	
	sum	min	max	min	sum	max
类别						
A	46	1	26	6	82	30
B	31	3	28	8	59	32
C	28	5	27	10	46	31

图 4-49　例 4-43 的运行结果

▶▶| 4.3.5　数据透视　▶▶　▶

1. 长表变宽表

pivot_table()是 pandas 库中非常有用的函数，它可以用于快速地对一个数据集进行数据透视，计算各种汇总统计信息，适用于长表变宽表，类似于 excel 表的数据透视功能。它与 groupby()一样，都是用于对数据进行分组和聚合的函数，都可以用于统计和汇总数据，但是它更适用于将数据进行重塑和汇总，特别是需要同时处理多个维度的情况。基本语法如下：

```
pivot_table(data,values=None,index=None,columns=None,aggfunc=
'mean',fill_value=None,margins=False,margins_name='All')
```

相关的参数说明如下：

●data：指定要创建透视表的数据源，可以是一个 DataFrame 对象或者是一个 Series 对象。

●values：可选参数，指定要聚合的数据列。

●index：可选参数，指定使用哪些列作为行索引。

●columns：可选参数，指定使用哪些列作为列索引。

●aggfunc：可选参数，指定聚合函数的方式。默认为 mean，表示计算均值，常用的聚合函数还包括 sum、count、min、max 等。

●fill_value：可选参数，指定用于填充缺失值的值。

●margins：可选参数，指定是否计算行和列的汇总统计。

●margins_name：可选参数，指定汇总统计的标签名称。

【例 4-44】接【例 4-40】的 df，以年份、月份为行索引，按各产品统计销售价格的总额，空值填充为 0，需有合计数。

```
df2=df.pivot_table(index=['年份','月份'],columns=['产品名称'],
values='销售价格',aggfunc='sum',fill_value=0,margins=True,margins
_name='合计')
df2
```

运行结果如图 4-50 所示。

```
df2=df.pivot_table(index=['年份','月份'],columns=['产品名称'],values='销售价格',aggfunc='sum',fill_value=0,marg:
df2
```

产品名称		产品A	产品B	产品C	产品D	产品E	产品F	产品G	产品H	产品I	产品J	产品K	产品L	合计
年份	月份													
2019	1	35.95	0.00	0.00	59.40	54.55	110.00	138.43	101.53	0.00	101.88	170.11	99.24	871.09
	10	21.76	72.21	39.87	221.78	0.00	0.00	98.99	317.82	72.90	0.00	0.00	0.00	845.33
	11	0.00	158.71	171.84	0.00	0.00	188.31	83.42	70.24	0.00	51.02	273.08	186.42	1183.04
	12	0.00	0.00	34.55	88.97	81.02	120.99	41.08	0.00	86.02	198.05	0.00	0.00	650.68
	2	0.00	0.00	116.47	18.42	99.25	166.25	65.81	0.00	284.43	13.58	65.05	82.29	911.55
...	...	...	...	...	...	...	...	...	...	...	...	...	...	...
2023	6	114.60	74.53	0.00	146.70	57.84	0.00	22.66	0.00	0.00	152.50	63.96	0.00	632.79
	7	99.77	47.72	101.81	130.97	73.31	35.67	74.39	23.36	0.00	239.71	0.00	91.46	918.17
	8	0.00	103.93	76.86	107.38	110.11	109.80	126.71	0.00	40.56	75.83	18.59	224.56	994.33
	9	122.75	0.00	41.00	31.83	0.00	95.25	0.00	82.43	0.00	19.39	0.00	116.11	508.76

图 4-50 例 4-44 的运行结果

这段代码的功能是根据 df 中的数据创建一个透视表 df2。index = ['年份','月份']：指定将'年份'和'月份'列作为透视表的行索引。columns = ['产品名称']：指定将'产品名称'列作为透视表的列索引。values = '销售价格'：指定要聚合的数据列为'销售价格'。aggfunc = 'sum'：指定聚合函数的方式为求和，即将每个组中的'销售价格'求和作为透视表中的值。fill_value = 0：指定用 0 填充缺失值。margins = True：指定计算行和列的汇总统计。margins_name = '合计'：指定汇总统计的标签名称为'合计'。

【小提示】

pivot_table()的参数并非必须存在，均为可选参数，可试一试选用不同的参数组合。注意 values、index、columns、aggfunc 等四个参数指定多个数据时以列表方式存储。

透视表可以根据不同的维度对数据进行汇总和统计。通过改变行和列的索引，以及指定聚合函数，更直观地分析数据之间的关系。透视表的创建使得我们可以更方便地对数据进行分析和可视化。

2. 宽表变长表

melt()是 pandas 中的一个函数，用于将宽格式的数据转换为长格式。宽格式数据通常是指一行代表一个观察样本，每列代表一个特征或变量。而长格式数据通常是通过将多列转换为一个"变量"列和一个"值"列，以便更好地进行分析和可视化。melt()函数的基本语法如下：

```
melt(frame,id_vars=None, value_vars=None, var_name=None, value_name='value', col_level=None)
```

相关的参数说明如下：

- frame：指定要转换的 DataFrame 对象。
- id_vars：可选参数，指定要保持不变的列（即标识变量），它们不会被转换为"变量"列和"值"列。
- value_vars：可选参数，指定要转换的列。如果不指定，则所有除了 id_vars 列之外的列都会被转换。
- var_name：可选参数，指定"变量"列的列名，默认为 variable。
- value_name：可选参数，指定"值"列的列名，默认为 value。
- col_level：可选参数，指定在多级列索引情况下要转换的级别。

【例 4-45】读入"管理人员工资表.xlsx"，将"基本工资"、"岗位工资"合并为一列"项目"，数据放入"金额"列。

```
import pandas as pd
df3=pd.read_excel(r'C:\Users\ASUS\Downloads\管理人员工资表.xlsx')
df3
```

运行结果如图 4-51 所示。

```
import pandas as pd
df3=pd.read_excel(r'C:\Users\ASUS\Downloads\管理人员工资表.xlsx')
df3
```

	部门	姓名	职务	基本工资	岗位工资
0	财务部	王棣棠	总经理	5000	7000
1	人力资源部	周絮	总经理	5000	7000
2	财务部	段红	财务经理	4000	4000
3	人力资源部	乔晨语	一般员工	3000	2000

图 4-51　例【例 4-45】读入的管理人员工资表

```
df3=df3.melt(id_vars=['部门','姓名','职务'],var_name='项目',value_name='金额')
df3
```

运行结果如图 4-52 所示。

```
df3=df3.melt(id_vars=['部门','姓名','职务'],var_name='项目',value_name='金额')
df3
```

	部门	姓名	职务	项目	金额
0	财务部	王棣棠	总经理	基本工资	5000
1	人力资源部	周絮	总经理	基本工资	5000
2	财务部	段红	财务经理	基本工资	4000
3	人力资源部	乔晨语	一般员工	基本工资	3000
4	财务部	王棣棠	总经理	岗位工资	7000
5	人力资源部	周絮	总经理	岗位工资	7000
6	财务部	段红	财务经理	岗位工资	4000
7	人力资源部	乔晨语	一般员工	岗位工资	2000

图 4-52　例 4-45 的运行结果

这段代码的功能是读取 Excel 文件中的数据，并将其转换为长格式。首先，读入管理人员工资表，将数据加载到变量 df3 中。然后，melt( ) 函数被应用于这个 df3。melt( ) 函数的作用是将宽格式的数据转换为长格式。在这个例子中，保持列"部门""姓名""职务"不变，将所有其他列转换为"项目"列，并将其对应的值转换为"金额"列。通过执行以上操作，df3 中的数据结构发生了变化，从宽格式转换为了长格式。每一行代表了一个原始数据中的观测样本，包含了部门、姓名、职务、项目和金额等信息。

通过 melt( ) 函数的转换，可以更方便地对数据进行分析和可视化，例如可以更容易地对不同变量或特征进行比较和计算。

4.4　财经数据规整

▶▶▏4.4.1　小数位数处理 ▶▶ ▶

在数据分析过程中，有时候我们需要对结果的小数位数进行处理，例如保留指定的小数位数或者进行四舍五入等操作。

1. 第一种方法，使用 round( ) 函数。

【例 4-46】读入"近五年某股票交易行情 . xlsx"，采用 round( ) 函数将所有数值保留两位小数。

```
import pandas as pd
df=pd.read_excel(r'C:\Users\ASUS\Downloads\近五年某股票交易行情
.xlsx')
df=df.round(2)
df
```

运行结果如图 4-53 所示。

```
import pandas as pd
df=pd.read_excel(r'C:\Users\ASUS\Downloads\近五年某股票交易行情.xlsx')
df=df.round(2)
df
```

	交易所行情日期	证券代码	开盘价	最高价	最低价	收盘价	前收盘价	成交量	成交额	复权状态	换手率	交易状态	涨跌幅
0	2019-01-02	sh.600000	9.74	9.79	9.58	9.70	9.80	23762822	2.296257e+08	3	0.08	1	-1.02
1	2019-01-03	sh.600000	9.70	9.82	9.66	9.81	9.70	18654262	1.819760e+08	3	0.07	1	1.13
2	2019-01-04	sh.600000	9.73	10.00	9.70	9.96	9.81	27172844	2.689646e+08	3	0.10	1	1.53
3	2019-01-07	sh.600000	10.09	10.09	9.92	9.98	9.96	23597376	2.354402e+08	3	0.08	1	0.20
4	2019-01-08	sh.600000	10.03	10.03	9.91	9.96	9.98	15104933	1.505016e+08	3	0.05	1	-0.20
...	...	...	...	...	...	...	...	...	...	...	...	...	...
1209	2023-12-25	sh.600000	6.56	6.61	6.55	6.58	6.58	12904349	8.490853e+07	3	0.04	1	0.00

图 4-53　例 4-46 的运行结果

此段代码使用 round( ) 方法来对 DataFrame 中的所有数值型数据进行四舍五入保留两位小数，且将修改后的 DataFrame 重新赋值给 df。

2. 第二种方法，使用 applymap( ) 方法

可以将 DataFrame 中的列格式化为指定的小数位数，可以以逐元素的方式应用小数位格式化函数。

【例 4-47】读入"近五年某股票交易行情 .xlsx"，采用 applymap( ) 方法将所有数值保留两位小数。

经观察，主要是"换手率"和"涨跌幅"列需保留两位小数，故相关代码如下：

```
import pandas as pd
df=pd. read_excel(r'C:\Users \ASUS \Downloads \近五年某股票交易行情
.xlsx')
df[['换手率','涨跌幅']]=df[['换手率','涨跌幅']].applymap(lambda x:
'{:.2f}'.format(x))
df
```

运行结果如图 4-54 所示。

```
import pandas as pd
df=pd.read_excel(r'C:\Users\ASUS\Downloads\近五年某股票交易行情.xlsx')
df[['换手率','涨跌幅']]=df[['换手率','涨跌幅']].applymap(lambda x: '{:.2f}'.format(x))
df
```

	交易所行情日期	证券代码	开盘价	最高价	最低价	收盘价	前收盘价	成交量	成交额	复权状态	换手率	交易状态	涨跌幅
0	2019-01-02	sh.600000	9.74	9.79	9.58	9.70	9.80	23762822	2.296257e+08	3	0.08	1	-1.02
1	2019-01-03	sh.600000	9.70	9.82	9.66	9.81	9.70	18654262	1.819760e+08	3	0.07	1	1.13
2	2019-01-04	sh.600000	9.73	10.00	9.70	9.96	9.81	27172844	2.689646e+08	3	0.10	1	1.53
3	2019-01-07	sh.600000	10.09	10.09	9.92	9.98	9.96	23597376	2.354402e+08	3	0.08	1	0.20
4	2019-01-08	sh.600000	10.03	10.03	9.91	9.96	9.98	15104933	1.505016e+08	3	0.05	1	-0.20
...	...	...	...	...	...	...	...	...	...	...	...	...	...
1209	2023-12-25	sh.600000	6.56	6.61	6.55	6.58	6.58	12904349	8.490853e+07	3	0.04	1	0.00

图 4-54　例 4-47 的运行结果

这段代码是将 DataFrame 中的"换手率"和"涨跌幅"两列的数值应用一个 lambda 函数进行处理，并将处理后的结果赋值回原始 DataFrame 中的相应列。代码通过 df [['换手率','涨跌幅']] 获取了 DataFrame 中的"换手率"和"涨跌幅"两列，并得到了一个新的 DataFrame。然后使用 applymap()方法将 lambda 函数应用到这个新的 DataFrame 的每个元素上。

匿名函数 lambda 中的'{: .2f} '. format（x）将每个元素格式化为保留两位小数的字符串，其中｛: .2f｝是格式化字符串的模板，x 是每个元素的值。可以根据需要调整格式化字符串的模板来指定其他的小数位数或格式，例如，保留三位小数可以使用'{: .3f} '. format（x）。

注意：程序运行的结果看起来与使用 round()函数运行的结果一致，但此处"换手率"和"涨跌幅"列的数据类型已变为字符串类型，而使用 round()函数的运行结果则仍为数值类型。

▶▶┃ 4.4.2 字符串类型数据处理 ▶▶ ▶

有"外贸服装进货表.xlsx"，读入后如图 4-55 所示。

```
import pandas as pd
df=pd. read_excel(r'C:\Users\ASUS\Downloads\外贸服装进货表.xlsx')
df
```

```
import pandas as pd
df=pd.read_excel(r'C:\Users\ASUS\Downloads\外贸服装进货表.xlsx')
df
```

	产地国	供应商名称	商品名称	购买数量	单价	总价
0	Australia	供应商2	裤子-童装-运动裤	22	34.71	763.62
1	Russia	供应商1	上衣-童装-T恤	32	37.57	1202.24
2	australia	供应商1	裤子-女装-运动裤	34	15.09	513.06
3	china	供应商2	裤子-童装-牛仔裤	12	16.47	197.64
4	Australia	供应商2	上衣-女装-毛衣	44	36.78	1618.32
5	russia	供应商2	裤子-男装-休闲裤	14	32.58	456.12
6	Russia	供应商4	裤子-童装-运动裤	10	8.31	83.10
7	china	供应商5	上衣-女装-衬衫	49	17.91	877.59
8	Japan	供应商4	裤子-童装-运动裤	8	13.81	110.48
9	Brazil	供应商4	上衣-男装-衬衫	8	19.80	158.40

图 4-55 读入的外贸服装进货表

由图 4-55 可观察到，"产地国"列的英文名不统一，首字母有些为大写、有些为小写，因此需统一修改为首字母大写。另外，在进行种类数据统计时，需要把商品名称按

"-"拆分为三列,各列分别命名为"按上下装分""按群体分""按种类分"。

1. 大小写转换

在 Python 中,可以使用内置的字符串函数来对字符串进行大小写的转换。

【例 4-48】沿用读入的"外贸服装进货表 .xlsx"变量 df,将"产地国"列首字母全部大写。

```
df['产地国']=df['产地国'].str.capitalize()
df
```

运行结果如图 4-56 所示。

	产地国	供应商名称	商品名称	购买数量	单价	总价
0	Australia	供应商2	裤子-童装-运动裤	22	34.71	763.62
1	Russia	供应商1	上衣-童装-T恤	32	37.57	1202.24
2	Australia	供应商1	裤子-女装-运动裤	34	15.09	513.06
3	China	供应商2	裤子-童装-牛仔裤	12	16.47	197.64
4	Australia	供应商2	上衣-女装-毛衣	44	36.78	1618.32
5	Russia	供应商2	裤子-男装-休闲裤	14	32.58	456.12

图 4-56 例 4-48 的运行结果

【补充小知识】

以下是常用的字符串大小写转换函数:

- str.lower():将字符串中的所有字符转换为小写字母。
- str.upper():将字符串中的所有字符转换为大写字母。
- str.capitalize():将字符串的首字母转换为大写字母,其他字符转换为小写字母。
- str.title():将字符串中每个单词的首字母转换为大写字母。

2. 字符串拆分

【例 4-49】续【例 4-48】,把商品名称按"-"拆分为三列,各列分别命名为"按上下装分""按群体分""按种类分"。

```
df[['按上下装分','按群体分','按种类分']]=df['商品名称'].str.split
('-',expand=True)
df
```

运行结果如图 4-57 所示。

```
df[['按上下装分','按群体分','按种类分']]=df['商品名称'].str.split('-',expand=True)
df
```

	产地国	供应商名称	商品名称	购买数量	单价	总价	按上下装分	按群体分	按种类分
0	Australia	供应商2	裤子-童装-运动裤	22	34.71	763.62	裤子	童装	运动裤
1	Russia	供应商1	上衣-童装-T恤	32	37.57	1202.24	上衣	童装	T恤
2	Australia	供应商1	裤子-女装-运动裤	34	15.09	513.06	裤子	女装	运动裤
3	China	供应商2	裤子-童装-牛仔裤	12	16.47	197.64	裤子	童装	牛仔裤
4	Australia	供应商2	上衣-女装-毛衣	44	36.78	1618.32	上衣	女装	毛衣
5	Russia	供应商2	裤子-男装-休闲裤	14	32.58	456.12	裤子	男装	休闲裤
6	Russia	供应商4	裤子-童装-运动裤	10	8.31	83.10	裤子	童装	运动裤
7	China	供应商5	上衣-女装-衬衫	49	17.91	877.59	上衣	女装	衬衫
8	Japan	供应商4	裤子-童装-运动裤	8	13.81	110.48	裤子	童装	运动裤
9	Brazil	供应商4	上衣-男装-衬衫	8	19.80	158.40	上衣	男装	衬衫

图 4-57　例 4-49 的运行结果

这行代码的目的是拆分 df['商品名称'] 列中的字符串，并将拆分结果赋值给新的列"按上下装分""按群体分"和"按种类分"。使用 str.split('-') 方法将 df['商品名称'] 中的字符串以'-'为分隔符进行拆分，参数"expand=True"是将每个字符串分割成多个列，返回一个新的 DataFrame，这个参数默认为 False，返回的是一个 Series。

【补充小知识】

除了前面提到的常用的字符串大小写转换函数、split 拆分函数外，Python 还提供了其他一些字符串处理函数。以下是一些常见的字符串处理函数：

● str.contains()：用于在字符串中搜索某个模式，并返回一个布尔值的 Series，指示哪些字符串包含了该模式。

● str.strip()：去除字符串两端的空白字符。

● str.lstrip()：去除字符串开头的空白字符。

● str.rstrip()：去除字符串结尾的空白字符。

● str.startswith（prefix）：判断字符串是否以指定前缀开头，返回布尔值。

● str.endswith（suffix）：判断字符串是否以指定后缀结尾，返回布尔值。

● str.replace（old，new）：将字符串中的指定旧字符串替换为新字符串。

● str.join（iterable）：使用字符串作为连接符将可迭代对象中的所有元素连接成一个字符串。

● str.isalpha()：判断字符串是否全部由字母组成，返回布尔值。

● str.isdigit()：判断字符串是否全部由数字组成，返回布尔值。

更多的字符串内建函数的操作详见第三章 3.2.1 基本数据类型的表 3-11。

另外，str. contains( )是 pandas 包中 Series 对象的一个方法，用于检查 Series 中的每个元素是否包含指定字符或正则表达式模式，返回布尔值。

这些函数可以根据具体的需求进行使用，方便进行字符串类型数据的操作和处理。需要注意的是，字符串是不可变对象，这些字符串方法并不会修改原始的字符串，而是返回一个新的字符串。

▶▶| 4.4.3 时间类型数据处理 ▶▶ ▶

在 pandas 的 DataFrame 中，可以使用日期时间函数对日期时间列进行处理和操作。pandas 提供了许多方便的日期时间函数，可以进行日期时间的索引、筛选、分组、计算等操作。

1. to_datetime( ) 函数

to_datetime( )是 pandas 库中的一个函数，用于将字符串或数值转换为日期时间格式。该函数的语法如下：

```
pd. to_datetime(arg, format=None, errors='raise', dayfirst=False,
yearfirst=False, utc=None, box=True, exact=True, unit=None, infer_
datetime_format=False, origin='unix', cache=False)
```

相关的参数说明如下：

- arg：要转换为日期时间的数据，可以是字符串、列表、数组、Series 或 DataFrame。
- format：指定日期时间的格式，字符串形式，默认为 None。如果明确知道输入数据的格式，可以使用对应的格式字符串进行转换，例如' %Y-%m-%d' 表示年-月-日格式。
- errors：指定在解析过程中遇到错误时的处理方式，有三个选项：' raise' （抛出异常，默认）、' coerce' （将非法值设为 NaT） 和' ignore' （忽略错误）。
- 其他参数：dayfirst、yearfirst、utc、box、exact、unit、infer_datetime_format、origin、cache 等是用于进一步控制日期时间转换的可选参数。

在确保日期时间列已正确转换为 pandas 的日期时间格式之后，可以使用多个日期时间函数来处理 DataFrame 中的日期时间列。下面是一些常用的日期时间函数和用法示例：

（1）dt 属性。

dt 属性可以通过 . dt 访问日期时间列的属性。

DataFrame ［' date_column' ］. dt. year：获取日期时间列的年份。

DataFrame ［' date_column' ］. dt. month：获取日期时间列的月份。

DataFrame ［' date_column' ］. dt. day：获取日期时间列的日。

DataFrame ［' date_column' ］. dt. hour：获取日期时间列的小时。

DataFrame ［' date_column' ］. dt. minute：获取日期时间列的分钟。

DataFrame ［' date_column' ］. dt. second：获取日期时间列的秒。

（2）周期。

DataFrame ［' date_column' ］. dt. week：获取日期时间列的周数。

DataFrame［'date_column'］.dt.weekday：获取日期时间列的星期几，0 表示星期一，6 表示星期日。

（3）时间偏移。

DataFrame［'date_column'］+pd.Timedelta（days＝7）：将日期时间列向前或向后偏移一定的时间间隔。

（4）时间间隔计算。

DataFrame［'end_date'］－DataFrame［'start_date'］：计算两个日期时间列之间的时间间隔，结果为 timedelta 对象。

（5）时间字符格式化。

DataFrame［'date_column'］.dt.strftime（'%Y-%m-%d %H:%M:%S'）：将日期时间列转换为指定的字符串格式。

【例 4-50】读入"近五年某股票交易行情.xlsx"，把"交易所行情日期"列的日期转换为年、月、日。

```
import pandas as pd
df＝pd.read_excel（r'C:\Users\ASUS\Downloads\近五年某股票交易行情.xlsx'）
df['年']＝pd.to_datetime(df['交易所行情日期']).dt.year
df['月']＝pd.to_datetime(df['交易所行情日期']).dt.month
df['日']＝pd.to_datetime(df['交易所行情日期']).dt.day
df
```

运行结果如图 4-58 所示。

```
import pandas as pd
df = pd.read_excel(r'C:\Users\ASUS\Downloads\近五年某股票交易行情.xlsx')
df['年'] = pd.to_datetime(df['交易所行情日期']).dt.year
df['月'] = pd.to_datetime(df['交易所行情日期']).dt.month
df['日'] = pd.to_datetime(df['交易所行情日期']).dt.day
df
```

	交易所行情日期	证券代码	开盘价	最高价	最低价	收盘价	前收盘价	成交量	成交额	复权状态	换手率	交易状态	涨跌幅	年	月	日
0	2019-01-02	sh.600000	9.74	9.79	9.58	9.70	9.80	23762822	2.296257e+08	3	0.084554	1	-1.020412	2019	1	2
1	2019-01-03	sh.600000	9.70	9.82	9.66	9.81	9.70	18654262	1.819760e+08	3	0.066376	1	1.134027	2019	1	3
2	2019-01-04	sh.600000	9.73	10.00	9.70	9.96	9.81	27172844	2.689646e+08	3	0.096688	1	1.529048	2019	1	4
3	2019-01-07	sh.600000	10.09	10.09	9.92	9.98	9.96	23597376	2.354402e+08	3	0.083965	1	0.200798	2019	1	7
4	2019-01-08	sh.600000	10.03	10.03	9.91	9.96	9.98	15104933	1.505016e+08	3	0.053747	1	-0.200396	2019	1	8
...																
1209	2023-12-25	sh.600000	6.56	6.61	6.55	6.58	6.58	12904349	8.490853e+07	3	0.044000	1	0.000000	2023	12	25

图 4-58 例 4-50 的运行结果

2. datetime 模块

Python 也有自带的 datetime 模块来处理时间和日期。datetime 模块中的类提供了多种方法来操作时间和日期。以下是一些常用的 datetime 模块中的类和函数：

（1）datetime 类，表示一个特定的日期和时间。

datetime.now()：获取当前的日期和时间。

datetime（year，month，day，hour，minute，second）：创建一个指定日期和时间的 datetime 对象。

datetime. strptime（date_string，format）：将字符串按照指定的格式转换为 datetime 对象。

（2）date 类，表示日期。

date. today（），获取当前的日期。

date（year，month，day）：创建一个指定年、月、日的 date 对象。

（3）time 类，表示时间。

time（hour，minute，second）：创建一个指定时、分、秒的 time 对象。

（4）timedelta 类，表示时间间隔。

timedelta（days，seconds，microseconds，milliseconds，minutes，hours，weeks）：创建一个指定时间间隔的 timedelta 对象。

使用这些类和函数，可以进行各种与时间和日期相关的操作，例如计算时间间隔、比较日期、格式化日期等。

【例 4-51】使用 datetime 模块来获取当前时间，并且对时间进行一些简单的操作。

```
import datetime
#获取当前的日期和时间
now=datetime. datetime. now()
print("当前的日期和时间:", now)
#获取当前的日期
today=datetime. date. today()
print("当前的日期:", today)
#创建一个指定的日期和时间
dt=datetime. datetime(2021, 1, 1, 12, 0, 0)
print("指定的日期和时间:", dt)
#将字符串按照指定的格式转换为 datetime 对象
date_str="2021-01-01"
dt=datetime. datetime. strptime(date_str, "%Y-%m-%d")
print("转换后的 datetime 对象:", dt)
#计算两个日期之间的时间间隔
delta=datetime. timedelta(days=7)
next_week=today+delta
print("下一周的日期:", next_week)
#格式化日期
formatted_date=today. strftime("%Y/%m/%d")
print("格式化后的日期:", formatted_date)
```

运行结果如图 4-59 所示。

```
当前的日期和时间: 2024-02-18 21:35:13.340874
当前的日期: 2024-02-18
指定的日期和时间: 2021-01-01 12:00:00
转换后的datetime对象: 2021-01-01 00:00:00
下一周的日期: 2024-02-25
格式化后的日期: 2024/02/18
```

图 4-59 例 4-51 的运行结果

▶▶| 4.4.4 数据标准化 ▶▶ ▶

数据标准化（或归一化）是数据预处理中常用的一种方法，主要作用就是消除指标之间的量纲和取值范围差异的影响。它通过对数据进行缩放，将数据映射到一个特定的范围内，以便能够更好地进行比较和分析。常见的数据标准化方法有最小-最大标准化和 Z-score 标准化。另外，对于分类变量，可以采用哑变量处理方式将其转换为虚拟二进制变量，取值为 0 或 1。

1. 最小-最大标准化

最小-最大标准化（Min-Max normalization）是一种常用的数据标准化方法，将数据映射到 0 到 1 之间的范围。它通过将原始数据中的最小值映射到新范围的最小值，最大值映射到新范围的最大值，然后按比例缩放其他值来实现标准化。

该方法的数学计算公式如下：

```
X_scaled = (X - X_min) / (X_max - X_min)
```

其中，X 表示原始数据，X_min 表示原始数据的最小值，X_max 表示原始数据的最大值，X_scaled 表示标准化后的数据。

这种标准化方法在许多机器学习算法中非常有用，特别是涉及距离或具有权重的特征时。需要注意的是，最小-最大标准化会保留原始数据中的数据分布。如果数据中包含极端值或离群值，标准化后可能导致这些极端值被缩放到较小的范围内。

【例 4-52】使用最小-最大标准化方法进行数据标准化示例。

```python
from sklearn.preprocessing import MinMaxScaler
import pandas as pd
#创建一个包含多个特征变量的 DataFrame
df=pd.DataFrame({
    'x1': [1.0, 2.0, 3.0, 4.0, 5.0],
    'x2': [2.0, 4.0, 6.0, 8.0, 10.0],
    'x3': [10.0, 20.0, 30.0, 40.0, 50.0]
})
#创建一个 MinMaxScaler 对象
scaler=MinMaxScaler()
```

#调用 MinMaxScaler 对象的 fit_transform()方法,对 DataFrame df 中的数据进行了归一化处理。fit_transform()方法会将数据缩放到指定的范围(默认范围为[0, 1]),以便于特征之间的比较。

```
data_scaled=scaler.fit_transform(df)
```

#创建了一个新的 DataFrame 对象 data,其中包含了归一化后的数据。这里的 data_scaled 是一个 Numpy 数组,通过 pd.DataFrame() 函数将其转换成 DataFrame 对象。列的名称使用了原始 DataFrame df 的列名。

```
data=pd.DataFrame(data_scaled, columns=df.columns)
#输出标准化后的结果
data
```

运行结果如图 4-60 所示。

	x1	x2	x3
0	0.00	0.00	0.00
1	0.25	0.25	0.25
2	0.50	0.50	0.50
3	0.75	0.75	0.75
4	1.00	1.00	1.00

图 4-60 例 4-52 的运行结果

2. Z-score 标准化

Z-score 标准化（也称为标准差标准化、零均值标准化）是一种将原始数据标准化的方法，使其均值为 0，标准差为 1。在这种标准化方法中，将原始数据的每个值减去均值，然后除以数据的标准差，以得到标准标准差值。计算公式如下：

$$Z = (X - \mu) / \sigma$$

其中，X 表示原始数据，μ 表示原始数据的均值，σ 表示原始数据的标准差，Z 表示标准化后的数据，它遵循标准正态分布。

score 标准化方法的一个优点是可以消除数据中的单位差异，因为所有值的标准差为 1。这在特征选择和基于距离的机器学习算法中很有用。但需要注意的是，由于这种标准化方法是基于数据的均值和标准差，所以它对于受到离群值（异常值）影响的数据集来说可能不太适用。

【例 4-53】使用 Z-score 标准化方法进行数据标准化示例。

```
from sklearn.preprocessing import StandardScaler
import pandas as pd
#创建一个包含多个特征变量的 DataFrame
```

```
df = pd.DataFrame({
    'x1': [1.0, 2.0, 3.0, 4.0, 5.0],
    'x2': [2.0, 4.0, 6.0, 8.0, 10.0],
    'x3': [10.0, 20.0, 30.0, 40.0, 50.0]
})
#创建一个 StandardScaler 对象
scaler = StandardScaler()
```
#调用 StandardScaler 对象的 fit_transform()方法,将 DataFrame df 中的数据进行标准化处理。fit_transform()方法会先计算数据的均值和标准差,然后将数据进行标准化。
```
data_scaled = scaler.fit_transform(df)
```
#创建了一个新的 DataFrame 对象 data,其中包含了标准化后的数据。这里的 data_scaled 是一个 Numpy 数组,通过 pd.DataFrame()函数将其转换成 DataFrame 对象。列的名称使用了原始 DataFrame df 的列名。
```
data = pd.DataFrame(data_scaled, columns = ['x1', 'x2', 'x3'])
data
```

运行结果如图 4-61 所示。

	x1	x2	x3
0	-1.414214	-1.414214	-1.414214
1	-0.707107	-0.707107	-0.707107
2	0.000000	0.000000	0.000000
3	0.707107	0.707107	0.707107
4	1.414214	1.414214	1.414214

图 4-61　例 4-53 的运行结果

3. 数据哑变量处理

数据哑变量处理是指将分类变量转换为二进制变量的过程。进行哑变量处理的主要目的是将分类数据转换为可以用于建模的数值数据,因为机器学习算法通常只能处理数值数据。

在分类变量中,每个分类的取值之间没有明确的数字大小关系,仅是一些类别标签,所以需要将这些类别标签转换成数值,使得机器学习算法能够使用这些数据,从而对数据进行分析和建模。使用哑变量处理方法可以将分类变量(具有多个类别的变量)转换为虚拟二进制变量,其可以取值为 0 或 1。这些虚拟二进制变量表示了分类变量的存在或不存在,这种方式在一定程度上保留了原始分类变量的信息性,把含有多个类别的变量变成一组 0/1 值表示的二元变量,保留了变量之间相同和不同的关系,同时也方便数据分析和建模。

因此，进行哑变量处理对于分类数据的预处理非常重要，可以将非数值型数据转换为数值型数据，并用于模型的建立和训练。在 Python 中，可以使用 pandas 库的 get_dummies()函数来实现数据的哑变量处理。

get_dummies()是 pandas 库中的一个函数，用于将分类变量转换为虚拟二进制变量。该函数的语法如下：

```
pd.get_dummies(data, prefix = None, prefix_sep = '_', drop_first = False)
```

相关的参数说明如下：

- data：要进行哑变量处理的数据，可以是 Series、DataFrame 或其他类似的数据结构。
- prefix：指定生成的虚拟变量列名的前缀（字符串），默认为 None，即不添加前缀。
- prefix_sep：指定生成的虚拟变量列名的前缀与原始列名的分隔符，默认为'_'。
- drop_first：是否删除第一列生成的虚拟变量（用于避免多重共线性问题），默认为 False。

【例 4-54】读入"贷款客户信息表.csv"，将表中分类变量转换为虚拟二进制变量。

```
import pandas as pd
df=pd.read_csv(r'C:\Users\ASUS\Downloads\贷款客户信息表.csv')
df
```

运行结果如图 4-62 所示。

	客户ID	性别	退休状态	联名账户	家庭成员	产品持有期限	通讯方式	附加服务	金融新闻订阅	市场分析订阅	服务合同方式	无纸账单	还款方式	月还款额	总债务	信用评分
0	4495-LHSSK	Female	0	No	Yes	18	Yes & Yes & DSL	Yes, No, No	No	No	Month-to-month	No	Mailed check	57.65	992.7	565
1	5791-KAJFD	Female	0	Yes	Yes	56	Yes & Yes & DSL	Yes, No, Yes, No	No	Yes	One year	Yes	Bank transfer (automatic)	68.75	3808	825
2	3721-CNZHX	Male	0	No	No	15	Yes & No & No	No internet service, No internet service, No i...	No internet service	No internet service	One year	No	Mailed check	19.80	304.6	576

图 4-62　例 4-54 读入的贷款客户信息表

在进行后续的机器学习建模中预测值因变量"流失"列为分类变量，且表中有较多的分类自变量，因此需要使用哑变量处理方法将这些分类变量转换为虚拟二进制变量，以利于建模与分析。运行结果如图 4-63 所示。

```
df1=pd.get_dummies(df[['性别','联名账户','家庭成员','产品持有期限',
'通讯方式','附加服务','金融新闻订阅','市场分析订阅','服务合同方式','无纸
账单','还款方式','产品类型','流失']])
df=df[['退休状态','月还款额','总债务','信用评分','年收入']].join
(df1) #新构造的列,拼接原对象后面
df
```

```
df1 = pd.get_dummies(df[['性别', '联名账户', '家庭成员', '产品持有期限', '通讯方式', '附加服务',
'金融新闻订阅', '市场分析订阅', '服务合同方式', '无纸账单', '还款方式', '产品类型', '流失']])
df = df[['退休状态', '月还款额', '总债务', '信用评分', '年收入']].join(df1) #新构造的列,拼接原对象后面
df
```

	退休状态	月还款额	总债务	信用评分	年收入	产品持有期限	性别_Female	性别_Male	联名账户_No	联名账户_Yes	...	无纸账单_Yes	还款方式_Bank transfer (automatic)	还款方式_Credit card (automatic)	还款方式_Electronic check	还款方式_Mailed check	产品类型_CreditCard	_Invest
0	0	57.65	992.7	565	59055	18	1	0	1	0	...	0	0	0	0	1	0	
1	0	68.75	3808	825	54278	56	1	0	0	1	...	1	1	0	0	0	0	
2	0	19.80	304.6	576	95804	15	0	1	1	0	...	0	0	0	0	0	0	
3	0	78.95	2862.55	771	52655	38	0	1	0	1	...	0	0	1	0	0	0	
4	0	89.30	6388.65	719	34500	71	1	0	0	1	...	0	0	1	0	0	0	
...	...	...	...	...	...	...	...	...	...	...	...	...	...	...	...	...	...	
2994	0	45.35	45.35	540	98348	1	1	0	1	0	...	0	0	0	0	0	0	

图4-63 例4-54进行哑变量处理后的运行结果

这段代码的功能是对DataFrame中的多个分类变量进行哑变量处理,并将处理后的虚拟变量列与原始的数值变量列合并成一个新的DataFrame。

首先,通过pd.get_dummies()函数对df中的性别、联名账户、家庭成员、产品持有期限、通讯方式、附加服务、金融新闻订阅、市场分析订阅、服务合同方式、无纸账单、还款方式、产品类型和流失等列进行哑变量处理。在输出结果中,我们可以看到每个原始变量的每个可能取值都被转换为了一个新的二进制变量。这些新变量称为哑变量或虚拟变量,它们用于代表原始变量的不同类别。生成一个新的DataFrame df1,其中包含了虚拟变量列,对应的分类取值会被标记为1,其余的列为0。

接下来,使用df[['退休状态','月还款额','总债务','信用评分','年收入']]语句选取了df中剩余的数值变量等列。

最后,通过.join()函数将处理后的虚拟变量列和选取的数值变量列合并成一个新的DataFrame df。

通过此段代码,将"贷款客户信息表.csv"表所有的数据都转换为可供机器学习的数值型数据,可以进行后继的建模了。

▶ 拓展阅读:对数据进行清洗、用软件定义汽车——汽车装上"智慧大脑"

在武汉经开区,南斗六星系统集成有限公司(以下简称"南斗六星")以大数据为核心,专注于智能网联汽车云端产品研发、应用和推广,并相继推出智能驾驶车路协同云

控系统、新一代智能座舱系统、南斗云大数据处理平台等产品，让城市交通管理更"智慧"。

一、大数据让车辆运维更透明

2022 年 9 月 30 日，湖北日报全媒记者走进南斗六星展厅，映入眼帘的是南斗云数据中心、车联网数据标签和模型体系、武汉市新能源充电管理分析系统等可视化大屏。屏幕上显示着数据、文字、图表等，让人仿佛置身数据海洋。

据展厅工作人员介绍，这是公司所建立的数字化管理系统，包括数据分布、数据治理、数据建模、数据应用等，全部存储于武汉市专业数据机房中。一些整车企业将数据接入南斗云数据中心后，技术人员会对数据进行清洗，获取有效数据（比如行车轨迹、天气、地理位置等），进行标签化处理、建立相应的模型。

从互为孤岛、海量无序的数据，到互联互通、分门别类的可视化数据，南斗六星建立的大数据平台，让车辆运维更智慧透明了。

现场点开武汉市新能源车辆监管平台，分为大屏可视化、后台业务管理系统和门户网站 3 个部分，透过大屏，能看到武汉市新能源车的销售趋势、车辆类型占比，充电桩的数据、状态、覆盖范围，新能源车主的行驶频次、行车轨迹等。据介绍，目前，该平台已接入 70 多家整车企业，共计 9 万余台车辆。对管理部门而言，通过该平台能进一步掌握武汉市新能源汽车运营安全状态、行驶里程和充电量等情况，为下一步发展新能源汽车提供参考依据；于整车企业来说，也能从用户行为偏好，进一步洞察消费习惯，推出更好的产品。

二、未来汽车有了"智慧大脑"

聚"数"而为，乘"云"直上。以大数据分析为核心，南斗六星还建立了智能网联汽车的云端产品研发、应用与推广。

南斗六星云平台开发部部长李晓聪介绍，公司研发的智能网联和自动驾驶云控平台，目前接入了共享出行、自动驾驶出租车、智慧物流、智慧环卫以及智慧停车等多种智能网联和自动驾驶示范应用场景，成功打造自动驾驶汽车、智能网联汽车的"智慧大脑"。

镜头切换到厦门中远洋海运码头。据介绍，南斗六星为其开发了车辆安全监管平台，实现无人集卡、码头智能交互系统、码头设备数据互联互通，不仅能有效进行任务调度，还能实时监控无人集卡运行状态，实现港口的无人安全作业。未来，厦门中远洋海运码头二期项目还将接入更多无人集卡，进一步优化各项功能。

在邻近的东风公司，自动驾驶领航项目中，车辆 Robotaxi 搭载先进的"5G+北斗"定位、动态规划决策、"人车路网云"协同技术，实现车辆云端监控、远程订单下发、人车交互等功能，可为乘客提供安全、便利、舒适的良好出行体验。由南斗六星开发的云控平台，能对自动驾驶汽车进行监控、运营管理以及数据采集分析，确保行驶安全与智能。同时，南斗六星还开发了"东风领航"App，市民只需要输入姓名和身份证号，就能自助预约试乘车。

三、汽车数据服务将成新蓝海

眼下，"软件定义汽车"正成为行业共识，软件能力成为衡量造车能力的首要指标。

随着汽车变身新一代移动智能终端，对服务提供商而言，汽车最重要的作用变成了跑"数据"，汽车数据服务成为新的收益点。

目前，南斗六星研制的软硬件产品在汽车市场广泛应用于东风商用车、东风乘用车、陕汽、宇通等整车厂，以及国家汽车质量监督检验中心（襄阳）智能试车场管理、湖北省机动车环境管理、武汉市政府新能源汽车及充电基础设施第三方监管等领域。其独创的全景环视系统 270° 拼接算法，在辅助驾驶安全领域的市场占有率居行业领先地位，成为国家标准。

围绕研发试验、自动驾驶云控、智慧物流、网联服务、智能终端和城市服务等，南斗六星共拥有核心知识产权成果 456 项，其研发人员占全体员工的 70%，公司平均年龄为 32 岁，每年研发投入约占年营业收入的 15% 以上。

"作为高新技术企业，我们的科技创新脚步只会快不会慢，研发投入强度只增不减。"南斗六星总经理助理边少君介绍，未来 5 年，每年至少增加 100 项专利，继续扩大创新人才队伍，推动产学研融合，进一步提升公司创新能力，推动公司实现研发数字化、智能化转型，构建核心竞争力。

（资料来源：学习强国）

【思政元素】

创新驱动发展、科技服务社会。南斗六星通过大数据和软件定义汽车，推动了智能网联汽车的发展，体现了创新是引领发展的第一动力。通过智能网联汽车云端产品的研发，南斗六星为城市交通管理提供了智慧化的解决方案，展现了科技在服务社会发展中的重要角色。

团队合作精神。南斗六星公司的研发团队占全体员工的 70%，这展示了团队合作在研发过程中的重要性，以及对专业人才培养的重视。

可持续发展理念。南斗六星公司在智能网联汽车领域的研发和应用，体现了可持续发展的理念，以及科技在推动绿色发展中的应用。

本章习题

一、单项选择题（以下选项只有一个正确答案）

1. 读入以下表格存储于 DataFrame 对象 data，行索引为原始索引，列索引为表格第一行，执行语句 data［'销售量'］.min()，输出的结果是（　　）。

日期	成本	单价	销售量
2024 年 1 月	500	800	65000
2024 年 2 月	1000	1500	49000
2024 年 3 月	800	1300	76000

A. 65000　　　　B. 1500　　　　C. 49000　　　　D. 76000

2. 以下函数中，没有 axis 轴参数的函数是（　　　）。

    A. count（ ）   B. cumsum（ ）

    C. describe（ ）   D. max（ ）

3. 关于数据清洗，以下说法错误的是（　　　）。

    A. 在数据清洗之前，首先必须明确数据存在哪些问题，再针对各问题逐一解决

    B. 数据清洗包括对重复值、缺失值以及其他异常情况的处理

    C. drop_ duplicates（ ）函数可以删除 DataFrame 的重复行

    D. astype（ ）函数可以将 pandas 对象转换为指定的数据类型，但字符串类型不能转换为浮点型

4. 读入如下 CPI 指数表存储于 DataFrame 对象 df，行索引为原始索引，列索引为表格第一行。要查找出重复值，以下语法正确的是（　　　）。

地区	2019 年	2020 年	2021 年	2022 年	2023 年
福建省	104. 3	98. 53	100. 425	109. 5	109. 2
重庆市	104. 7	97	101. 351	109. 6	107. 9
重庆市	104. 7	97	101. 351	109. 6	107. 9
海南省	106. 1	99. 3	100. 907	108. 12	
青海省	102. 4	99. 5	103. 286	105. 3	106. 5
云南省	104. 3	99. 83	100. 224	106. 6	111. 6
四川·省	105	97. 2	101. 329	108. 9	111

    A. df. duplicated（ ）   B. df ［df. duplicated（ ）］

    C. df. drop_duplicates（ ）   D. df. isna（ ）. any（ ）

5. 接上题，要查找每列缺失数量，以下语法正确的是（　　　）。

    A. df. isna（ ）   B. df. isna（ ）. sum（ ）

    C. df. isna（ ）. any（ ）   D. df. isna（ ）. sum（ ）. sum（ ）

6. 接上题，直接在原数据上删除全为空的行，以下语法正确的是（　　　）。

    A. df. dropna（axis＝0，inplace＝True）

    B. df. dropna（axis＝0，how＝'all'，inplace＝True）

    C. df. dropna（axis＝1，inplace＝True）

    D. df. dropna（axis＝1，how＝'all'，inplace＝True）

7. 接上题，以"2023 年"列的最小值填充该列缺失值，以下语法正确的是（　　　）。

    A. df ['2023 年'] . fillna（ ）   B. df ['2023 年'] . fillna（0）

    C. df ['2023 年'] . fillna（df. min（ ））   D. df ['2023 年'] . fillna（ ）. min（ ）

8. 读入以下表格存储于 DataFrame 对象 data，行索引为原始索引，列索引为表格第一行。使用 map 函数将净利润超过 70000 元的标记为达标，否则标记为利润不达标，以下语法中使用正确的是（　　　）。

年	营业收入（元）	营业成本（元）	净利润（元）
2019	424000.00	266484.00	79076.00
2020	392000.00	240884.00	78282.40
2021	354820.00	220839.97	69012.49
2022	343500.00	221557.50	59391.15
2023	401200.00	264069.84	62587.20

A. data['利润达标情况'] = data['净利润（元）'].map(lambda x：'利润达标' if x < 70000 else '利润不达标')

B. data['利润达标情况'] = map(lambda x：'利润达标' if data['净利润（元）'] > 70000 else '利润不达标')

C. data['利润达标情况'] = data['净利润（元）'].map(lambda x：'利润达标' if x > 70000 else '利润不达标')

D. data['利润达标情况'] = map(lambda x：'利润达标' if data['净利润（元）'] < 70000 else '利润不达标')

9. 接上题，如果当年利润达标，则管理层有奖金，否则无奖金。以下语法正确的是（　　）。

A. data['有无奖金'] = data['利润达标情况'].map(['利润达标'：'有奖金'，'利润不达标'：'无奖金'])

B. data['有无奖金'] = data['利润达标情况'].map({'利润达标'：'有奖金'，'利润不达标'：'无奖金'})

C. data['有无奖金'] = data['利润达标情况'].apply({'利润达标'：'有奖金'，'利润不达标'：'无奖金'})

D. data['有无奖金'] = data['利润达标情况'].applymap({'利润达标'：'有奖金'，'利润不达标'：'无奖金'})

10. 接上题，经检查发现，各年的营业收入与净利润计算有误，需将各年的营业收入与净利润均调增 10000 元。以下语法正确的是（　　）。

A. data['营业收入（元）'，'净利润（元）'] = data['营业收入（元）'，'净利润（元）'].apply(lambda x：x+10000)

B. data[['营业收入（元）'，'净利润（元）']] = data[['营业收入（元）'，'净利润（元）']].apply(lambda x：x+10000)

C. data[['营业收入（元）'，'净利润（元）']] = data[['营业收入（元）'，'净利润（元）']].map(lambda x：x+10000)

D. data['营业收入（元）'，'净利润（元）'] = data['营业收入（元）'，'净利润（元）'].map(lambda x：x+10000)

11. 使用 map() 函数来将"增长率"这一列的数据改为保留两位小数，语法正确的是（　　）。

A. df['增长率'] = df['增长率']. map(lambda x : "%. 2f"%x)

B. df['增长率'] = df['增长率']. map(lambda x : x)

C. df['增长率'] = df['增长率']. map(x : "%. 2f"%x)

D. df['增长率'] = df['增长率']. map(x)

12. 对于 pd. merge(data1，data2，how = 'inner')，以下说法正确的是（　　　）。

A. data1 与 data2 内连接，取并集

B. data1 与 data2 内连接，取交集

C. data1 与 data2 外连接，取并集

D. data1 与 data2 外连接，取交集

13. 有 data1 和 data2 两个列表，要让两个表的行数进行拼接(纵向拼接)，以下语法正确的是（　　　）。

A. data = pd. concat([data1，data2])

B. data = pd. concat([data1，data2]，axis = 1)

C. data = pd. merge(data1，data2，how = 'left')

D. data = pd. merge (data1，data2，how = 'right')

14. 有如下图所示的 DataFrame 对象 df，按照类别进行分组，汇总计算各类别的列 2 和列 3 的平均值。以下语法正确的是 （　　　）。

	类别	列2	列3	列4	列5
0	A	1	6	11	16
1	A	2	7	12	17
2	B	3	8	13	18
3	B	4	9	14	19
4	C	5	10	15	20
5	A	21	25	29	33
6	A	22	26	30	34
7	C	23	27	31	35
8	B	24	28	32	36

A. df1 = df. groupby ('类别') . mean()

B. df1 = df. groupby ('类别') . mean ('列2'，'列3')

C. df1 = df. groupby ('类别') . agg()

D. df1 = df. groupby ('类别') . agg ('列2'，'列3')

15. 根据上题的 DataFrame 对象 df，按照类别进行分组，汇总计算列 2 的合计数、平均值，列 4 的最大值，以下语法正确的是 （　　　）。

A. df2 = df. groupby ('类别'). agg({'列2'：'sum'，'mean'，'列4'：'max'})

B. df2 = df. groupby('类别'). agg{'列2'：'sum'，'mean'，'列4'：'max'}

C. df2 = df. groupby ('类别'). agg({'列2'：['sum'，'mean']，'列4'：'max'})

D. df2＝df. groupby. agg(｛'列 2'：['sum'，'mean']，'列 4'：'max'｝)

16. 根据第 14 题的 DataFrame 对象 df，选择"类别"作为列索引，"列 3，列 4"为元素值，计算平均值，以下语法正确的是(   )。

    A. df. pivot_ table(columns＝'类别'，values＝['列 3'，'列 4']，aggfunc＝'mean')

    B. pd. pivot_ table(columns＝'类别'，values＝['列 3'，'列 4']，aggfunc＝'mean')

    C. pd. pivot_ table(df，index＝'类别'，values＝['列 3'，'列 4']，aggfunc＝'mean')

    D. df. pivot_ table(index＝'类别'，values＝['列 3'，'列 4']，aggfunc＝mean)

17. 使用 pivot_ table() 函数制作数据透视表，如果需要进行数据合计，汇总栏命名为"总计"，以下设置参数正确的是 (   )。

    A. margins＝True，margins_name＝'总计'

    B. margins＝True，margins_name＝['总计']

    C. margins＝False，margins_name＝'总计'

    D. margins＝False，margins_name＝['总计']

18. 假设有一个 DataFrame 对象 df，其中包含一个名为' Phone' 的列，包含电话号码。如果要删除电话号码中的所有非数字字符，应该使用哪个方法？(   )

    A. str. isdigit()   B. str. replace()

    C. str. extract (r' \d+')   D. str. isnumeric()

19. 如果有一个名为' Timestamp' 的列，包含时间戳数据，你想要提取出这些时间戳中的年份部分，应该使用哪个属性或方法？(   )

    A. . dt. year   B. . str. year   C. . year()   D. . dt. strftime ('%Y')

20. 假设有一个 DataFrame 对象 df，要对数据进行 Z-score 标准化，即将数据转换为均值为 0，标准差为 1 的标准正态分布，应该使用以下哪段代码？(   )

    A. (df-df. min())/(df. max() － df. min())

    B. (df-df. mean())/df. std()

    C. df/df. sum()

    D. df * df. std()

21. 现需要对包含多级分类的列进行独热编码，应该使用什么方法？(   )

    A. pd. get_dummies()并指定多级列

    B. DataFrame. apply()结合自定义函数

    C. DataFrame. pivot()

    D. DataFrame. melt()

二、多项选择题 (有两个及两个以上的正确答案)

1. 以下选项中说法正确的是 (   )。

    A. 将所有数值列进行统计，返回 DataFrame 中常见' 的统计指标的函数是 describe()

    B. 重置索引，获得新索引的函数是 set_index()

    C. 对于计算财务报表的环比分析应该选择 pct_change() 函数

    D. 按照某行或某列的值进行升序或降序排序的函数是 sort_values()

2. 以下哪些数据是数据清洗中必要进行处理的数据（　　　）。

    A. 重复数据　　　　B. 空格　　　　　　C. 特殊字符　　　　D. 空值

3. 以下关于数据清洗的函数描述正确的有（　　　）。

    A. isna( )检测缺失值　　　　　　　　B. fillna( )使用指定的方法填充空值

    C. dropna( )删除缺失的值　　　　　　D. drop_duplicates( )删除重复项

4. 关于数据类型的转换，以下说法正确的是（　　　）。

    A. 浮点数可以转换成整数　　　　　　B. 整数可以转换成浮点数

    C. 字符串都可以转换成浮点数　　　　D. 字符串不可以转换成浮点数

5. 以下关于 concat 函数和 merge 函数的区别，说法正确的是（　　　）。

    A. concat 函数和 merge 函数都能实现横向拼接

    B. concat 函数只能横向连接，merge 函数可横向拼接也可纵向拼接

    C. concat 函数只能进行表拼接，不查找公共列，merge 可以按照键进行拼接

    D. concat 函数可以对多表进行操作，merge 函数只能操作两张表

6. 对于数据透视-pivot_table 函数语法中的相关参数中，以下描述错误的是（　　　）。

    A. index 表示数据透视表的行索引，可选取一列或多列

    B. columns 表示数据透视表的列索引，可选取一列或多列

    C. values 表示数据透视表的元素值，若不指定 values，则默认将除行、列索引以外的所有列作为元素值列。

    D. fill_value＝0 表示用 0 填充空值

7. 在 pandas 的 DataFrame 中，如果要检查某列的字符串是否以特定的前缀开始，可以使用哪些方法？（　　　）

    A. str. startswith（prefix）　　　　　B. str. endswith（suffix）

    C. str. contains（prefix）　　　　　　D. str. match（prefix）

8. 假设有一个 DataFrame 对象 df，进行归一化处理时，以下哪些方法可以使用？（　　　）

    A. 使用 StandardScaler 进行 Z-score 标准化。

    B. 使用 MinMaxScaler 进行最小-最大归一化。

    C. 利用（df - df. min( )）/（df. max( ) - df. min( )）进行最小-最大归一化。

    D. 利用（df - df. mean( )）/ df. std( )进行 Z-score 标准化。

三、判断题

1. DataFrame 和 Series 数据类型都可以调用 sum( )函数。　　　　　　　　　　（　　　）

2. 对 DataFrame 调用 fillna( )函数，用于填充缺失值。　　　　　　　　　　（　　　）

3. 对 DataFrame 调用 applymap 函数，会将传入的函数参数应用于 DataFrame 的行或列。

                                               （　　　）

4. apply 函数，默认情况下，它应用于每行，如果 axis＝1，则应用于每列。　　（　　　）

5. applymap( )函数的功能是将传入的函数参数作用于 DataFrame 的所有元素。（　　　）

6. 在 groupby( )后调用 agg( )自定义聚合方式，可在一次计算中完成多种聚合。

                                               （　　　）

7. 使用 groupby( ) 函数对 DataFrame 数据进行分组操作后，返回的结果是一个 DataFrame 或 Series 对象。（   ）

8. agg( ) 函数可以自定义多种聚合方式，例如：对一列使用多种聚合；对每列使用相同的多种聚合；对选定列使用不同的聚合等。（   ）

9. pivot_table( ) 函数可对行进行操作，通过指定行、列、元素值，进行汇总计算。（   ）

10. 使用 str. lower( ) 方法，可以将大写英文字符转换为小写。（   ）

11. 使用 str. contains( ) 方法可以检测字符串是否包含另一个子字符串，这个方法默认是区分大小写的。（   ）

12. str. replace( ) 方法可以用来替换字符串中的特定模式，如果需要全局替换，必须设置参数 regex = True。（   ）

13. 使用 dt. hour 属性可以访问 Series 中每个时间戳的小时部分，这要求 Series 的数据类型必须是 datetime。（   ）

14. dt. strftime( ) 方法可以用来将 datetime 类型的数据格式化为指定的字符串格式，但是格式化后的结果是字符串类型，不再是 datetime 类型。（   ）

15. 在 pandas 的 DataFrame 中，使用 pd. get_dummies( ) 进行独热编码时，如果原始列中有缺失值，独热编码的结果也会包含这些缺失值。（   ）

四、实操题

1. 读入"利润表项目 . xlsx"，完成以下任务：
（1）进行描述性统计；
（2）计算营业收入、营业成本、净利润等每年的年增长率（即同比数据）；
（3）计算营业收入、营业成本、净利润的每年的年累计数；
（4）将计算后结果导出为 excel（去除行索引），命名为"利润表的基础统计 . xlsx"。

2. 读入"上市公司经营数据 . xlsx"，完成数据清洗（提示：去除空格、特殊字符、重复值，处理空值等）。

3. 读入表格"经济指标 . xlsx"，完成数据清洗，步骤如下：
（1）处理空行空列；
（2）处理重复值；
（3）处理特殊字符（#）和空格；
（4）国家名称统一为中文，比如把 UnitedStatesofAmerica 转为美国；
（5）处理异常年份；
（6）缺失值的填充：通货膨胀率的空值全部填充为零；汇率、国内生产总值的百分比、人均收入、失业率、贸易平衡按国家分组后采用向下填充；如：df［'汇率'］＝df. groupby（'国家'）［'汇率'］. fillna（method='bfill'））#groupby 是对国家进行分组
（7）将清洗后的数据导入为"清洗完成后的经济指标 . xlsx"，并去除行索引。

4. 计算宏观经济学考试的总成绩，具体步骤如下：
（1）读入宏观经济学平时成绩、宏观经济学期末成绩两张表；

（2）以宏观经济学期末成绩为主表，将此两张表按关键列"姓名"合并；

（3）新增一列列名为"总成绩"，总成绩＝平时成绩＊40%＋期末成绩＊60%；

（4）按总成绩从高到低排序（提示：应用函数 sort_values）；

（5）输出排序后的 excel 表，命名为"宏观经济学总成绩表"，保存在 D 盘，需去除行索引。

5. 读入"各地区数据.xlsx"，按"产品类型"拆分成多个表格，并存储在名为"按产品类型分类的数据"的文件夹中。

6. 读入"个人所得税表.xlsx"，新增"年应纳税所得额"、"年应交个人所得税"列，并将计算结果填入此两列，输入名为"已计算出个税表.xlsx"表，保存在 D 盘中。

7. 数据分组聚合及透视的练习：

（1）读入"销售成本表.xlsx"；

（2）利用分组聚合的方法列示出每月的销售金额；（groupby）

（3）利用长表变宽表（数据透视表）的方法列示出各类产品的销售单价、销售金额的加总值、平均值，需要合计行。（pivot_table）

8. 读入"销售人员各月业绩表.xlsx"，将各月合并为一列"月份"，数据放入"销售业绩"列，导出命名为"纵向销售业绩表.xlsx"。

9. 读入"员工年终工作统计.xlsx"，完成以下任务：

（1）将"参与的项目"列拆分为"参与第一项"、"参与第二项"、"参与第三项"等三列；

（2）将考核等级列的"优秀"改为"A"、"良好"改为"B"、"一般"改为"C"、"差"改为"D"；

（3）将参与过"公共建筑项目"的员工筛选出来，并重置索引；

（4）导入为 excel 表，并命名为"已整理的员工年终统计表"，去除行索引。

10. 思考：【例 4-54】的"贷款客户信息表.csv"中月还款额、总债务、信用评分、年收入等列是否还需要处理？需要用到之前的哪些方法进行数据预处理？

第 5 章

财经数据可视化

5.1　财经数据可视化概述

　　财经数据可视化是一种将复杂数据转换为直观图形和图表的技术，它极大地提升了数据的可读性和理解性。通过这种方式，我们可以迅速捕捉到数据的关键信息和趋势，从而更有效地进行分析和决策。在财经领域，数据可视化尤其重要，因为它能够帮助分析师和决策者从海量数据中提炼出有价值的洞察，揭示市场动态和经济指标的变化。

　　在 Python 这一强大的数据分析工具中，有几个库特别适合进行财经数据可视化。这些库包括 pandas、Matplotlib、Seaborn 和 Pyecharts。pandas 提供了数据处理和分析的基础功能，而 Matplotlib、Seaborn 和 Pyecharts 则专注于数据的可视化展示。本章节将重点介绍 Matplotlib、Seaborn 和 Pyecharts 这三个库，它们各自具有独特的优势和特点，能够帮助用户以直观、美观的方式展示财经数据，从而更好地理解数据背后的经济规律和市场趋势。通过这些工具的应用，我们不仅能够提高数据分析的效率，还能够加深对财经数据内在联系的认识。

　　进行财经数据可视化处理一般包括以下几个方面。

　　（1）选择合适的可视化工具和库。Matplotlib 是一个基础的绘图库，适合创建静态、动画和交互式图表。Seaborn 是基于 Matplotlib 的高级接口，简化了统计图表的创建过程。Pyecharts 是一个基于 ECharts 的 Python 数据可视化库，支持 30+种图表，包括交互式图表。

　　如果需要快速、简便地创建具有吸引力的交互式图表，尤其是用于商业报告或网页展示，Pyecharts 是一个很好的选择。如果重点是进行统计分析并在科学论文或数据探索中展示结果，Seaborn 提供的高级统计图表和美观的默认样式将非常适合。而需要从底层开始精细控制图表的每一个细节，或者需要与 NumPy 和 pandas 紧密集成进行复杂的数据操作和可视化时，Matplotlib 将是最佳选择。

　　（2）数据获取与清洗。在进行可视化之前，需要获取并清洗数据。获取数据与数据清洗在第二章、第四章已有详细的介绍。

（3）图表类型选择。根据数据特性和分析目标选择合适的图表类型。例如，折线图适合表示股票价格走势，柱状图适合表示交易量或收益，K线图用于表示股票价格的开盘、收盘、最高和最低价，饼图用于表示各部分的占比关系。

（4）颜色和标记的运用。合理使用颜色和标记可以增强图表的可读性和信息传达效果。

（5）图表布局和排版。注意图表的布局和排版，确保图表的标题、坐标轴标签等信息的完整性和准确性，使得图表更加易于阅读和理解。

（6）交互式可视化。利用选用的第三方库的支持交互功能，如悬停显示详细信息，缩放查看特定区域的数据，提高用户体验。

（7）实时数据集成。对于需要实时数据的财经分析，可以集成实时数据源，如股市行情，以实现动态更新的可视化效果。

（8）结合专业知识。财经数据可视化不仅仅是技术操作，还需要结合财经专业知识，如理解宏观经济指标、公司财务报表等，以确保可视化结果的准确性和可靠性。

通过上述方法，可以实现财经数据的有效可视化，帮助分析师和决策者更好地理解数据，发现数据背后的规律和趋势。

5.2　Matplotlib 绘图库

▶▶| 5.2.1　Matplotlib 简介及使用　▶▶　▶

Matplotlib 是 Python 编程语言中的一个广泛使用的 2D 绘图库。它能够生成各种图表和图形，适用于科学计算、数据分析和数据可视化等领域。Matplotlib 以其强大的功能和灵活性，被广泛应用于学术研究、金融分析和数据科学等领域。

Matplotlib 的特点如下。

（1）多种图表类型：支持折线图、散点图、柱状图、直方图、饼图、箱线图、热图等多种图表类型。

（2）高定制性：可以对图表的各个部分进行详细的定制，包括坐标轴、刻度、标签、颜色、线型等。

（3）互动性：支持交互式图表，可以放大、缩小、平移、选择数据点等操作。

（4）集成性：与 NumPy、pandas 等科学计算库无缝集成，可以方便地处理和可视化大量数据。

（5）跨平台性：支持在不同操作系统上运行，包括 Windows、macOS 和 Linux。

Matplotlib 的安装见第一章中 1.3.3 的"3. 安装与卸载第三方库"的安装过程，运行如下代码：

```
pip install matplotlib
```

要在项目中应用 Matplotlib 官网教程中的代码，可以参照以下步骤：

（1）访问官网页面：https://www. matplotlib. org. cn/。

（2）找到教程代码：先点击（图 5-1）示例陈列馆（https://www. matplotlib. org. cn/gallery/），再查找左侧栏（图 5-2）需要应用的图形类型。

图 5-1　点击示例陈列馆

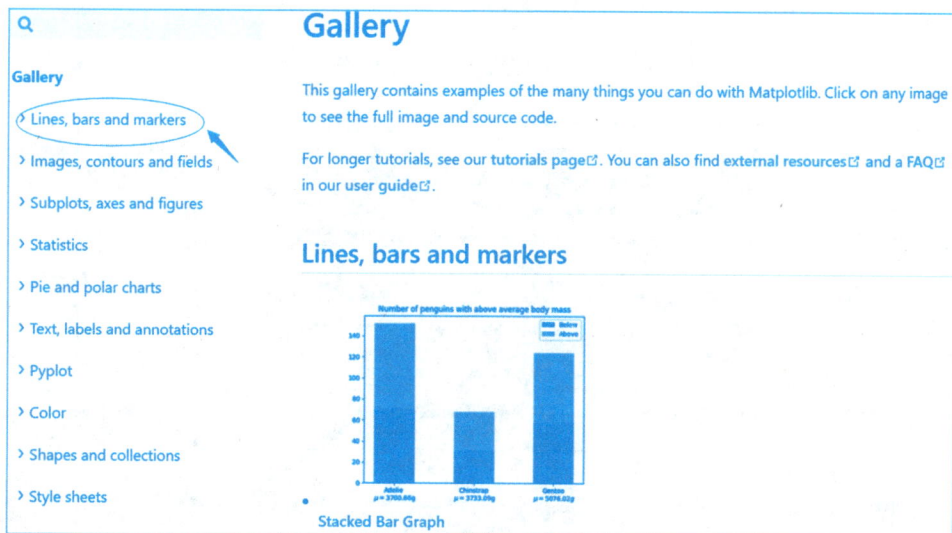

图 5-2　选择所需要绘制的类型

（3）找到需要的源代码（以图 5-3 以柱状图为例）、选择复制或下载（图 5-4）后根据需要再进行修改。

Lines, bars and markers

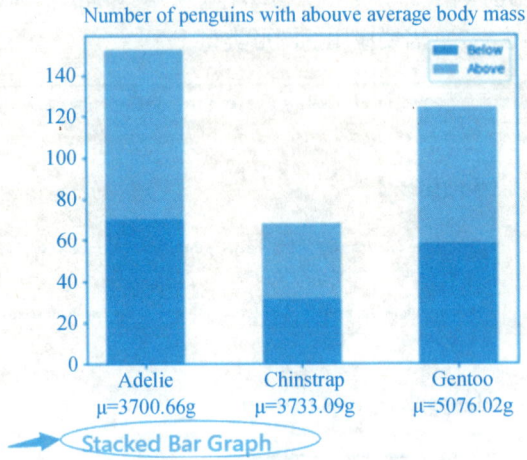

Number of penguins with abouve average body mass

图 5-3　选择柱状图

```
1    import numpy as np
2    import matplotlib.pyplot as plt
3
4    N = 5
5    menMeans = (20, 35, 30, 35, 27)
6    womenMeans = (25, 32, 34, 20, 25)
7    menStd = (2, 3, 4, 1, 2)
8    womenStd = (3, 5, 2, 3, 3)
9    ind = np.arange(N)    # the x locations for the groups
10   width = 0.35        # the width of the bars: can also be len(x) sequence
11
12   p1 = plt.bar(ind, menMeans, width, yerr=menStd)
13   p2 = plt.bar(ind, womenMeans, width,
14           bottom=menMeans, yerr=womenStd)
15
16   plt.ylabel('Scores')
17   plt.title('Scores by group and gender')
18   plt.xticks(ind, ('G1', 'G2', 'G3', 'G4', 'G5'))
19   plt.yticks(np.arange(0, 81, 10))
20   plt.legend((p1[0], p2[0]), ('Men', 'Women'))
21
22   plt.show()
```

复制

下载这个示例

下载

- 下载python源码: bar_stacked.py ⧉
- 下载Jupyter notebook: bar_stacked.ipynb ⧉

图 5-4　复制或下载代码

（4）在编程环境中运行代码。将复制的代码粘贴到 Anaconda 的代码编辑框中即可运行。

（5）调整代码。根据需求，调整示例代码中的数据、样式、标签等。

常见的调整有：

- 修改数据：可以数值替换为需要的数据。
- 更改图表样式：可以使用 plt.bar（x，y，'r--'）等方式更改线条颜色和样式。
- 添加更多图表元素：比如注释、网格线、图例等。

（6）保存图形。如果需要生成的图形保存为文件，可以使用 plt.savefig（）函数。例如：

```
plt.savefig('plot.png')
```

▶▶ 5.2.2　Matplotlib 各类图形示例　▶▶ ▶

1. 折线图

折线图是一种用于显示数据随时间或其他连续变量变化趋势的图。它通过将数据点（通常是测量值）在图表上用点表示，然后通过直线将这些点依次连接，形成一条线。折线图常用于展示数据的变化趋势，如销售额、气温、股票价格等随时间的变化。

折线图的特点：

- 横轴（X 轴）：通常表示时间或其他连续变量。
- 纵轴（Y 轴）：表示所测量的值，如数量、百分比、金额等。
- 数据点：每个数据点代表一个测量值。
- 连接线：通过线条将数据点连接起来，形成一条折线。

折线图常用于分析和展示数据的变化趋势或对比不同组数据的变化情况。它能帮助人们快速了解数据的走向，是一种非常直观的可视化工具。折线图常用参数如表 5-1 所示。

表 5-1　常用参数及其含义

参数及含义	用法
x，y：x 轴和 y 轴的数据	plt.plot（x，y）
fmt：格式字符串，用于指定线条的颜色、样式和标记	plt.plot（x，y，'ro-'）（表示红色实线带圆圈标记）。如：颜色可以取值为：'b'（蓝色）、'g'（绿色）、'r'（红色）、'c'（青色）、'm'（洋红）、'y'（黄色）、'k'（黑色）、'w'（白色）
label：为线条添加标签，用于图例显示	plt.plot（x，y，label='Sample Data'）
color：指定线条的颜色	plt.plot（x，y，color='green'）或 plt.plot（x，y，color='#FF00FF'）
linewidth 或 lw：指定线条的宽度	plt.plot（x，y，linewidth=2.0）或 plt.plot（x，y，lw=2.0）

参数及含义	用法
linestyle 或 ls：指定线条的样式	plt. plot（x，y，linestyle='--'）或 plt. plot（x，y，ls='--'）；线条可以取值为：'-'（实线）、'--'（虚线）、'-.'（点划线）、':'（点线）
marker：指定数据点的标记样式	plt. plot（x，y，marker='o'）；标记样式可以取值为：'.'（点标记）、'o'（圆圈标记）、'^'（三角形标记）、's'（方形标记）、'D'（菱形标记）
markersize 或 ms：指定标记的大小	plt. plot（x，y，marker='o'，markersize=10）或 plt. plot（x，y，marker='o'，ms=10）
markerfacecolor 或 mfc：指定标记的填充颜色	plt. plot（x，y，marker='o'，markerfacecolor='red'）或 plt. plot（x，y，marker='o'，mfc='red'）
markeredgecolor 或 mec：指定标记的边框颜色	plt. plot（x，y，marker='o'，markeredgecolor='blue'）或 plt. plot（x，y，marker='o'，mec='blue'）

【例 5-1】根据表"sales_data. xlsx"绘制某服装公司 20××年第一季度销售量与销售额关系的折线图。

```
import pandas as pd
import matplotlib.pyplot as plt
import matplotlib.font_manager as fm
#读取公司 sales_dat.xlsx 文件中的数据
df=pd. read_excel('sales_data.xlsx')
#过滤出第一季度的数据(1 月到 3 月)
df['销售日期']=pd. to_datetime(df['销售日期'])
first_quarter_data=df[(df['销售日期'].dt.month >=1)&(df['销售日期'].dt.month <=3)]  #按销售量排序
first_quarter_data=first_quarter_data.sort_values(by='销售量')
#设置中文字体
plt. rcParams['font.sans-serif']=['SimHei']  #设置字体为 SimHei
plt. rcParams['axes.unicode_minus']=False  #解决负号显示问题
#绘制第一季度的销售量与销售金额的关系折线图
plt. figure(figsize=(10,6))
plt.plot(first_quarter_data['销售量'], first_quarter_data['销售金额'], marker='o', linestyle='-', color='green')
plt.title('第一季度销售量与销售额的关系折线图')
plt.xlabel('销售量')
plt.ylabel('销售金额')
plt.grid(True)
#当参数设置为 True 时,会在图表的 x 轴和 y 轴方向上显示网格线
plt. show()  #显示图表
```

运行结果如图 5-5 所示：

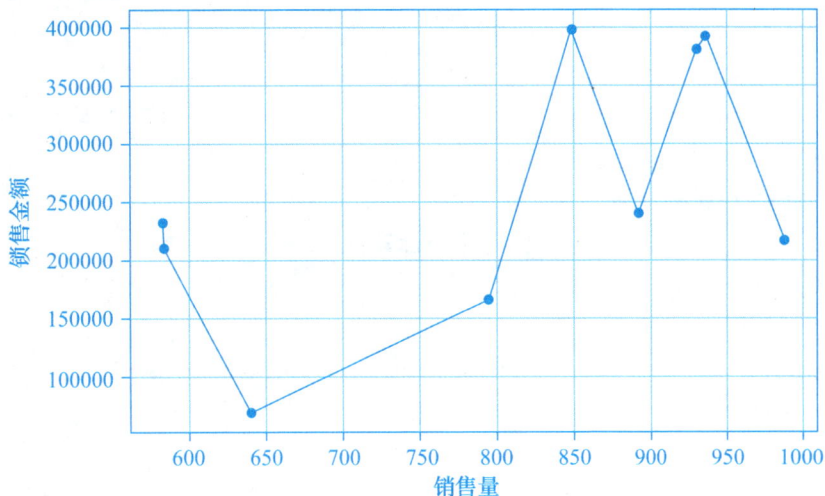

图 5-5 某服装公司 20××年第一季度销售量与销售额关系折线图

2. 散点图

散点图是一种用于显示两个变量之间的关系或分布情况的图。每个点在图中都代表一组数据（两个变量的取值），通过观察这些点的分布，可以判断变量之间是否存在某种关系，如线性关系、非线性关系或无关系。散点图常用函数如表 5-2 所示。

散点图的特点：

- 横轴（X 轴）：表示一个变量的值。
- 纵轴（Y 轴）：表示另一个变量的值。
- 数据点：图中的每个点代表一个数据样本，横坐标和纵坐标分别是这两个变量的值。

表 5-2 常用函数及其含义

函数	含义
plt. scatter（x, y）	x 指定横轴上的数据（第一个变量的值）y 指定纵轴上的数据（第二个变量的值）
plt. scatter（x, y, s=s）	s 指定散点的大小
plt. scatter（x, y, c=c）	c 指定散点的颜色
plt. scatter（x, y, marker=marker）	maker 指定散点的形状
plt. scatter（x, y, edgecolor=edgecolor）	edgecolor 指定散点的边框颜色
plt. scatter（x, y, linewidths=linewidths）	linewidths 指定散点边框的线宽

【例 5-2】绘制某服装公司 20××年销售量与销往地区关系的散点图。

```
import pandas as pd
import matplotlib.pyplot as plt
```

```
df=pd.read_excel('sales_data.xlsx')#读取 Excel 文件
plt.figure(figsize=(10,6))
#创建一个宽度为 10 英寸,高度为 6 英寸的图表
plt.scatter(df['销往地区'],df['销售量'],color='blue',alpha=0.6)
plt.title('销售量与销往地区的关系散点图')
plt.xlabel('销往地区')
plt.ylabel('销售量')#添加标题和坐标轴标签
plt.xticks(rotation=45)
#旋转地区名称,避免重叠
plt.grid(True,linestyle='--',alpha=0.5) #显示网格
plt.show()
```

运行结果如图 5-6 所示：

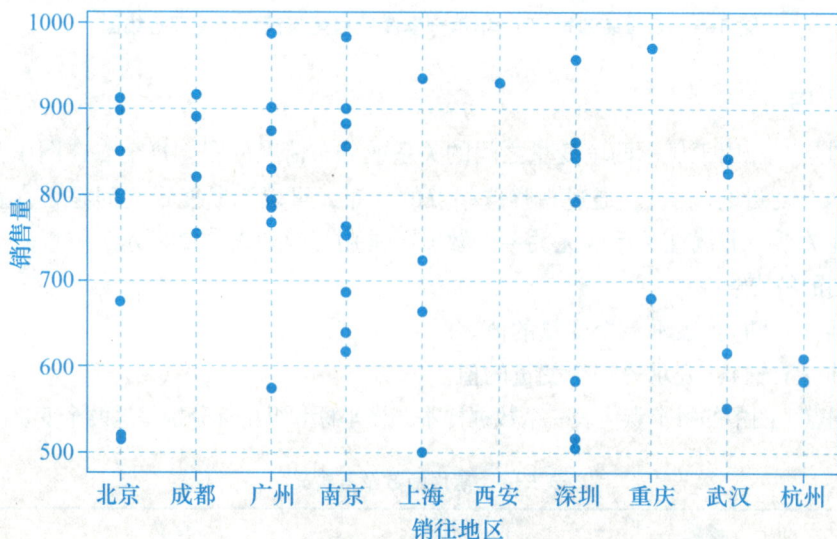

图 5-6　某服装公司 20××年销售量与销往地区关系散点图

3. 柱状图

柱状图是一种常用于显示不同类别数值大小的图。通过在坐标系中绘制一系列矩形柱（或条）来表示数据，每个柱子的长度或高度与该类别的数据值成正比。柱状图通常用于比较不同类别或群体之间的数据。柱状图常用函数如表 5-3 所示。

柱状图的特点：

●轴：柱状图通常有两个轴，横轴（X 轴）表示类别或组别，纵轴（Y 轴）表示数值。横轴上的每个类别对应一个矩形柱。

●柱子：每个柱子代表一个数据点，其高度（或长度）表示该数据点的值。柱子的宽度通常是均匀的，并且柱子之间可以有间隔。

●分类：柱状图通常用于对比多个类别的数据。例如，可以比较不同城市的人口数

量、不同产品的销售额等。

适用于比较不同类别的数值大小，例如不同年份的销售额比较；展示分类数据的情况，比如各地区的销售量、不同类别产品的销量等；分析随时间变化的趋势等。

表 5-3　常用函数及其含义

函数	含义
plt.bar( ) 用于绘制柱状图，显示数据的分类与数值之间的关系	x：分类变量的数据，通常是类别的标签 height：柱子的高度，表示每个类别的数值（如销量、总数等） width：柱子的宽度，默认值为 0.8 color：用于设置柱子的颜色 label：为每个柱子添加标签，常与 plt.legend( ) 搭配使用
plt.barh( ) 绘制水平柱状图	y：分类变量的数据，通常是类别的标签 width：柱子的宽度，表示每个类别的数值（如销量、总数等） height：柱子的高度，默认值为 0.8 color：设置柱子的颜色
plt.xlabel( ) 为 x 轴添加标签	xlabel：轴标签的文本内容 fontsize：设置标签文本的字体大小
plt.ylabel( ) 为 y 轴添加标签	ylabel：轴标签的文本内容 fontsize：设置标签文本的字体大小
plt.title( ) 为图表添加标题	label：图表标题的文本内容 fontsize：设置标题文本的字体大小 loc：设置标题的位置（'left'，'center'，'right'）
plt.legend( ) 显示图例，用于解释图表中的元素（如不同的颜色表示什么类别）	title：图例的标题 loc：图例的位置，如'best'，'upper left'，'upper right' 等 bbox_to_anchor：图例的位置可以超出绘图区域，可以使用该参数进行调整
plt.xticks( ) 设置 x 轴刻度标签及其属性	ticks：设置刻度的位置 labels：设置刻度的标签 rotation：设置刻度标签的旋转角度
plt.yticks( ) 设置 y 轴刻度标签及其属性	ticks：设置刻度的位置 labels：设置刻度的标签 rotation：设置刻度标签的旋转角度
plt.tight_layout( )	自动调整子图参数，使得图表的内容不重叠，布局更紧凑
grouped_data.plot（kind='bar'）在 pandas 数据框中直接调用，用于绘制柱状图	kind：指定图表类型，'bar' 表示柱状图 figsize：设置图表的尺寸，如（10，7） color：设置柱子的颜色 legend：是否显示图例
plt.bar_label（ ）为每个柱子添加标签（如数值）	labels：标签的文本内容，通常是数值 padding：设置标签与柱子之间的距离

【例 5-3】 绘制某服装公司 20××年销售类别与销售量之间关系柱状图。

```python
import pandas as pd
import matplotlib.pyplot as plt
file_path='sales_data.xlsx'   # Excel 文件路径
sheet_name='Sheet1'   #需要根据实际情况修改工作表名称
#假设 Excel 文件有两列:Category(销售类别), Sales(销售量)
data=pd.read_excel(file_path, sheet_name=sheet_name)
#按类别分组,计算每个类别的总销售量
grouped_data=data.groupby('销售类别')['销售量'].sum()
#创建柱状图
grouped_data.plot(kind='bar', figsize=(10, 7), color='skyblue')
#添加标题和标签
plt.title('销售类别与销售量关系柱状图')
plt.xlabel('销售类别')
plt.ylabel('销售量')
#调整布局
plt.tight_layout()
#显示图表
plt.show()
```

运行结果如图 5-7 所示:

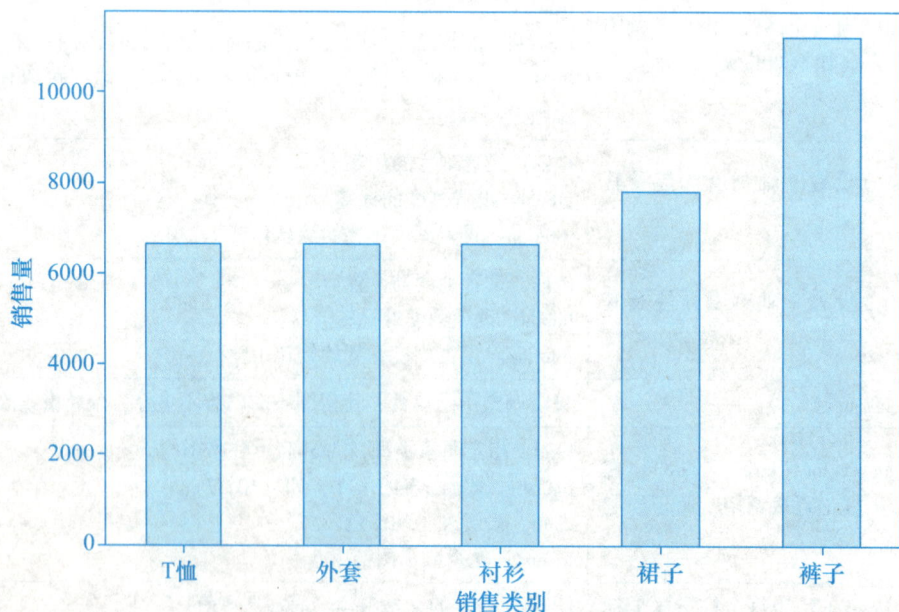

图 5-7　某服装公司 20××年销售类别与销售量关系柱状图

4. 饼状图

饼状图是一种用于展示数据占比图表的图。它通常以一个圆形图的形式呈现，将数据的不同部分分割成"扇形"区域，每个扇形的面积或角度大小与其代表的数据值成比例，用来表示各部分占总体的比例关系。饼状图常用函数如表 5-4 所示。

饼状图的特征：

• 圆形结构：饼状图是一种圆形的图表，圆的整体表示数据的总和（即 100%），每个扇形表示该部分数据相对于总数据的比例。

• 扇形分割：数据被分成多个扇形区，每个扇形区的面积或角度大小与它所表示的数量成比例。通常数据越大，所对应的扇形面积或角度越大。

饼状图适用于展示数据集中各部分之间的比例关系，特别是当你想要突出一个或多个部分占整体的百分比时。

表 5-4 常用函数及其含义

参数	含义
x	必选参数。表示各部分的大小，通常是一个列表或数组，数值代表每个扇形的比例
labels	可选参数。定义每个扇形的标签，通常是一个列表或数组，表示各个部分的名称
colors	可选参数。用于指定每个扇形的颜色，可以传递颜色名称的列表、RGB 值或十六进制代码
explode	可选参数。用于将某些扇形区域"拉出"，以突出显示它们。它是一个列表，包含与每个扇形相关的偏移值
autopct	可选参数。用于在每个扇形上显示数据值或百分比。可以传递格式化字符串，如' %1.1f%%' 表示显示百分比到小数点后一位
shadow	可选参数。布尔值，用于是否在饼状图上添加阴影。默认是 False
startangle	可选参数。用于设置饼状图的起始角度，默认从 0 度开始。如果需要旋转饼图，可以使用此参数，例如 startangle=90 将起始角度设置为 90 度
radius	可选参数。用于控制饼状图的半径大小，默认为 1。较大的值会增大饼状图的尺寸
pctdistance	可选参数。控制百分比标签与饼状图中心的距离
labeldistance	可选参数。控制标签与饼状图中心的距离

【例 5-4】绘制某服装公司 20×× 年各销售类别的销售百分比饼图。

```python
import pandas as pd
import matplotlib.pyplot as plt
file_path='sales_data.xlsx'  # Excel 文件路径
#将数据从 Excel 读取到 df 中
#计算各销售类别的销售总量
sales_summary=df.groupby('销售类别')['销售量'].sum()
#生成饼图
```

```
plt.figure(figsize=(10, 6))
sales_summary.plot.pie(autopct='%1.1f%%', startangle=90)
plt.title('各销售类别的销售量百分比')
plt.ylabel('')   #不显示 y 标签
plt.grid(axis='y')   #添加格线
plt.tight_layout()   #自动调整布局
#保存图像
plt.savefig('sales_percentage_pie_chart.png')
#显示饼图
plt.show()
```

运行结果如图 5-8 所示：

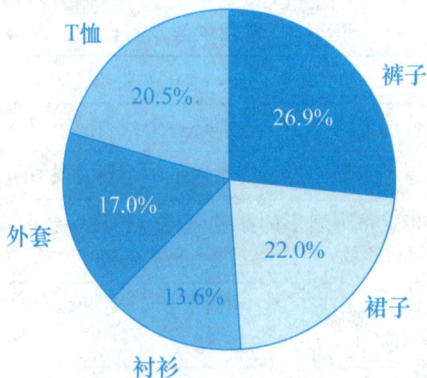

图 5-8　某服装公司 20××年销售百分比饼图

5. 雷达图

雷达图也称为蜘蛛图（Spider Chart）或星形图（Star Plot），是一种用于显示多变量数据的图表。通常用于可视化某个对象在多个维度上的表现，适合展示不同类别之间的比较。

雷达图主要特征：

• 多维度展示：雷达图使用从中心向外延伸的轴，每个轴代表一个变量（维度）。通常情况下，这些轴均匀分布在圆周上。

• 数据点连接形成多边形：在每个轴上的数据值通过点来表示，所有点连接后形成一个封闭的多边形。这个多边形的形状可以直观地反映出各维度的数据特征。

• 多组数据对比：雷达图可以在同一图上绘制多组数据，用不同的多边形（或不同颜色）来表示，从而进行对比分析。

雷达图常用于评估和展示一个实体（如员工、产品、团队）在多个指标上的表现情况。也可以用来比较多个实体在同一组指标上的相对表现，例如，不同品牌的智能手机在电池寿命、相机质量、处理器速度等方面的对比。还可以通过观察多边形的形状，直观地看到在各维度上表现的强或弱。

【例 5-5】绘制某服装公司 20××年销售最高产品的销往地区雷达图。

```python
import pandas as pd
import numpy as np
import matplotlib.pyplot as plt
from openpyxl import Workbook
from openpyxl.drawing.image import Image
#读取 Excel 数据
file_path='sales_data.xlsx'   # Excel 文件路径
df=pd.read_excel(file_path)
#找到销量最高的产品
top_product=df.groupby('销售类别')['销售量'].sum().idxmax()
#计算该产品在不同地区的销售量
product_sales=df[df['销售类别']==top_product].groupby('销往地区')
['销售量'].sum()
#准备雷达图的数据
labels=product_sales.index.tolist()
values=product_sales.tolist()
#设置角度,使图从顶部开始并以顺时针方向进行
angles=np.linspace(0, 2 * np.pi, len(labels), endpoint=False)
.tolist()
values+=values[:1]
angles+=angles[:1]
#创建雷达图
fig, ax=plt.subplots(figsize=(6, 6), subplot_kw=dict(polar=
True))
ax.fill(angles, values, color='green', alpha=0.25)
ax.plot(angles, values, color='green', linewidth=2)
#添加标签
ax.set_yticklabels([])
ax.set_xticks(angles[:-1])
ax.set_xticklabels(labels)
plt.title(f'{top_product}销往地区雷达图')
#保存图像到文件
image_path=f'{top_product}_radar_chart.png'
plt.savefig(image_path)
plt.close(fig)
#创建一个新的 Excel 工作簿
wb=Workbook()
```

```
ws=wb.active
ws.title="销量最好的产品雷达图"
#将图像插入到 Excel 中
img=Image(image_path)
ws.add_image(img, 'A1')    #插入图像
#保存 Excel 文件
output_file='top_product_radar_chart.xlsx'
wb.save(output_file)
print(f"雷达图已保存到{output_file}")
```

运行结果如图 5-9 所示：

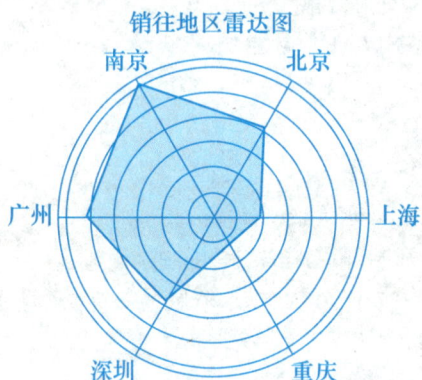

图 5-9   某服装公司 20××年销售最高产品的销往地区雷达图

6. 三维图形

在 Python 中，可以使用 matplotlib 库的 mplot3d 模块来绘制三维图。mplot3d 提供了多种类型的三维图，例如三维散点图、三维曲面图、三维线图等。

导入三维：

```
from mpl_toolkits.mplot3d import Axes3D
```

创建子图：

```
ax=plt.subplot(111,projection='3d')
```

【例 5-6】绘制某服装公司 20××年外套各地区销售量三维图。

```
import pandas as pd
import numpy as np
import matplotlib.pyplot as plt
from mpl_toolkits.mplot3d import Axes3D
from openpyxl import Workbook
from openpyxl.drawing.image import Image
```

```
#读取 Excel 数据
file_path='sales_data.xlsx'   # Excel 文件路径
df=pd.read_excel(file_path)
#筛选出外套的销售数据
coat_sales=df[df['销售类别']=='外套']
#计算外套在不同地区的销售量
sales_pivot=coat_sales.pivot_table(index='销售类别', columns='销
往地区', values='销售量', aggfunc='sum', fill_value=0)
#创建一个新的 Excel 工作簿
wb=Workbook()
ws=wb.active
ws.title="外套销售量三维图"
#准备绘制三维图的数据
labels=sales_pivot.columns.tolist()
values=sales_pivot.loc['外套'].values
x=np.arange(len(labels))
y=np.array([1] * len(labels))   #外套在 Y 轴上占据一个位置
z=np.zeros_like(x)
dx=np.ones_like(x)
dy=np.ones_like(x)
dz=values
#创建三维图
fig=plt.figure(figsize=(8, 6))
ax=fig.add_subplot(111, projection='3d')
ax.bar3d(x, y, z, dx, dy, dz, color='blue', alpha=0.6)
#设置标签
ax.set_xticks(x)
ax.set_xticklabels(labels)
ax.set_xlabel('销往地区')
ax.set_ylabel('销售类别')
ax.set_zlabel('销售量')
plt.title('外套各地区销售量三维图')
#保存图像到文件
image_path='coat_sales_3d_bar_chart.png'
plt.savefig(image_path)
plt.close(fig)
#将图像插入到 Excel 中
```

```
img＝Image(image_path)
ws.add_image(img, 'A1')   #插入图像到 A1 单元格
#保存 Excel 文件
output_file＝'coat_sales_3d_chart.xlsx'
wb.save(output_file)
print(f"三维图已保存到{output_file}")
```

运行结果如图 5-10 所示：

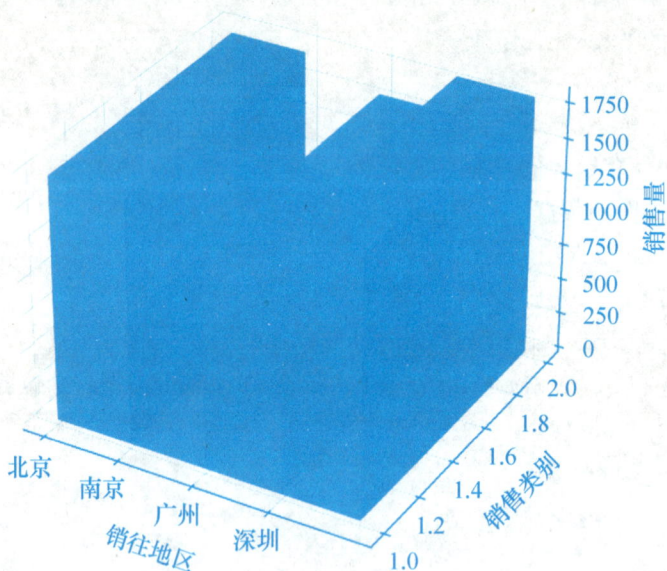

图 5-10　某服装公司 20××年外套各地区销售量三维图

Matplotlib 是一个功能强大且灵活的可视化库，适合各种数据可视化需求。无论是简单的图表绘制还是复杂的数据，Matplotlib 都能够提供有力的支持。通过学习和使用 Matplotlib，可以大大提升数据分析和展示的效率。

5.3　Seaborn 绘图库

▶▶ 5.3.1　Seabor 简介及使用　▶▶ ▶

Seaborn 是一个基于 Matplotlib 的 Python 可视化库，用于创建统计图表。它提供了更高层次的接口来绘制复杂的数据可视化，简化了图表的创建过程，并美化了默认样式。Seaborn 特别适用于分析和展示统计数据，支持多种图表类型并提供了丰富的主题和配色选项。

Seaborn 主要特性：

●简化的接口：提供了更高层次的接口，可以简化创建复杂图表的过程。它内置了很多有用的图表类型和功能，只需要少量代码即可生成漂亮的图表。

●美观的默认主题：内置了一些美观的主题和配色方案，可以使图表在视觉上更吸引人。通过简单的设置，可以轻松改变图表的样式。

●统计图表：专注于统计数据的可视化，支持如散点图、线图、条形图、箱线图、小提琴图等多种常见的统计图表。

●数据处理功能：Seaborn 与 pandas 数据结构紧密集成，可以直接处理 DataFrame 对象。这使得从数据帧中提取数据并绘制图表变得更加简单。

Seaborn 的安装见第 1 章中 1.3.3 的 "3. 安装与卸载第三方库" 的安装过程，运行如下代码：

```
pip install seaborn
```

要在项目中应用 Seaborn 官网教程中的代码，可以参照以下步骤：

（1）访问官网：http://seaborn.pydata.org/。

（2）先选择 Gallery，如图 5-11 所示。再选择所需要的图形，如图 5-12 所示。

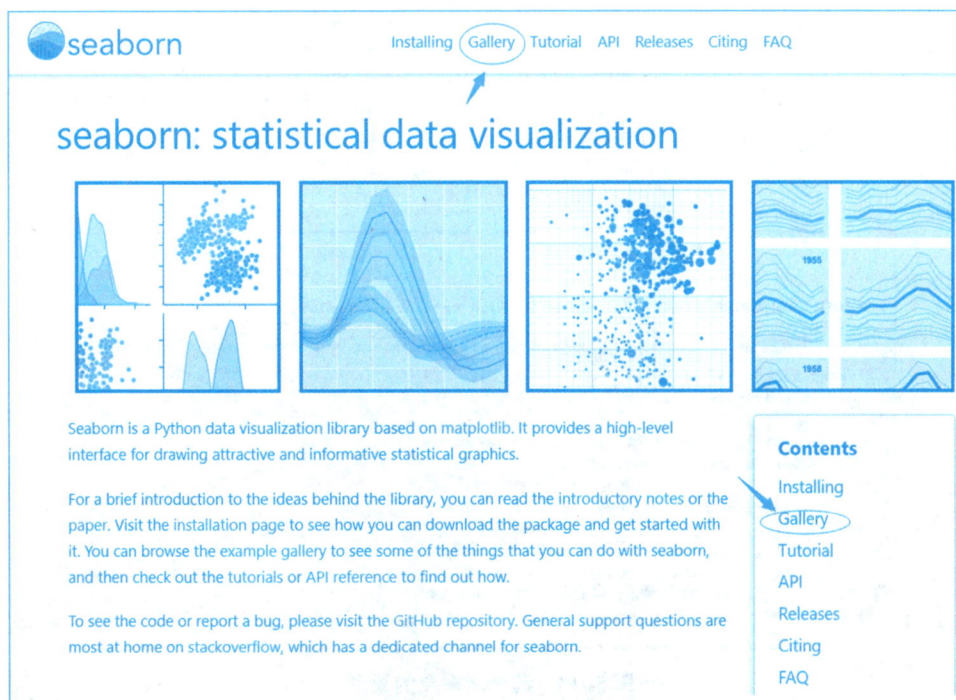

图 5-11　选择 Gallery

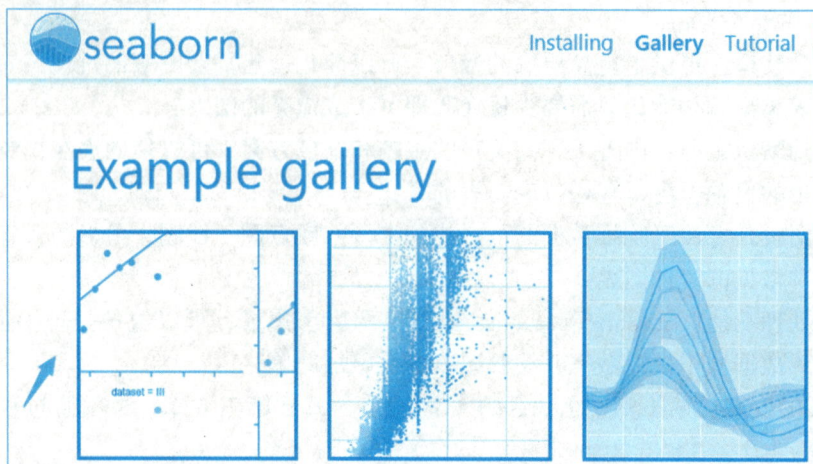

图 5-12　选择所需要的图形

（3）复制代码。从页面中（图 5-13）找到所需要的代码并复制。

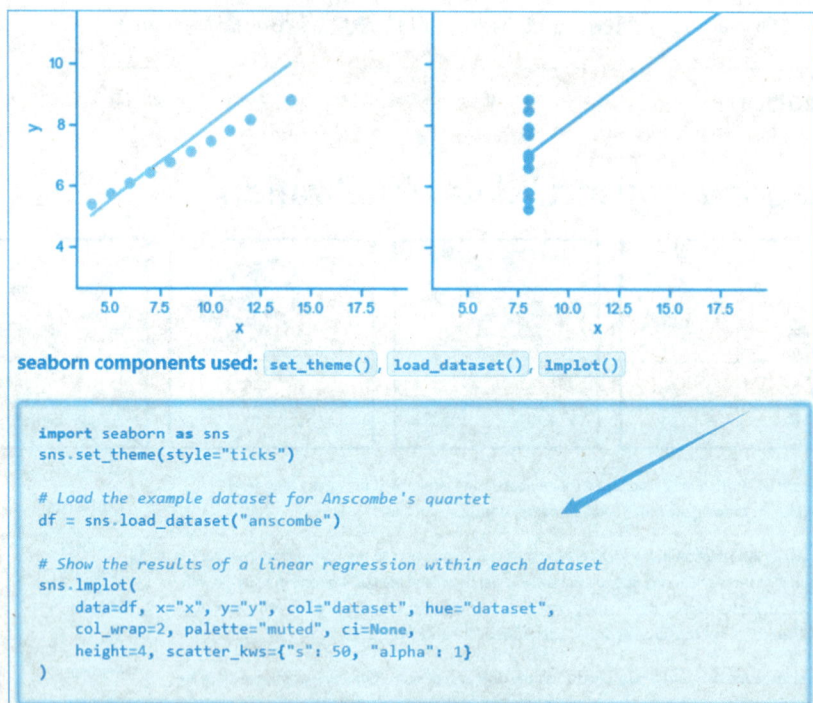

seaborn components used: `set_theme()` , `load_dataset()` , `lmplot()`

```python
import seaborn as sns
sns.set_theme(style="ticks")

# Load the example dataset for Anscombe's quartet
df = sns.load_dataset("anscombe")

# Show the results of a linear regression within each dataset
sns.lmplot(
    data=df, x="x", y="y", col="dataset", hue="dataset",
    col_wrap=2, palette="muted", ci=None,
    height=4, scatter_kws={"s": 50, "alpha": 1}
)
```

图 5-13　选择所需要的图形

（4）将复制的代码粘贴到 Anaconda 的代码编辑框内，调整并运行。

根据需求，调整示例代码中的数据、样式和参数。可以更改数据集、修改绘图类型、添加更多的图形元素等。

（5）保存图形。将生成的图形保存为文件，使用 plt.savefig( )函数。例如：

```
plt.savefig('seaborn_plot.png')
```

（6）查看结果。代码运行后，会生成一个 HTML 文件（例如 bar_chart.html），可以在浏览器中打开这个 HTML 文件来查看生成的图表。

（7）集成到项目中。如果需要将图表嵌入到应用程序中，可以将生成的图片应用中。

如果需要将图表嵌入到应用程序中，可以将生成的图表保存为图片文件，然后在应用程序中通过图片控件或 HTML 标签等方式引用该图片。此外，对于 Web 应用，还可以使用动态生成图表并返回图片响应的方法；对于桌面应用，可以直接在界面组件中加载图表图片；而在 Jupyter Notebook 中，则可以直接内联显示图表。

▶▶ 5.3.2　Seaborn 各类图形示例 ▶▶ ▶

1. 线图

线图是一种用于可视化数据随时间或连续变量而变化的图表类型。通常，线图将一个或多个变量的值沿着 X 轴的时间或连续范围上的点连接起来，以显示趋势和模式。

在 Seaborn 中，可以使用 seaborn.lineplot() 函数创建线图。

【例 5-7】绘制某服装公司 20××年裙子销售量线图。

```
import matplotlib.pyplot as plt
import seaborn as sns
import pandas as pd
from openpyxl import Workbook
from openpyxl.drawing.image import Image
#设置中文字体
plt.rcParams['font.sans-serif']=['SimHei']    #用黑体显示中文
plt.rcParams['axes.unicode_minus']=False      #正常显示负号
#读取 Excel 数据
file_path='sales_data.xlsx'   # Excel 文件路径
df=pd.read_excel(file_path)
#过滤出只包含"裙子"的数据
skirt_data=df[df['销售类别']=='裙子']    #计算"裙子"的销售总量
sales_pivot=skirt_data.pivot_table(index='销售日期', columns='销售类别', values='销售量', aggfunc='sum', fill_value=0)
#创建一个新的 Excel 工作簿
wb=Workbook()
ws=wb.active
ws.title="裙子销售量线图"
#创建 Seaborn 线图
```

```
plt.figure(figsize=(10, 6))
sns.lineplot(data=sales_pivot, markers=True, dashes=False)
plt.title('裙子销售量随时间变化的线图')
plt.xlabel('销售日期')
plt.ylabel('销售量')
#保存图像到文件
image_path='skirt_sales_line_chart.png'
plt.savefig(image_path)
plt.close()
#将图像插入到 Excel 中
img=Image(image_path)
ws.add_image(img, 'A1')    #插入图像到 A1 单元格
#保存 Excel 文件
output_file='skirt_sales_line_chart.xlsx'
wb.save(output_file)
print(f"线图已保存到{output_file}")
```

运行结果如图 5-14 所示：

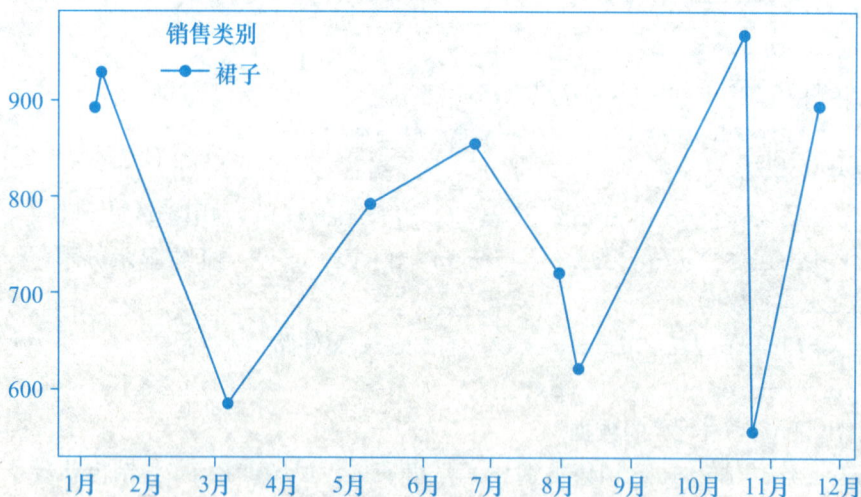

图 5-14　某服装公司 20××年裙子销售量线图

2. 点图

点图是一种用于显示两个变量之间关系的图表类型。

每个数据点都由 X 和 Y 坐标表示，可以用来观察变量之间的相关性、分布和离群值。

在 Seaborn 中，可以使用 seaborn.scatterplot( )函数创建点图。

【例 5-8】绘制某服装公司 20××年裙子销售量点图。

```
import matplotlib.pyplot as plt
import seaborn as sns
import pandas as pd
from openpyxl import Workbook
from openpyxl.drawing.image import Image
#设置中文字体
plt.rcParams['font.sans-serif']=['SimHei']   #用黑体显示中文
plt.rcParams['axes.unicode_minus']=False     #正常显示负号
#读取 Excel 数据
file_path='sales_data.xlsx'   # Excel 文件路径
df=pd.read_excel(file_path)
#过滤出只包含"裙子"的数据
skirt_data=df[df['销售类别']=='裙子']
#创建一个新的 Excel 工作簿
wb=Workbook()
ws=wb.active
ws.title="裙子销售量点图"
#创建 Seaborn 点图
plt.figure(figsize=(10, 6))
sns.scatterplot(x='销售日期', y='销售量', data=skirt_data)
plt.title('裙子销售量随时间变化的点图')
plt.xlabel('销售日期')
plt.ylabel('销售量')
#保存图像到文件
image_path='skirt_sales_scatter_plot.png'
plt.savefig(image_path)
plt.close()
#将图像插入到 Excel 中
img=Image(image_path)
ws.add_image(img, 'A1')   #插入图像到 A1 单元格
#保存 Excel 文件
output_file='skirt_sales_scatter_plot.xlsx'
wb.save(output_file)
print(f"点图已保存到{output_file}")
```

运行结果如图 5-15 所示:

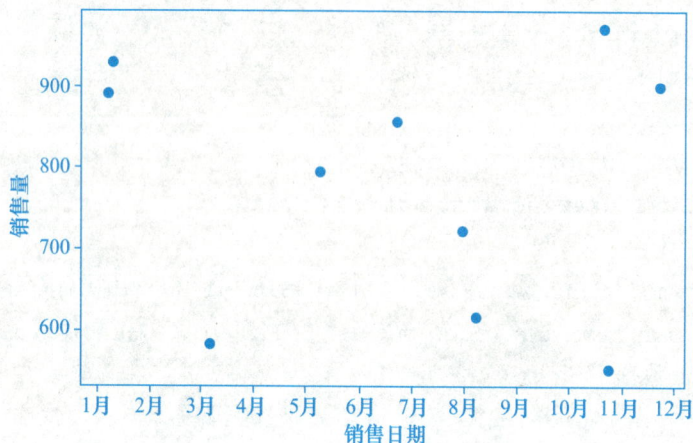

图 5-15   某服装公司 20××年裙子销售量点图

3. 柱状图

柱状图是一种用于可视化离散数据分布的图表类型，通常用于显示不同类别或分组的数据的数量或频率。

柱状图通常具有垂直的柱子，每个柱子的高度表示与特定类别相关联的数值。

在 Seaborn 中，可以使用 seaborn. barplot( )函数创建柱状图。

【例 5-9】绘制某服装公司 20××年各类产品销售量柱状图。

```python
import matplotlib.pyplot as plt
import seaborn as sns
import pandas as pd
#设置中文字体
plt.rcParams['font.sans-serif']=['SimHei']   #用黑体显示中文
plt.rcParams['axes.unicode_minus']=False     #正常显示负号
second_quarter_data=df[(df['销售日期'].dt.month >= 4) & (df['销售日期'].dt.month <= 6)]
#按销售类别分组并计算销售总量
grouped_data=second_quarter_data.groupby('销售类别')['销售量'].sum().reset_index()
#创建 Seaborn 柱状图
plt.figure(figsize=(10, 6))
sns.barplot(x='销售类别', y='销售量', data=grouped_data)
plt.title('第二季度销售量柱状图')
plt.xlabel('销售类别')
plt.ylabel('销售量')
plt.xticks(rotation=45)   #横轴标题倾斜 45 度
```

```
#直接显示图表
plt.show()
```

运行结果如图 5-16 所示：

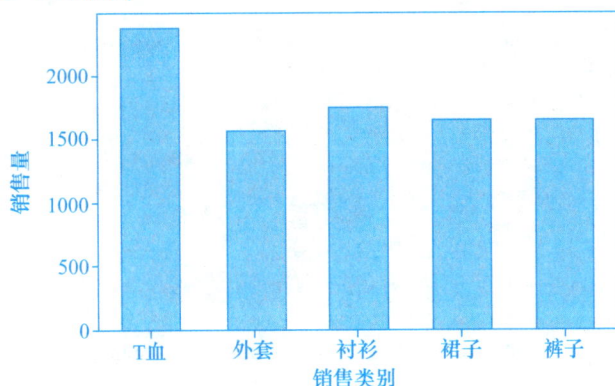

图 5-16 某服装公司 20××年销售量柱状图

4. 条形图

条形图与柱状图类似，但是柱子的方向是水平的，通常用于可视化横向排列的数据。条形图的每个条形的长度表示与特定类别相关联的数值。

在 Seaborn 中，可以使用 seaborn.barplot( )函数并通过设置 orient 参数为 "h" 来创建水平条形图。

【例 5-10】绘制某服装公司 20××年各类产品销售量条形图。

```
import matplotlib.pyplot as plt
import seaborn as sns
import pandas as pd
#设置中文字体
plt.rcParams['font.sans-serif']=['SimHei']    #用黑体显示中文
plt.rcParams['axes.unicode_minus']=False      #正常显示负号
df_2023=df[df['销售日期'].dt.year==2023]
#按销售类别分组并计算销售总量
grouped_data=df_2023.groupby('销售类别')['销售量'].sum().reset_
index()
#创建 Seaborn 条形图
plt.figure(figsize=(10, 6))
sns.barplot(x='销售量', y='销售类别', data=grouped_data, orient='h')
plt.title('20××年销售量条形图')
plt.xlabel('销售量')
plt.ylabel('销售类别')
#直接显示图表
plt.show()
```

运行结果如图 5-17 所示：

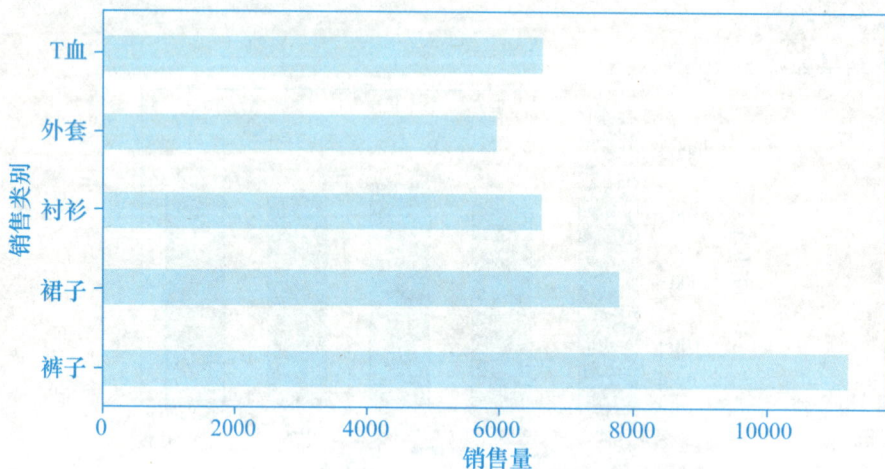

图 5-17　某服装公司 20××年销售量柱状图

5. 直方图

直方图是用于可视化数值数据的分布情况的图表类型。它将数据范围划分为一系列" bin"（箱子），并计算每个箱子内的数据点数量。直方图的纵轴表示每个箱子内的数据点数量或频率，横轴表示数据范围。

在 Seaborn 中，可以使用 seaborn. histplot（）函数创建直方图。

【例 5-11】绘制某服装公司 20××年各类产品销售量直方图。

```python
import matplotlib.pyplot as plt
import seaborn as sns
import pandas as pd
#设置中文字体
plt.rcParams['font.sans-serif']=['SimHei']    #用黑体显示中文
plt.rcParams['axes.unicode_minus']=False      #正常显示负号
#创建 Seaborn 直方图
plt.figure(figsize=(10,6))
sns.histplot(df_2023, x='销售量', hue='销售类别', multiple='stack',
kde=False)
plt.title('20××年销售量直方图')
plt.xlabel('销售量')
plt.ylabel('频数')
#直接显示图表
plt.show()
```

运行结果如图 5-18 所示：

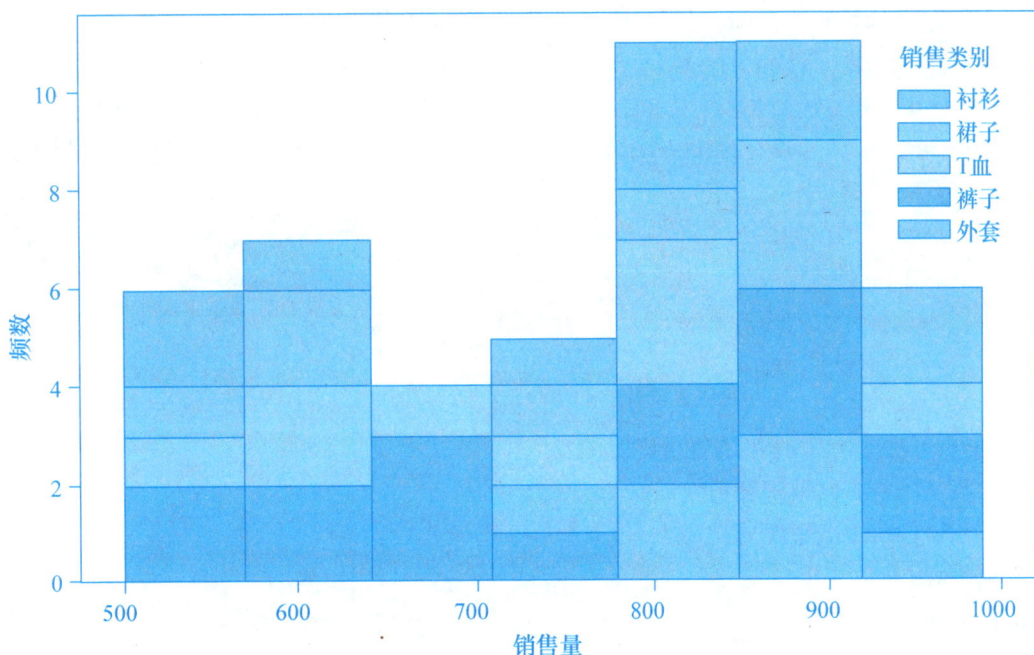

图 5-18　某服装公司 20××年销售量直方图

6. 密度图

密度图是一种平滑的曲线图，用于估计数值数据的概率密度函数。它可以显示数据的分布形状和峰值。

密度图通常与直方图结合使用，以更清晰地表示数据的分布情况。

在 Seaborn 中，可以使用 seaborn. kdeplot( )函数创建密度图。

【例 5-12】绘制某服装公司 20××年各地区销售量密度图。

```
import matplotlib.pyplot as plt
import seaborn as sns
import pandas as pd
import matplotlib.pyplot as plt
import seaborn as sns
import pandas as pd
#设置中文字体
plt.rcParams['font.sans-serif']=['SimHei']   #用黑体显示中文
plt.rcParams['axes.unicode_minus']=False      #正常显示负号
#过滤掉方差为 0 的地区
df_2023_filtered=df_2023.groupby('销往地区').filter(lambda x: x['销售量'].var() > 0)
```

```
#创建 Seaborn 密度图,根据销售量绘制各地区的密度分布
plt.figure(figsize=(12, 8))
sns.kdeplot(
    data=df_2023_filtered,
    x='销售量',
    hue='销往地区',
    fill=True,
    common_norm=False,
    palette='Set2'
)
plt.title('20××年销售量密度图')
plt.xlabel('销售量')
plt.ylabel('密度')
#显示图表
plt.show()
```

运行结果如图 5-19 所示:

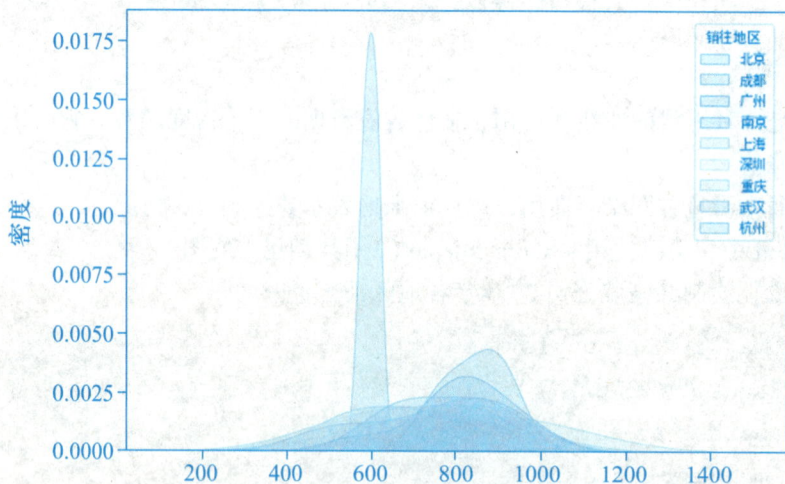

图 5-19 某服装公司 20××年销售量密度图

7. 聚类图

聚类图通过层次聚类算法（Hierarchical Clustering）对数据点进行分组，以便将相似的数据点放在一起，并在图表中显示这种分组结构。

聚类图通常是基于热力图的，通过颜色编码来表示数据点之间的相似性。相似性高的数据点将在图中靠近彼此，相似性低的数据点将远离彼此。

Seaborn 中的 seaborn.clustermap( ) 函数用于创建聚类图。

【例 5-13】绘制某服装公司 20××年地区销售量聚类图。

```python
import matplotlib.pyplot as plt
import pandas as pd
from sklearn.cluster import KMeans
import seaborn as sns
#设置中文字体
plt.rcParams['font.sans-serif']=['SimHei']    #用黑体显示中文
plt.rcParams['axes.unicode_minus']=False        #正常显示负号
#按地区汇总销售量数据
df_agg=df_2023.groupby('销往地区')['销售量'].sum().reset_index()
#使用 K-means 算法进行聚类
num_clusters=3    #设定要聚类的数量,可以调整
kmeans=KMeans(n_clusters=num_clusters, random_state=0)
df_agg['聚类标签']=kmeans.fit_predict(df_agg[['销售量']])
#可视化聚类结果
plt.figure(figsize=(10, 6))
sns.scatterplot(x='销往地区', y='销售量', hue='聚类标签', data=df_
agg, palette='Set1', s=100)
#添加聚类中心点到图中
centers=kmeans.cluster_centers_
plt.scatter(range(len(centers)), centers[:, 0], s=200, c='black',
marker='X', label='中心')
plt.title('20××年销售量聚类图')
plt.xlabel('销往地区')
plt.ylabel('销售量')
plt.xticks(rotation=45)    #旋转 x 轴标签以便更好地展示
plt.legend()
plt.tight_layout()
#显示图表
plt.show()
```

运行结果如图 5-20 所示:

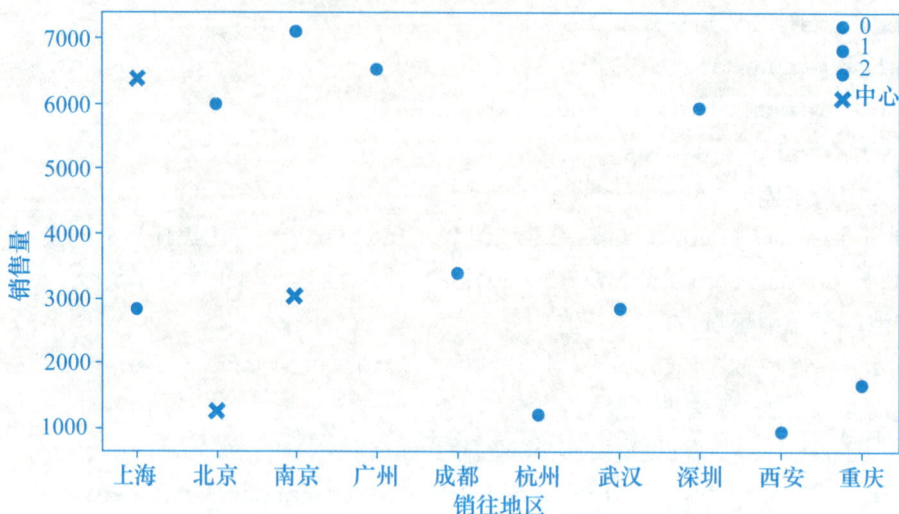

图 5-20　某服装公司 20××年地区销售量聚类图

8. 联合分布图

联合分布图通过在一个图表中同时绘制两个变量的单变量分布和联合分布，以帮助用户理解它们之间的关系。

Seaborn 提供了多种联合分布图的类型，包括散点图、六角图、核密度估计图等，可以根据数据类型和需求选择合适的类型。

联合分布图通常包括两个变量的散点图、直方图、核密度估计曲线等。

【例 5-14】绘制某服装公司 20××年产品销售量联合分布图。

```python
import pandas as pd
import seaborn as sns
import matplotlib.pyplot as plt
#设置字体为黑体
plt.rcParams['font.sans-serif']=['SimHei']    #黑体
plt.rcParams['axes.unicode_minus']=False    #解决负号显示问题
#读取 Excel 数据
file_path='sales_data.xlsx'    # Excel 文件路径
df=pd.read_excel(file_path)
#确保销售日期列是日期类型
df['销售日期']=pd.to_datetime(df['销售日期'])
#过滤出 2023 年的衬衫销售数据
df_20××=df[df['销售日期'].dt.year==2023]
df_20××_shirt=df_20××[df_20××['销售类别']=='衬衫']
#创建联合分布图
```

```
plt.figure(figsize=(10, 8))
g=sns.jointplot(
    data=df_20××_shirt,
    x='销售金额',
    y='销售量',
    kind='scatter',   #你也可以尝试'kde', 'hex'等其他类型
    color='b'
)
#设置标题
g.fig.suptitle('20××年衬衫销售金额与销售量联合分布图', fontsize=16,
fontdict={'family': 'SimHei'})
#调整标题位置
g.fig.subplots_adjust(top=0.95)
#显示图形
plt.show()
```

运行结果如图 5-21 所示：

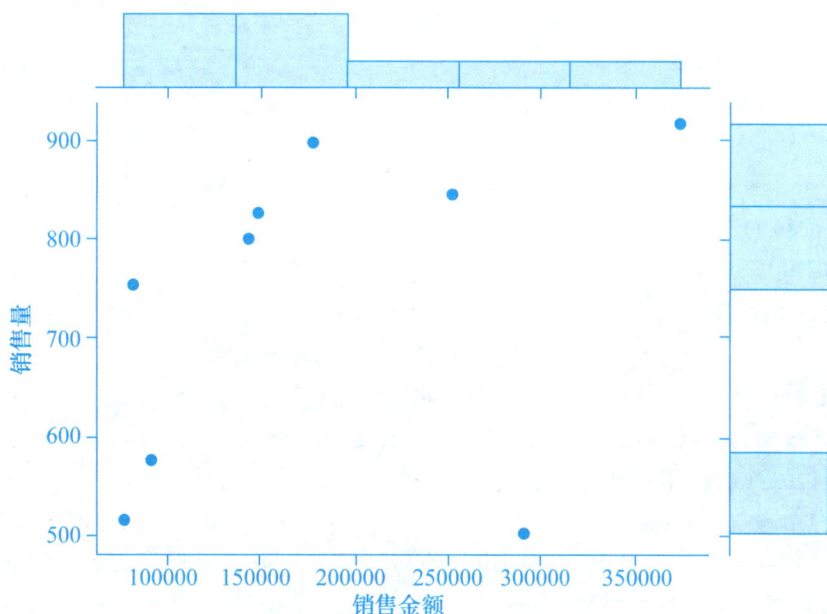

图 5-21　某服装公司 20××年衬衫销售金额与销售量联合分布图

9. 时间序列图

时间序列图是用来描述某一特定变量（如股票价格、气温、降雨量等）随时间（如天、周、月、年等）的变化而变动的图形。在时间序列图中，横轴（X 轴）代表时间，纵轴（Y 轴）代表随时间变化的变量。

在时间序列图中，数据点通常以直线连接，从而可以清晰地解释和预测趋势或模式。例如，在股票价格的时间序列图中，每个数据点可能代表某一天的收盘价，通过连接这些数据点，可以观察到股票价格的波动和趋势。

时间序列数据具有有序性，即数据点按照时间顺序排列。此外，时间序列数据还可能是线性的，即每个数据点可以被视为过去或未来值或差异的线性组合；也可能是非线性的，具有时变方差、不对称循环等特征。

时间序列图广泛应用于各个领域，如经济学（如股票价格、零售额等）、气象学（如气温、降雨量等）、医学（如心电图监测等）以及交通流量预测等。通过分析时间序列图，专业人士可以更好地理解数据的趋势和模式，从而做出更明智的决策。Seaborn 可以用于绘制不同类型的时间序列图，包括折线图、面积图、条形图等，以及时间序列的统计图，如移动平均线、带有置信区间的图等。

【例 5-15】绘制某服装公司 20××年产品销售量时间序列图。

```python
import pandas as pd
import matplotlib.pyplot as plt
#读取 Excel 文件
file_path='sales_data.xlsx'    #替换为你的文件路径
df=pd.read_excel(file_path, engine='openpyxl')
#确保销售日期列是日期类型
df['销售日期']=pd.to_datetime(df['销售日期'])
#按销售日期和销售类别汇总销售额
df_grouped=df.groupby(['销售日期', '销售类别'])['销售量'].sum().reset_index()
#绘制时间序列图
plt.figure(figsize=(12, 8))
for category in df_grouped['销售类别'].unique():
    subset=df_grouped[df_grouped['销售类别']==category]
    plt.plot(subset['销售日期'], subset['销售量'], label=category)
plt.xlabel('销售日期')
plt.ylabel('销售量')
plt.title('20××年销售量时间序列图')
plt.legend(title='销售类别')
plt.grid(True)
plt.xticks(rotation=45)
plt.tight_layout()
#显示图表
plt.show()
```

运行结果如图 5-22 所示：

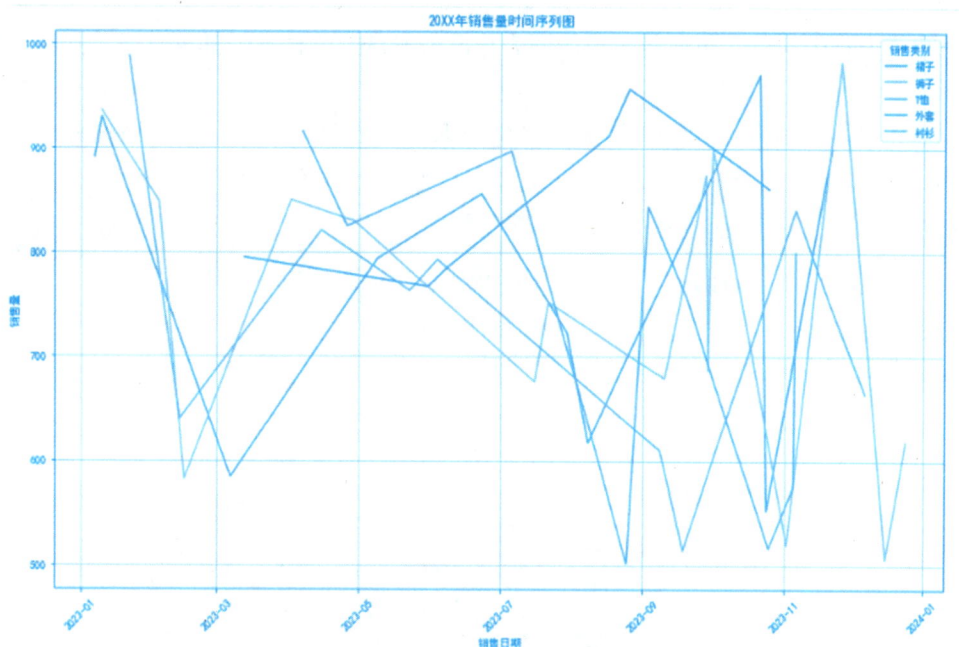

图 5-22 某服装公司 20××年销售量时间序列图

Seaborn 是一个强大的数据可视化工具，适用于各种统计图表的创建和数据分析。它通过简化图表创建过程、提供美观的默认主题和丰富的功能，使得数据可视化变得更加高效和直观。

5.4 Pyecharts 绘图库

▶▶ 5.4.1 Pyecharts 简介及使用 ▶▶ ▶

Pyecarts 是一个用于在 Python 中生成 ECharts 图表的库。ECharts 是由百度开发的一款强大的开源可视化图表库，能够生成丰富、交互性强的图表。PyECharts 是 ECharts 的 Python 封装库，允许用户通过 Python 脚本生成 ECharts 图表，并将其嵌入到网页或应用程序中。

主要特性：

• 集成 ECharts：提供了生成各种类型图表的能力，例如折线图、柱状图、饼图、散点图、地图等。

• Python API：提供了一个友好的 Python API，使得在 Python 环境下创建和配置 ECharts 图表变得更加简单和直观。

● 交互性强：继承了 ECharts 的强大交互性功能，支持图表的缩放、滚动、点击等交互操作。

● 生成 HTML 文件：可以将生成的图表导出为 HTML 文件，使其可以嵌入到网页中进行展示。

ECharts 的安装见第一章中 1.3.3 的 "3. 安装与卸载第三方库" 的安装过程，运行如下代码：

```
pip install pyecharts
```

要在项目中应用 pyecharts 官网教程中的代码，可以参照以下步骤：

（1）访问官网：https://pyecharts.org/#/zh-cn/intro。

（2）先选择左侧栏（如图 5-23）所示图表类型。

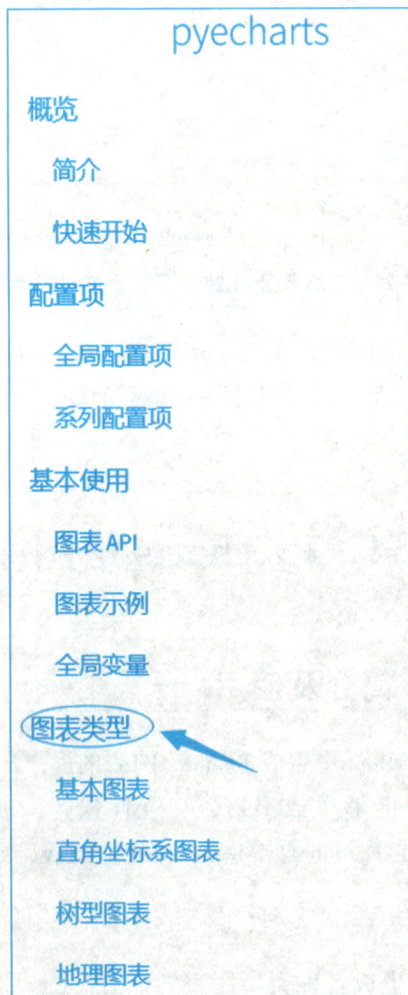

图 5-23 选择图表类型

（3）选择图 5-24 图形 Demo 下的 Gallery。

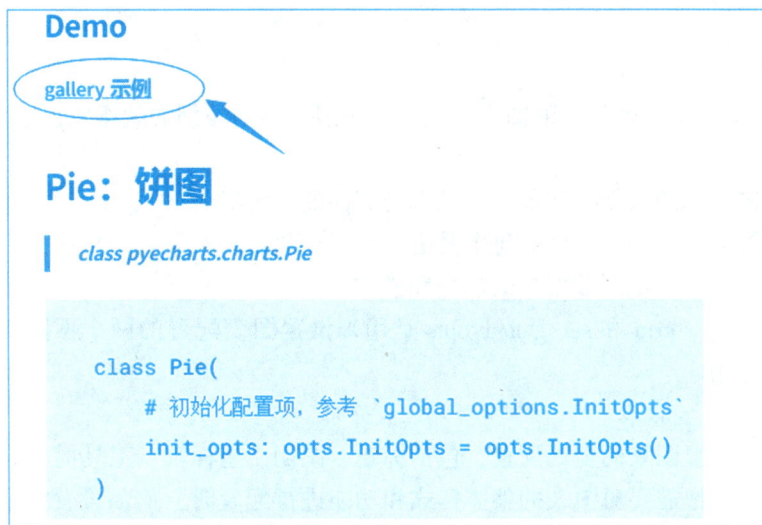

Demo

gallery 示例

Pie：饼图

class pyecharts.charts.Pie

```
class Pie(
    # 初始化配置项，参考 `global_options.InitOpts`
    init_opts: opts.InitOpts = opts.InitOpts()
)
```

图 5-24　选择 Gallery

（4）复制图表的代码（如图 5-25）。

pyecharts-gallery

概览
　中文简介
　英文简介
示例
　百度地图 BMap
　　Bmap - Air_quality_baidu_map
　　Bmap - Bmap_beijing_bus_routines
　　Bmap - Bmap_base
　　Bmap - Bmap_heatmap
　　Bmap - Bmap_custom
　　Bmap - Hiking_trail_in_hangzhou

pyecharts 代码 / 效果

```python
from pyecharts import options as opts
from pyecharts.charts import Bar
from pyecharts.faker import Faker

c = (
    Bar()
    .add_xaxis(Faker.choose())
    .add_yaxis("商家A", Faker.values(), stack="stack1")
    .add_yaxis("商家B", Faker.values(), stack="stack1")
    .set_series_opts(label_opts=opts.LabelOpts(is_show=False))
    .set_global_opts(title_opts=opts.TitleOpts(title="Bar-堆叠数据（全部）"))
    .render("bar_stack0.html")
)
```

图 5-25　图表代码

（5）调整代码。根据需求，可以调整示例代码中的数据、样式和参数。可以更改数据、修改图表类型、设置不同的配置选项等。

（6）查看结果。代码运行后，会生成一个 HTML 文件，如果在 bar_chart. render（）中不指定文件路径，Pyecharts 默认会在当前工作目录下生成一个名为 "render. html" 的文件，即生成的图表将保存在 "render. html" 文件中，可以在浏览器中打开这个 HTML 文件来查看生成的图表，输出位置 'C:\Users\XX\render. html'。

►► | 5.4.2 Pyecharts 各类图形示例 ►► ►

1. 柱状图

柱状图（bar）是一种常用的图表类型，用于展示不同类别的数据的大小比较。

常见用途：

- 比较不同类别的数据：例如，比较不同产品的销售额。
- 展示数据分布：例如，展示每个月的销售额变化。
- 数据分析：帮助识别数据中的趋势和模式。

在 pyecharts 中，grid 和 set_global_opts 是用来设置图表配置的两个不同部分，各自有不同的用途和作用。

（1）set_global_opts。

作用：用于设置图表的全局配置，包括标题、图例、坐标轴、工具提示等。

使用场景：当你需要对图表的整体样式和功能进行配置时，例如设置标题、坐标轴标签、图例显示、工具提示等。

常用的全局配置项：

```
bar_chart.set_global_opts(
    title_opts=opts.TitleOpts(title="月度销售额柱状图", subtitle="副标题"),
    xaxis_opts=opts.AxisOpts(name="月份"),
    yaxis_opts=opts.AxisOpts(name="销售额(万元)"),
    legend_opts=opts.LegendOpts(pos_left="center", pos_top="top"),
    toolbox_opts=opts.ToolboxOpts(),
    tooltip_opts=opts.TooltipOpts(trigger="axis", axis_pointer_type="cross"),
)
```

（2）grid。

作用：用于设置图表的网格配置，包括网格的位置、大小和间距等。grid 主要控制的是图表中绘图区的布局和显示区域。

使用场景：当需要调整图表中绘图区域的布局，如调整绘图区域和坐标轴的距离、设置网格的边距等时。

常用配置项：

```
#设置网格配置
line_chart.set_global_opts(
    grid_opts=opts.GridOpts(
        pos_left='10%',
        pos_right='10%',
```

```
            pos_top='15%',
            pos_bottom='20%',
            contain_label=True
    )
)
```

● 主要选项：

pos_left：网格距离图表左侧的距离。

pos_right：网格距离图表右侧的距离。

pos_top：网格距离图表顶部的距离。

pos_bottom：网格距离图表底部的距离。

contain_label：是否包含坐标轴标签在网格区域内。

综上，set_global_opts 主要用于设置图表的全局选项和外观，如标题、坐标轴标签、工具提示等。grid 用于调整图表中绘图区域的布局，控制网格的位置和大小，影响绘图区的显示和布局。

如果需要为图表添加标题、标签和工具提示，应该使用 set_global_opts。如果想调整图表的绘图区域与其他元素（如坐标轴）的距离，应该使用 grid。

通过合理配置这两个部分，可以创建出既美观又符合需求的图表。

【例 5-16】绘制某服装公司 20××年第三季度各销售类别销售金额。

```
import pandas as pd
from pyecharts import options as opts
from pyecharts. charts import Bar
#读取 Excel 文件
file_path='sales_data.xlsx'    #替换为你的文件路径
df=pd. read_excel(file_path, engine='openpyxl')
#确保销售日期列是日期类型
df['销售日期']=pd. to_datetime(df['销售日期'])
#进一步过滤出第三季度的数据(7, 8, 9 月)
df_q3=df[df['销售日期']. dt. month. isin([7, 8, 9])]
#按销售类别汇总销售额
df_grouped=df_q3. groupby('销售类别')['销售金额']. sum(). reset_index()
#创建柱状图对象
bar=Bar()
#添加 X 轴数据(销售类别)
bar. add_xaxis(df_grouped['销售类别']. tolist())
#添加 Y 轴数据(销售额)
```

```
bar.add_yaxis('销售金额', df_grouped['销售金额'].tolist())
#设置全局配置
bar.set_global_opts(
    xaxis_opts=opts.AxisOpts(name="销售类别"),
    yaxis_opts=opts.AxisOpts(name="销售金额")
)
#渲染,如果要指定保存的路径,可以在 render()方法中提供文件路径参数。例如:
bar_chart.render("my_bar_chart.html")
    bar.render("bar_charts.html")
```

运行结果如图 5-26 所示:

【小提示】如果遇到图表无法显示的情况,将"bar_charts.html"文件以记事本方式打开,把里面的 https://assets.pyecharts.org/assets/v5/echarts.min.js 改为 https://cdn.jsdelivr.net/npm/echarts@5/dist/echarts.min.js

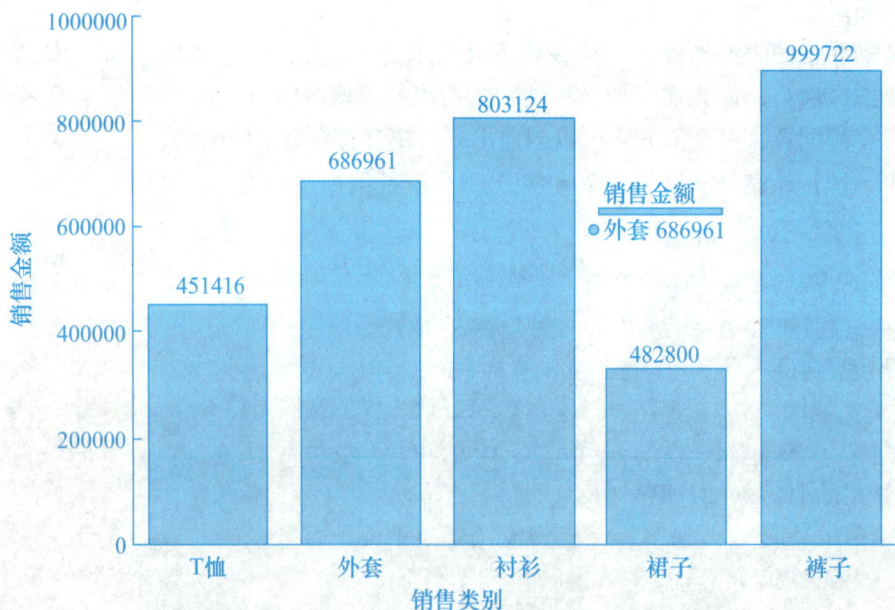

图 5-26 某服装公司 20××年第三季度各销售类别销售金额

2. 动态图

动态图(liquid)指的是那些能够展示随时间变化或实时更新的数据的图表。pyecharts 基于 ECharts Python 可视化库,提供了多种方式来创建动态图表,这些图表可以在 Web 浏览器中显示,并且可以通过交互方式与用户进行动态更新。

常见的动态图类型和实现方式如下:

(1)动态更新的数据图表可以实时展示数据的变化。例如,可以通过定时更新数据来展示实时趋势或变化。使用 pyecharts 的 Line,Bar,Scatter 等图表,并结合 JavaScript 动态数据更新功能。

（2）实时数据可视化通常涉及将实时数据流（如传感器数据、股票价格等）展示在图表中。可以通过 WebSocket、定时刷新等技术实现动态更新。使用 pyecharts 创建基础图表，然后结合前端框架（如 Flask、Django 或使用纯 JavaScript）进行数据的实时更新和图表的动态刷新。

（3）动画效果能够使图表中的数据变化或交互看起来更生动。例如，柱状图的柱子可以从底部逐渐升高，折线图的线条可以动态绘制。pyechart 支持一些动画效果，例如通过设置 animation_opts 来配置动画参数。

实现动态图的关键点在于：

（1）使用 HTML、CSS、JavaScript 等技术来实时更新图表数据。pyecharts 渲染的图表通常需要在浏览器中显示，并且动态更新需要前端的支持。

（2）定时从服务器或数据源获取新数据，并使用 JavaScript 更新图表。

（3）pyecharts 本身支持一些动画效果，但如果需要复杂的实时动态更新，可能需要结合 JavaScript 动态数据更新。

通过这些方式，pyecharts 可以帮助创建各种动态图表，适用于数据可视化、实时监控等场景。

【例 5-17】展示如何生成一个简单的股票价格走势 K 线图。

```
from pyecharts import options as opts
from pyecharts import options as opts
from pyecharts.charts import Kline
import random
#生成模拟的 K 线数据,包括开盘价、收盘价、最低价和最高价
def generate_candlestick_data(num_points=30):
    data=[]
    for _ in range(num_points):
        open_price=round(random.uniform(100, 200), 2)
        close_price=round(open_price+random.uniform(-10, 10), 2)
        low_price=min(open_price, close_price) - random.uniform(0, 5)
        high_price=max(open_price, close_price)+random.uniform(0, 5)
        data.append([open_price, close_price, low_price, high_price])
    return data
#创建了一个 K 线图,并设置了图表的全局选项,包括标题、X 轴和 Y 轴的类型及数据缩放功能
def create_kline_chart(data):
    kline_chart=(
        Kline()
```

```
        .add_xaxis([f"Day {i+1}" for i in range(len(data)])
        .add_yaxis("K线图", data)
        .set_global_opts(
            title_opts=opts.TitleOpts(title="静态财务图表",
subtitle="股票价格走势"),
            xaxis_opts=opts.AxisOpts(type_="category"),
            yaxis_opts=opts.AxisOpts(type_="value"),
            datazoom_opts=[opts.DataZoomOpts(), opts.DataZoomOpts
(type_="inside")]
        )
    )
    return kline_chart
#只生成和渲染一次图表
data=generate_candlestick_data()
kline_chart=create_kline_chart(data)
kline_chart.render("my_kline_chart.html")
```

运行结果如图 5-27 所示：

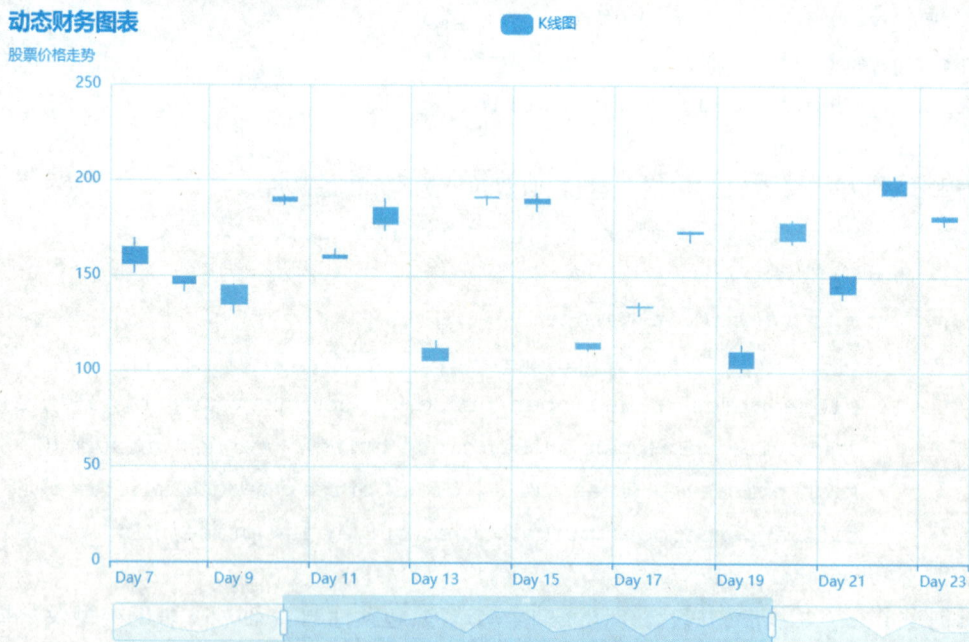

图 5-27　股票价格走势 K 线图

3. 流向图

在 PyEcharts 中，流向图（Flow Chart）是一种可视化工具，用于展示数据在不同节点之间的流动或转移情况。这种图表特别适合用来表示某些过程的流动、决策路径、系统中的数据流等。

流向图主要有以下几种应用场景：

（1）流程图（Flow Chart）。

流程图用于展示步骤或操作的顺序，以及步骤之间的关系和流向。常用于描述算法、工作流程、业务流程等。在 pyecharts 中，可以使用 pyecharts 的 Graph 图表类型结合节点和边的属性来实现流程图。例如：

```
graph=(
    Graph()
    .add(
        "flow",
        nodes,
        edges,
        linestyle_opts=opts.LineStyleOpts(width=2, color=
"source", curveness=0.3),
        label_opts=opts.LabelOpts(is_show=True)
    )
    .set_global_opts(title_opts=opts.TitleOpts(title="Flow
Chart"))
)
```

（2）桑基图（Sankey Diagram）。

用于展示数据流动的量化情况，展示从一个节点到另一个节点的流量。这种图表通常用于表示流量、资源分配等。pyecharts 提供了 Sankey 类来绘制桑基图，例如：

```
#创建 Sankey 图表
sankey=(
    Sankey()
    .add("flow", nodes, links, label_opts=opts.LabelOpts
(position="right"))
    .set_global_opts(title_opts=opts.TitleOpts(title="Sankey
Diagram"))
)
```

（3）流图（Flow Diagram）。

类似于桑基图，但可以包含更多的节点和复杂的流动关系。在 pyecharts 中，流图可以通过 Graph 图表实现，配置节点和连接的属性以展示数据流动。

流程图展示步骤和操作的顺序，适用于算法和工作流程。桑基图展示数据流动的量化情况，适用于资源分配和流量分析。流图展示复杂的数据流动关系，可以用于各种数据流动的可视化场景。

【例 5-18】可视化某公司在不同部门之间的资金流动情况。

```
import pandas as pd
from pyecharts import options as opts
from pyecharts. charts import Sankey
#构建节点数据
nodes = [
    {"name": "总收入"},
    {"name": "销售成本"},
    {"name": "管理费用"},
    {"name": "营销费用"},
    {"name": "研发费用"},
    {"name": "净利润"},
]
#构建链接数据
links = [
    {"source": "总收入", "target": "销售成本", "value": 300},
    {"source": "总收入", "target": "管理费用", "value": 100},
    {"source": "总收入", "target": "营销费用", "value": 80},
    {"source": "总收入", "target": "研发费用", "value": 120},
    {"source": "总收入", "target": "净利润", "value": 150},
    #假设有一部分管理费用用于研发费用
    {"source": "管理费用", "target": "研发费用", "value": 30},
]
def sankey_financial_flow() -> Sankey:
    sankey = (
        Sankey()
        .add(
            "财务流向图",
            nodes=nodes,
            links=links,
            label_opts=opts. LabelOpts(position="right"),
        )
        .set_global_opts(title_opts=opts. TitleOpts(title="公司财务
流向图"))
    )
    return sankey
#生成图表
sankey_chart = sankey_financial_flow()
sankey_chart. render("financial_sankey_chart. html")
```

运行结果如图 5-28 所示：

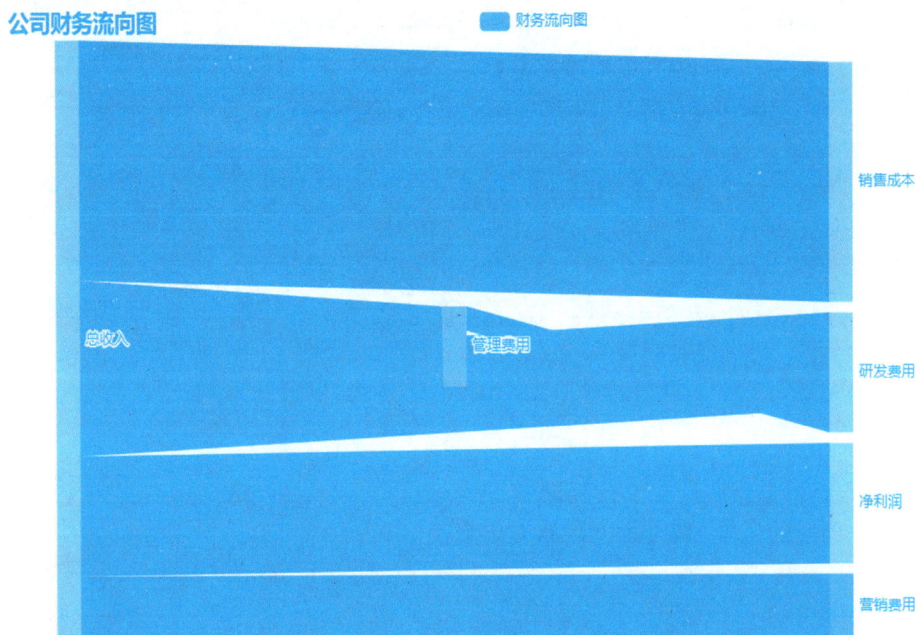

图 5-28　公司部门之间资金流动情况

4. 热力图

热力图（Heatmap）是一种数据可视化图表，用于显示数据的密度或强度分布。它通过颜色的渐变来表示数据的值，从而直观地识别数据中不同区域的强度或频率。

热力图的特点：

• 颜色表示：热力图使用不同的颜色或颜色深浅来表示数据值的大小。颜色的变化通常是连续的，使得数据的分布和强度一目了然。

• 数据密度：适合显示数据的密度分布，如交通流量、网站访问量等。

• 直观性：通过颜色的变化，可以快速识别数据中集中或稀疏的区域。

通常 data 是一个三元组列表，每个三元组表示一个点的 x 和 y 位置及其对应的值。值越大，颜色越深。视觉映射 visualmap_opt 用于设置颜色映射的范围，从而控制颜色的深浅。

热力图常用于分析地理位置的数据密度、用户行为分析等场景。通过调整颜色映射和数据点，可以得到更详细和有用的数据可视化。

【例 5-19】根据 'IT_company_expenses. xlsx' 创建一个财务支出热力图，显示不同部门在不同月份的支出情况。

```
import pandas as pd
from pyecharts import options as opts
from pyecharts. charts import HeatMap
```

```
#读取 Excel 文件
df=pd.read_excel("IT_company_expenses.xlsx")
#解析月份数据,确保月份格式一致并排序
def parse_month(month_str):
    try:
        return int(month_str.replace("月", ""))
    except ValueError:
        return None
df["月份"]=df["月份"].apply(parse_month)
months=sorted(df["月份"].unique())
#获取所有月份并排序
departments=sorted(df["部门"].unique())
#获取所有部门并排序
#创建一个空的二维列表,用于存储支出金额
heatmap_data = [[0 for _ in range(len(months))] for _ in range(len
(departments))]
#填充数据
for _, row in df.iterrows():
    month_index=months.index(row["月份"])
    department_index=departments.index(row["部门"])
    heatmap_data[department_index][month_index]=row["支出金额"]
#转换为 pyecharts 的需要的数据格式
formatted_data = [[month_idx, dept_idx, heatmap_data[dept_idx]
[month_idx]]
                    for dept_idx in range(len(departments))
                    for month_idx in range(len(months))]
#创建热力图
heatmap=(
    HeatMap()
    .add_xaxis([f"{m}月" for m in months])    #设置 x 轴为"数字+月"格式
    .add_yaxis("支出", departments, formatted_data)    #设置 y 轴为部门,
数据为支出金额
    .set_global_opts(
        title_opts=opts.TitleOpts(title="财务支出热力图"),
        xaxis_opts=opts.AxisOpts(type_="category", name="月份",
name_location="middle", name_gap=20),
```

```
        yaxis_opts = opts.AxisOpts(type_ = "category", name = "部门",
name_location = "middle", name_gap = 20),
        visualmap_opts = opts.VisualMapOpts(min_ = 0, max_ = 100000, is_
calculable = True, orient = "horizontal")
    )
)
#渲染为HTML文件
heatmap.render("financial_heatmap.html")
print("热力图已生成:financial_heatmap.html")
```

运行结果如图5-29所示:

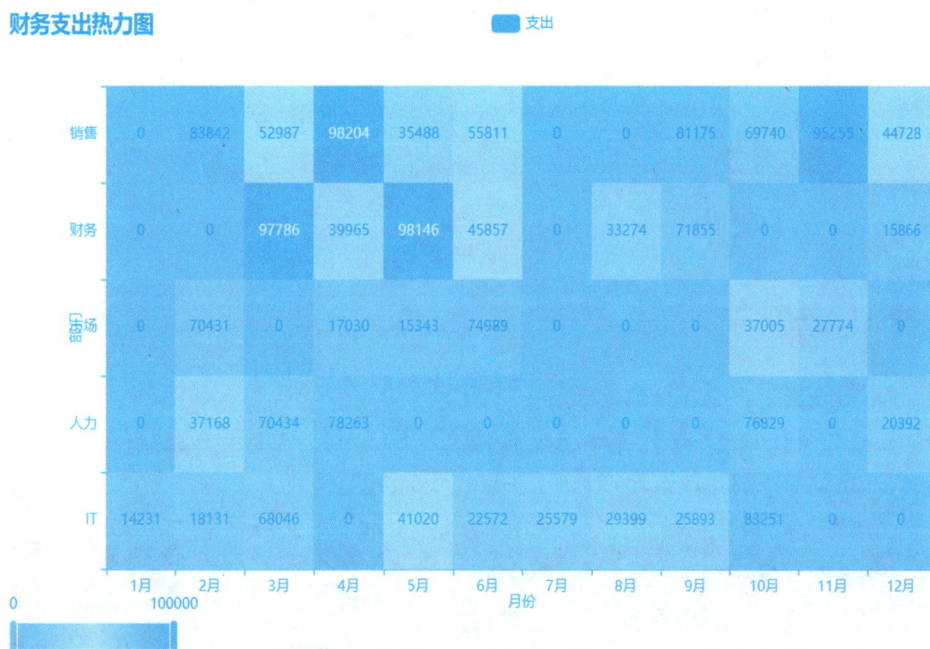

图5-29 某IT公司20××年财务支出热力图

5. 时间轴

时间轴（Time Axis）通常是指用于图表中的时间序列数据的轴，它允许用户沿时间维度展示数据。Pyecharts是一个用于生成具有吸引力的图表的Python库，时间轴是图表中的一项常见元素，可以用于历史数据可视化或追踪随时间变化的趋势。

时间轴支持的格式包括但不限于：年份、月份、日期、小时、分钟、秒等，根据展示的数据的时间粒度不同，可以选择不同的时间单位。如果是在表示年销售额的变化，可能只需要考虑年份或年份季度的时间粒度；如果是在表示一天中用户活动的趋势，那可能需要小时或分钟的时间粒度。

在pyecharts中，当创建图表时，可以设置一个时间序列作为xaxis（对于柱状图、折线图等）或 x 轴/y 轴（对于散点图等）。这是因为时间轴和数字轴不同，它可能含有日期和/或时间信息，而不是纯数字。xaxis_opts 被设置为' category' 类型，这是时间轴和分类轴的类型设置。如果需要在 xaxis 中使用时间数据，将会使用更具体的时间格式，可能涉及使用 datetime 类。

【例 5-20】根据 '汽车公司 20××年收入支出情况 .xlsx' 收入、支出情况生成时间轴图。

```python
import pandas as pd
from pyecharts import options as opts
from pyecharts. charts import Line
#读取 Excel 数据
file_path='汽车公司 20××年收入支出情况 .xlsx'
df=pd. read_excel(file_path)
#提取数据
months=df['月份'].tolist()
income=df['收入'].tolist()
expense=df['支出'].tolist()
#创建折线图
line_chart=(
    Line()
    .add_xaxis(months)
    .add_yaxis('收入', income, is_smooth = True, linestyle_opts =
opts.LineStyleOpts(width=2), color='blue')
    .add_yaxis('支出', expense, is_smooth = True, linestyle_opts =
opts.LineStyleOpts(width=2), color='red')
    .set_global_opts(
        title_opts=opts.TitleOpts(title="20XX 年度汽车公司财务数据",
subtitle="每月收入与支出"),
        xaxis_opts = opts. AxisOpts(type_ = 'category', name = '月份',
name_location ='middle', name_gap=30),
        yaxis_opts = opts. AxisOpts(type_ = 'value', name = '金额 (单位:
元)', name_location ='middle', name_gap=30),
            tooltip_opts = opts. TooltipOpts (trigger = " axis", axis_
pointer_type="cross")
    )
)
#渲染图表到 HTML 文件
```

```
output_file='汽车公司20××年财务时间轴图.html'
line_chart.render(output_file)
print(f"时间轴图已生成:{output_file}")
```

运行结果如图 5-30 所示:

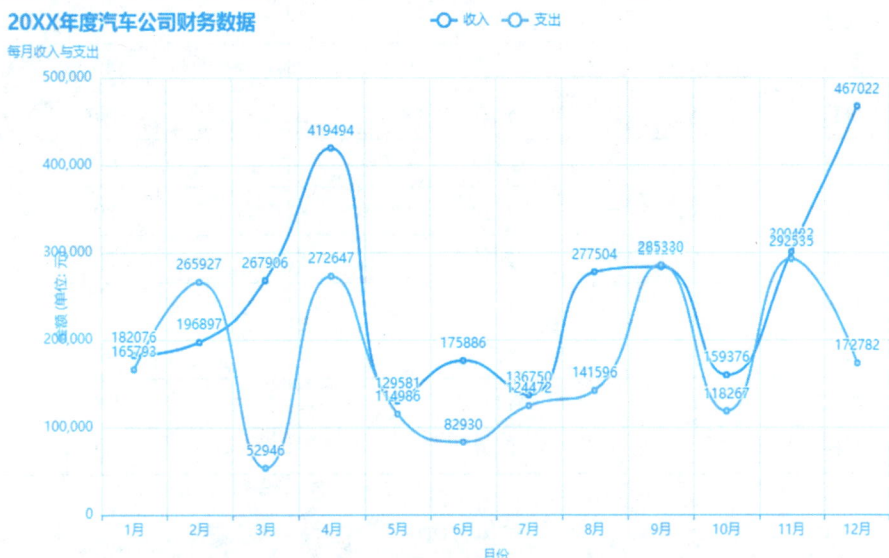

图 5-30　某汽车公司 20××年财务数据时间轴图

6. 3D 柱状图

3D 柱状图是用 pyecharts 库的 Bar3D 类创建的三维柱状图。

在三维柱状图中，数据将根据两个维度（例如：x 轴和 y 轴）和每个坐标点的值（z 轴）来分布。通常，x 轴和 y 轴代表类别，而 z 轴代表柱状的高度，即值的大小。这种图表可以用来显示更复杂的信息，比如某段时间内的收入变化，不同产品在各个地区的销售额等。

Pyecharts 不直接提供 Bar3D 类，Echarts 提供了三维柱状图的功能。如果要在 Python 中制作三维柱状图，要使用 pyecharts. charts. Bar3D 而不是 pyecharts3 柱状图，Pyecharts 实际上并没有名为 Bar3D 的特定类。

【例 5-21】创建一个 3D 柱状图来展示表 5-5 北京某公司不同地区年度销售数据。

表 5-5　北京某公司产品销售情况

区域	产品	销售额
北区	汽车	120
北区	摩托车	180
北区	自行车	90
北区	配件	30

区域	产品	销售额
南区	汽车	150
南区	摩托车	200
南区	自行车	100
南区	配件	40
东区	汽车	130
东区	摩托车	170
东区	自行车	80
东区	配件	50
西区	汽车	140
西区	摩托车	160
西区	自行车	110
西区	配件	60

```python
from pyecharts import options as opts
from pyecharts.charts import Bar3D
#示例数据
regions=["北区","南区","东区","西区"]
products=["汽车","摩托车","自行车","配件"]
sales_data=[
    [0, 0, 120],  #北区汽车
    [0, 1, 180],  #北区摩托车
    [0, 2, 90],  #北区自行车
    [0, 3, 30],  #北区配件
    [1, 0, 150],  #南区汽车
    [1, 1, 200],  #南区摩托车
    [1, 2, 100],  #南区自行车
    [1, 3, 40],  #南区配件
    [2, 0, 130],  #东区汽车
    [2, 1, 170],  #东区摩托车
    [2, 2, 80],  #东区自行车
    [2, 3, 50],  #东区配件
    [3, 0, 140],  #西区汽车
    [3, 1, 160],  #西区摩托车
```

```
        [3, 2, 110],  #西区自行车
        [3, 3, 60],   #西区配件
]
#创建 3D 柱状图
bar3d = (
    Bar3D()
    .add(
        series_name = "年度销售数据",
        data = sales_data,
        xaxis3d_opts = opts.Axis3DOpts(type_ = "category", data = regions),
        yaxis3d_opts = opts.Axis3DOpts(type_ = "category", data = products),
        zaxis3d_opts = opts.Axis3DOpts(type_ = "value"),
    )
    .set_global_opts(
        title_opts = opts.TitleOpts(title = "20××年度销售数据 3D 柱状
图", subtitle = "不同区域与产品的销售数据"),
        visualmap_opts = opts.VisualMapOpts(max_ = 200),
    )
)
#渲染图表到 HTML 文件
bar3d.render("年度销售数据_3D 柱状图.html")
```

运行结果如图 5-31 所示：

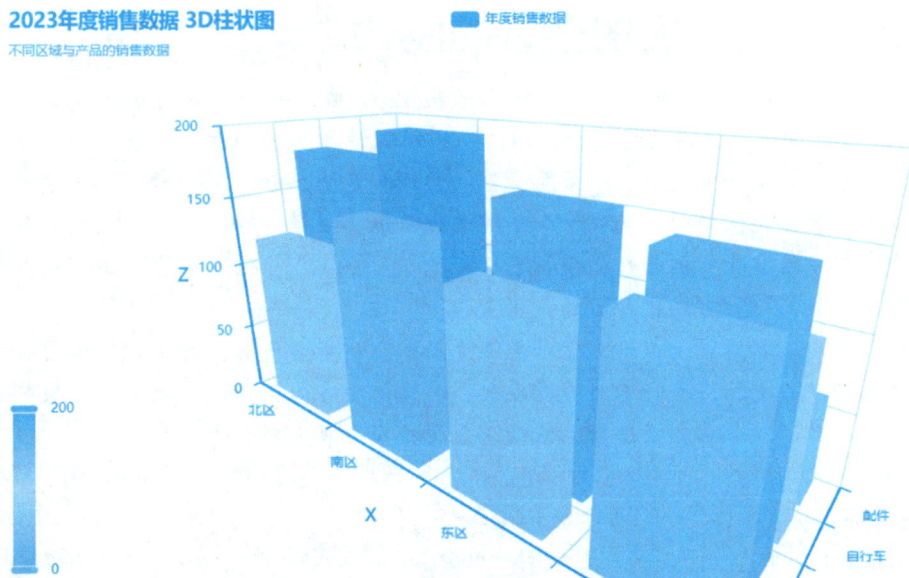

图 5-31　某公司销售 3D 柱状图

PyECharts 是一个功能强大的 Python 库，通过集成 ECharts 的功能，使得在 Python 环境下创建美观且功能丰富的图表变得更加简单。

▶ **拓展阅读：任沧海桑田永不磨灭——曼德拉山岩画群依托三维数据可视化系统"永生"**

阿拉善盟是内蒙古地区岩画遗存分布最集中、题材最广泛、保存最完好的地区之一，已调查发现岩画遗址 100 余处、5 万余组、数 10 万个个体，其中最具代表性的当数曼德拉山岩画群。曼德拉山岩画群位于阿拉善右旗曼德拉苏木，在东西 3 千米、南北 6 千米的范围内，分布着 4234 幅岩画，具有分布广、数量多、时代延续长、内容丰富、题材多样、画面清晰的特点。曼德拉山岩画雕刻精湛、图案逼真、古朴粗犷，形象生动地记载了当时的社会形态、生活情景及自然环境、社会风貌，被中国著名岩画研究专家盖山林赞赏为"美术世界的活化石"。2013 年 3 月被国务院公布为第七批全国重点文物保护单位。

习近平总书记强调，"文物和文化遗产承载着中华民族的基因和血脉，是不可再生、不可替代的中华优秀文明资源"。近年来，阿拉善盟坚持"保护第一、加强管理、挖掘价值、有效利用、让文物活起来"的新时代文物工作方针，以传承传统文化、赓续历史文脉为目标，深入推进文物保护利用和文化遗产保护传承，挖掘历史文物的多重价值，传播承载中华文化的价值符号和文化产品，让文物"活起来"，让文脉"传下去"。在各级党委政府及文物主管部门的支持下，曼德拉山岩画保护利用工作不断取得新成效，印发了《阿拉善岩画保护管理办法》等规章制度，组织实施了曼德拉山岩画群三维数据采集与应用项目、曼德拉山岩画群保护项目和曼德拉山岩画群安防工程，建立了岩画三维数据库，设立了曼德拉山岩画保护管理站，形成物防、技防、人防相结合的安全防护体系，确保文物本体及周边环境安全。

曼德拉山岩画群三维数据管理及可视化系统建设项目对曼德拉山岩画群 18 平方千米保护区域进行航拍控制测量和三维数字化采集、三维模型构建及工程图件制作、多源数据管理及可视化系统构建等。截至 2022 年 9 月底，三维激光扫描已采集岩画 1300 幅，近景摄影测量已采集 1680 幅，单体岩画坐标已采集 1200 幅，倾斜摄影测量已采集航空影像 8 平方千米。通过运用三维数据精细化扫描和控制测量相结合的方法，最大限度保存岩画原有的多种形态数据和空间关系等重要资源，实现濒危岩画资源的科学、高精度和永久的保存。同时，数字化探索为文物保护和传统文化传承提供了一种新思路，文物可能会在岁月变迁中不断发生变化，但数字化保护已经让它们"永恒"，任它沧海桑田，这些数据都将是数字化时代的一种可世代传承的文化遗产。

下一步，阿拉善盟将以推动文化旅游深度融合高质量发展为主题，以激活文化旅游赋能为动力，守护好文物遗存，不断提升现代公共文化服务体系效能，切实增强做好新时期阿拉善文旅工作的使命感和紧迫感，推动全盟文旅事业再上新台阶。

（资料来源：学习强国）

【思政元素】

科技与文化传承。讨论曼德拉山岩画群作为文化遗产的重要性，以及如何通过技术手段进行有效保护。分析三维数据可视化系统如何帮助记录和传承文化遗产，强调科技在文化传承中的作用。

创新思维能力的培养。讨论在文物保护领域采用新技术的创新思维，鼓励学生思考如何将新技术应用于传统问题的解决。

社会责任感。强调个人和企业在保护文化遗产方面的责任，讨论如何在商业活动中兼顾经济效益和社会责任。

本章习题

一、单项选择题（以下选项只有一个正确答案）

1. 在 Matplotlib 中，如何设置散点图的透明度？（　　）

　　A. plt. scatter（x，y，alpha＝0.5）

　　B. plt. scatter（x，y，opacity＝0.5）

　　C. plt. scatter（x，y，transparent＝0.5）

　　D. plt. scatter（x，y，fill_alpha＝0.5）

2. 在 Seaborn 中，如何设置条形图的条形颜色？（　　）

　　A. sns. barplot（x＝"category"，y＝"value"，color＝"orange"）

　　B. sns. barplot（x＝"category"，y＝"value"，fill＝"orange"）

　　C. sns. barplot（x＝"category"，y＝"value"，palette＝"orange"）

　　D. sns. barplot（x＝"category"，y＝"value"，shade＝"orange"）

3. 在 PyEcharts 中，如何为折线图设置线条宽度？（　　）

　　A. line. set_line_width（5）

　　B. line. series＝｛'lineWidth'：5｝

　　C. line. set_option（lineWidth＝5）

　　D. line. lineStyle. width＝5

4. 在 Matplotlib 中，如何设置柱状图的颜色和边框颜色？（　　）

　　A. plt. bar（x，height，color＝'blue'，edgecolor＝'black'）

　　B. plt. bar（x，height，fill＝'blue'，outline＝'black'）

　　C. plt. bar（x，height，color＝'blue'，bordercolor＝'black'）

　　D. plt. bar（x，height，facecolor＝'blue'，edgecolor＝'black'）

5. 在 Seaborn 中，如何在散点图中根据另一个变量设置颜色？（　　）

　　A. sns. scatterplot（x＝"x"，y＝"y"，color＝"hue_variable"）

　　B. sns. scatterplot（x＝"x"，y＝"y"，hue＝"hue_variable"）

　　C. sns. scatterplot（x＝"x"，y＝"y"，palette＝"hue_variable"）

　　D. sns. scatterplot（x＝"x"，y＝"y"，style＝"hue_variable"）

6. 在 PyEcharts 中，如何为柱状图设置多个颜色？（　　）

A. bar. color（['#FF0000'，'#00FF00'，'#0000FF']）

B. bar. set_colors（['#FF0000'，'#00FF00'，'#0000FF']）

C. bar. itemStyle＝{'color'：['#FF0000'，'#00FF00'，'#0000FF']}

D. bar. colorList＝['#FF0000'，'#00FF00'，'#0000FF']

7. 在 Matplotlib 中，如何修改直方图的边框颜色？（　　）

A. plt. hist（data，edgecolor='black'）

B. plt. hist（data，bordercolor='black'）

C. plt. hist（data，outline='black'）

D. plt. hist（data，border='black'）

8. 使用 Seaborn 的调色板功能，如何设置颜色深度？（　　）

A. sns. set_palette（"deep"）　　　　B. sns. set_palette（"light"）

C. sns. set_palette（"colorblind"）　　D. sns. set_palette（"pastel"）

9. 在 PyEcharts 中，如何为饼图设置透明度？（　　）

A. pie. set_item_style（opacity＝0.5）

B. pie. itemStyle＝{'opacity'：0.5}

C. pie. set_option（tooltip＝{'opacity'：0.5}）

D. pie. itemStyle＝{'opacity'：0.5}

10. 在 Matplotlib 中，如何为所有图形元素设置统一的线条宽度？（　　）

A. plt. rcParams['lines. linewidth']＝2

B. plt. set_linewidth（2）

C. plt. linewidth（2）

D. plt. line_properties（linewidth＝2）

二、多项选择题（有两个及两个以上的正确答案）

1. 在 Matplotlib 中，以下哪些方法可以用于调整线条的颜色和宽度？（　　）

A. plt. plot（x，y，color='red'，linewidth＝2）

B. plt. plot（x，y，c='blue'，lw＝3）

C. plt. line（x，y，color='green'，width＝1）

D. plt. plot（x，y，linestyle='－－'，edgecolor='black'）

2. 在 Seaborn 中，以下哪些功能用于在绘图时设置颜色？（　　）

A. sns. barplot（x="category"，y="value"，color="orange"）

B. sns. scatterplot（x="x"，y="y"，hue="z"）

C. sns. heatmap（data，cmap="coolwarm"）

D. sns. lineplot（x="x"，y="y"，palette="rocket"）

3. 在 PyEcharts 中，以下哪些方法可以用来设置图表的颜色？（　　）

A. bar. color（'orange'）

B. line. itemStyle＝{'color'：'#FF0000'}

C. pie. set_colors（['red'，'blue'，'green']）

D. scatter. set_color（'blue'）

4. 在 Matplotlib 中，哪些参数可以用来修改散点图的样式？（　　）

A. plt. scatter（x，y，color='blue'，s=50，marker='^'）

B. plt. scatter（x，y，c='red'，alpha=0.7，edgecolor='black'）

C. plt. scatter（x，y，facecolor='green'，linestyle='--'）

D. plt. scatter（x，y，edgecolors='purple'，linewidth=1）

5. 在 Seaborn 中，如何更改盒图（Boxplot）的颜色和边框？（　　）

A. sns. boxplot（x="category"，y="value"，color="cyan"，linewidth=2）

B. sns. boxplot（x="category"，y="value"，palette="pastel"）

C. sns. boxplot（x="category"，y="value"，fliersize=3，edgecolor='black'）

D. sns. boxplot（x="category"，y="value"，fill=True，color="brown"）

6. 在 PyEcharts 中，怎样能设置图表的透明度？（　　）

A. bar. itemStyle=｛'opacity'：0.5｝

B. line. set_opacity（0.5）

C. pie. itemStyle. normal. opacity=0.5

D. scatter. set_item_style（｛'opacity'：0.5｝）

7. 在 Matplotlib 中，如何同时为多个数据系列设置不同的颜色？（　　）

A. plt. plot（x，y1，color='red'，label='Series 1'）

B. plt. plot（x，y2，color='blue'，label='Series 2'）

C. plt. hist（data，color=［'green'，'brown'］）

D. plt. plot（x，y3，color='orange'，alpha=0.5）

8. 在 Seaborn 中，如何使用调色板功能创建自定义颜色？（　　）

A. sns. set_palette（"dark"）

B. sns. color_palette（"Set1"，n_colors=3）

C. sns. choose_palette（"pastel"）

D. sns. set_palette（"muted"）

9. 在 PyEcharts 中，哪些方法可以用来为图表设置渐变色？（　　）

A. itemStyle. color=｛'type'：'linear'，'x'：0，'y'：0，'x2'：0，'y2'：1，'colorStops'：［...］｝

B. set_color_gradient（［'#FF0000'，'#00FF00'］）

C. set_option（gradient=True，colors=［'#FF0000'，'#0000FF'］）

D. itemStyle=｛'color'：'gradient'，'colors'：［'#FF0000'，'#00FF00'］｝

10. 在 Matplotlib 中，如何更改图表的背景颜色和网格线样式？（　　）

A. plt. gca（）. set_facecolor（'lightgrey'）

B. plt. grid（color='blue'，linestyle='--'）

C. plt. style. use（'dark_background'）

D. plt. bgcolor（'lightyellow'）

三、判断题

1. 在 Matplotlib 中，plt. bar( )用于绘制散点图。   (   )
2. Seaborn 中的 sns. histplot( )函数可以用来绘制直方图。   (   )
3. 在 Pyecharts 中，add_yaxis( )用于添加 X 轴的数据系列。   (   )
4. Matplotlib 的 plt. show( )用于显示图表。   (   )
5. Seaborn 的 sns. scatterplot( )可以用来绘制折线图。   (   )
6. Pyecharts 中的 set_global_opts( )用于设置图表的局部配置。   (   )
7. Matplotlib 中，plt. xlabel( )和 plt. ylabel( )都用于设置坐标轴标签。 (   )
8. Seaborn 的 sns. boxplot( )用于绘制时间序列图。   (   )
9. 在 Pyecharts 中，grid_opts 用于设置图表的网格布局。   (   )
10. Matplotlib 和 Seaborn 都可以通过 plt. savefig( )方法将图表保存到文件中。(   )

四、实操题

1. 运用 Matplotlib 绘制每个月的收入和支出的对比柱状图，要求：根据表 1 提供的数据，字体设置为黑体，图形宽度为 12 英寸，高度为 6 英寸，柱宽 0.35，横轴表示月份，竖轴表示金额，收入用蓝色，支出用红色，横轴月份倾斜 45 度，标题名称"收入与支出对比"。

表 1 某公司 20××年收入支出情况

月份	收入（万元）	支出（万元）
20××-01	120	80
20××-02	130	85
20××-03	140	90
20××-04	160	100
20××-05	170	110
20××-06	180	120
20××-07	190	130
20××-08	200	140
20××-09	210	150
20××-10	220	160
20××-11	230	170
20××-12	240	180

2. 使用 Seaborn 绘制直方图，数据包括表 2 中的销售类别和销售量。要求：图形宽度为 10 英寸，高度为 6 英寸，X 轴为销售量，y 轴为频数，中文黑体标题，名称为"20××

年销售量直方图"。

表 2 某公司 20××年产品销售情况

销售类别	销售量
类别 A	120
类别 A	150
类别 A	200
类别 B	80
类别 B	90
类别 B	130
类别 C	160
类别 C	170
类别 C	190

3. 使用 pyecharts 库从表 3 的"20××年收入支出情况.xlsx"Excel 文件中读取数据，生成时间轴图。要求：收入用蓝色，支出用红色，主标题名称"20××年度公司财务数据"，副标题名称"每月收入与支出"。

表 3 20××年收入支出情况

月份	收入（元）	支出（元）
1 月	50000	30000
2 月	52000	31000
3 月	54000	32000
4 月	55000	33000
5 月	56000	34000
6 月	57000	35000
7 月	58000	36000
8 月	59000	37000
9 月	60000	38000
10 月	61000	39000
11 月	62000	40000
12 月	63000	41000

第6章

财经数据自动化

6.1 文件与文件夹处理

▶▶ 6.1.1 os 模块 ▶▶ ▶

os 是 python 标准库的一个重要模块，随 python 一起安装，无须单独安装，可直接导入。它提供了许多与操作系统交互的函数。这个模块的功能涵盖了文件操作、目录操作、执行系统命令、访问环境变量等。

```
import os
dir(os)      #运行后将显示库包含的类、属性、函数。
```

运行结果如图 6-1 所示。

```
import os
dir(os)|

['DirEntry',
 'F_OK',
 'MutableMapping',
 'O_APPEND',
 'O_BINARY',
 'O_CREAT',
 'O_EXCL',
 'O_NOINHERIT',
 'O_RANDOM',
 'mkdir',
 'name',
```

```
 'open',
 'pardir',
 'path',
 'pathsep',
 'pipe',
 'popen',
 'putenv',
 'read',
 'readlink',
 'remove',
 'removedirs',
```

图 6-1 查看 os 所包含的类、属性、函数

1. path 子模块

涉及磁盘文件操作，最常使用的当属 path 模块了。path 是 os 的子模块，可以通过 from os import path 使用，也可以直接通过 os. path 属性的方式使用。

```
os.path    #可以调用 ntpath.py 模块。
```

运行结果如图 6-2 所示：

```
os.path
<module 'ntpath' from 'D:\\anaconda\\lib\\ntpath.py'>
```

图 6-2　调用 ntpath. py 模块

（1）exists（path）。
检测文件或目录是否存在。存在返回 True，不存在返回 False。

```
os.path.exists("文件名.docx")
```

如：

```
os.path.exists(r"D:\东方学院\教学\财经大数据基础")
```

运行结果如图 6-3 所示，返回值为 False，表示该路径下不存在此文件夹。

```
os.path.exists(r"D:\东方学院\教学\财经大数据基础")
False
```

图 6-3　检测文件或目录是否存在

（2）basename（path）。
返回不包含所在目录的文件名（含扩展）。

```
os.path.basename("目录/目录/文件名.docx")
```

如：

```
os.path.basename(r"D:\东方学院\《财经大数据基础》教材编写\财经大数据基础.docx")
```

运行结果如图 6-4 所示。

```
os.path.basename(r"D:\东方学院\《财经大数据基础》教材编写\财经大数据基础.docx")
'财经大数据基础.docx'
```

图 6-4　返回目录下的文件名

（3）dirname（path）。
返回文件所在目录。

```
os.path.dirname("目录/目录/文件名.docx")
```

如：

os.path.dirname(r"D:\东方学院\《财经大数据基础》教材编写\财经大数据基础.docx")

运行结果如图 6-5 所示。

os.path.dirname(r"D:\东方学院\《财经大数据基础》教材编写\财经大数据基础.docx")

'D:\\东方学院\\《财经大数据基础》教材编写'

图 6-5　返回文件所在的目录

（4）split（path）。

返回一个元组。元组第一个元素为文件所在目录，第二个元素为文件名（含扩展）。等效于（dirname（path），basename（path））。

os.path.split("目录/目录/文件名.docx")

如：

os.path.split(r"D:\东方学院\《财经大数据基础》教材编写\财经大数据基础.docx")

运行结果如图 6-6 所示。

os.path.split(r"D:\东方学院\《财经大数据基础》教材编写\财经大数据基础.docx")

('D:\\东方学院\\《财经大数据基础》教材编写', '财经大数据基础.docx')

图 6-6　分别返回目录和文件名

（5）splitext（path）。

返回一个元组。元组第一个元素为文件所在目录和文件名（不含扩展），第二个元素为扩展名（包含.）。常用来读取或更改文件扩展名。

os.path.splitext("目录/目录/文件名.docx")

如：

os.path.splitext(r"D:\东方学院\《财经大数据基础》教材编写\财经大数据基础.docx")

运行结果如图 6-7 所示。

os.path.splitext(r"D:\东方学院\《财经大数据基础》教材编写\财经大数据基础.docx")

('D:\\东方学院\\《财经大数据基础》教材编写\\财经大数据基础', '.docx')

图 6-7　分别返回目录和文件名

（6）join（path，∗paths）。

将路径不同部分拼接成一个完整的路径。等效于 os.sep.join（［path，∗paths］）。

os.path.join("目录","目录","文件名")

如：

os.path.join("D:\东方学院","《财经大数据基础》教材编写","财经大数据基础.docx")

运行结果如图 6-8 所示。

os.path.join("D:\东方学院","《财经大数据基础》教材编写","财经大数据基础.docx")

'D:\\东方学院\\《财经大数据基础》教材编写\\财经大数据基础.docx'

图 6-8　路径拼接

（7）getsize（path）。

返回文件大小，单位字节。

os.path.getsize("文件名.docx")

如：

os.path.getsize(r"D:\东方学院\《财经大数据基础》教材编写\财经大数据基础.docx")

运行结果如图 6-9 所示。

os.path.getsize(r"D:\东方学院\《财经大数据基础》教材编写\财经大数据基础.docx")

11664

图 6-9　返回文件的大小

2. 目录操作

（1）获取当前脚本的工作目录。

os.getcwd()　#当前脚本的工作目录

运行结果如图 6-10 所示，表明本台计算机 anaconda 里面生成的各类文件自动保存的路径在 D 盘的 MypythonProject 的文件夹中。因此，通过此命令可以轻松地查找到文件自动保存的路径。（注：每台电脑的当前脚本工作目录不一样。）

os.getcwd()　#当前脚本的工作目录

'D:\\MypythonProject'

图 6-10　返回当前脚本的工作目录

（2）修改当前脚本的工作目录。

如果文件的所在目录在 os.getcwd( )返回的默认工作目录内，则程序可直接调动文件名即可找到该文件。如果工作目录与文件所在目录不一致，就需要写文件的完整路径才能正确读取文件，完整路径也叫作绝对路径，比如"D:\东方学院\《财经大数据基础》教材编写\财经大数据基础.docx"。

通过 os.chdir() 可以修改当前的脚本的工作目录。

如：

```
os.chdir(r"D:\东方学院《财经大数据基础》教材编写")
```

运行完成后，"D:\东方学院\《财经大数据基础》教材编写"目录下的所有文件都可以在当前程序下直接调用，不用再输入绝对路径了。

（3）获取当前目录的全部文件和子目录。

os.listdir()   #可以获取当前目录的全部文件和子目录，但不能获得子目录的文件。

如：

```
os.listdir(r"D:\东方学院\教学(22-23学年起)")
```

运行结果如图 6-11 所示。可见该命令返回了"D：\东方学院\财经大数据基础测试"文件夹中的所有各类文件与文件夹。

```
os.listdir(r"D:\东方学院\财经大数据基础测试")
```
文件夹

['会计恒等式.docx', '对外贸易实务操作.pptx', '金融照片']

图 6-11 返回当前目录下的文件及文件夹

当前运行结果不能返回子文件夹中的文件，比如图 6-11 中的"金融照片"的文件夹就无法获取。要进一步获取子目录文件需用到 os.walk 方法。

```
path=r"D:\东方学院\财经大数据基础测试"
for foldName,subfolders,filenames in os.walk(path):
    for filename in filenames:
        print(foldName,filename)
```

运行结果如图 6-12 所示。

```
path=r"D:\东方学院\财经大数据基础测试"
for foldName,subfolders,filenames in os.walk(path):
    for filename in filenames:
        print(foldName,filename)
```

```
D:\东方学院\财经大数据基础测试 会计恒等式.docx
D:\东方学院\财经大数据基础测试 对外贸易实务操作.pptx
D:\东方学院\财经大数据基础测试\金融照片 北京财富中心.png
D:\东方学院\财经大数据基础测试\金融照片 金融期货.png
D:\东方学院\财经大数据基础测试\金融照片 金融稳定法.png
D:\东方学院\财经大数据基础测试\金融照片\福州的图 IFC福州国际金融中心.png
D:\东方学院\财经大数据基础测试\金融照片\福州的图 福州海峡金融商务区.png
D:\东方学院\财经大数据基础测试\金融照片\福州的图 金融会计学原理.docx
```

图 6-12 返回当前目录及子目录下的所有文件

3. 案例——文件批量更名

【例 6-1】将"财经大数据基础测试"文件夹中的所有文件（包括子目录下的文件）重命名，前面加上"2024 年"字样，后面加上"范例"字样。

```
import os
path=r"D:\东方学院\财经大数据基础测试"
for foldName, subfolders, filenames in os.walk(path):
    for filename in filenames:
        foldpath=os.path.join(foldName,filename)
        exten=os.path.splitext(foldpath)[1]    #exten 存储的是扩展名
        new_name=filename.replace(exten,"范例"+exten)    #在后面加"范例"
        new_name="2024 年"+new_name    #在前面加"2024 年"
        os.rename(foldpath,os.path.join(foldName,new_name))
```

运行结果如图 6-13 所示。

图 6-13　【例 6-1】的运行结果

▶▶ 6.1.2　shutil 模块　▶▶ ▶

shutil 模块是 Python 标准库中的一个模块。这是一个非常有用的模块，它提供了许多文件和目录操作的便捷函数，特别是那些需要更高级功能的操作，比如复制文件、目录树、处理文件权限等。

1. 文件的复制、移动、删除

（1）shutil.copyfile（源文件，目标文件）。

用于将源文件的内容复制到目标文件。这个函数会复制源文件的内容到目标文件，但不会复制文件的元数据。

如：

```
import shutil
shutil.copyfile(r'D:\东方学院\财经大数据基础测试\2024年会计恒等式范例.docx',r'D:\东方学院\财经大数据基础测试\金融照片\福州的图\2024年金融会计学原理范例.docx')
```

运行完后"2024年金融会计学原理范例.docx"文件中的所有内容被替换为"2024年会计恒等式范例.docx"中的内容。

（2）shutil.copy（文件，文件夹）。

这就是常见的复制文件到某个文件夹中。

```
shutil.copy(r'D:\东方学院\财经大数据基础测试\金融照片\福州的图\2024年金融会计学原理范例.docx', r'D:\东方学院\财经大数据基础测试')
```

运行结果如图 6-14 所示。

图 6-14　复制文件

（3）shutil.copytree（文件夹1，文件夹2）。

整体复制文件夹1到文件夹2。确保目标路径文件夹2不存在，或者确保目标路径文件夹2是一个空目录。

```
shutil.copytree(r'D:\东方学院\财经大数据基础测试\金融照片\福州的图', r'D:\东方学院\财经大数据基础测试222')
```

运行结果如图 6-15 所示。文件夹"福州的图"中所有内容被复制到了"财经大数据基础测试222"中。

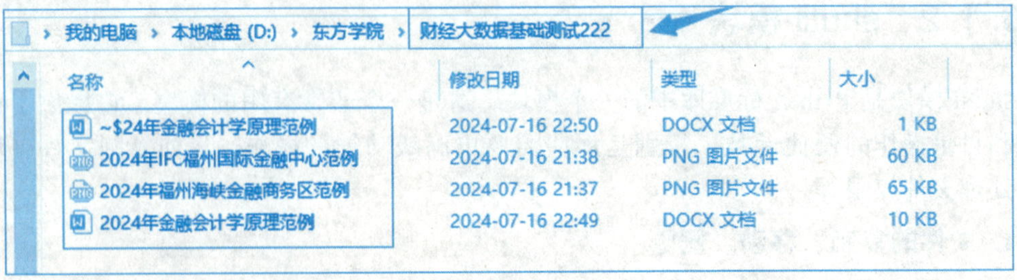

图 6-15　复制文件夹

（4）shutil. move（文件或文件夹 1，文件夹 2）。

移动（即剪切）文件或文件夹到文件夹 2。

```
shutil.move(r'D:\东方学院\财经大数据基础测试\金融照片\福州的图', r'D:\
东方学院\财经大数据基础测试')
```

运行结果如图 6-16 所示。文件夹"金融照片"中的子文件夹"福州的图"被剪切到了"财经大数据基础测试"文件夹中。

图 6-16　剪切文件夹

（5）shutil. rmtree（文件夹）。

直接删除文件夹，不管目录是否为空。

```
shutil.rmtree(r'D:\东方学院\财经大数据基础测试\福州的图')
```

运行成功后"财经大数据基础测试"文件夹中的子文件夹"福州的图"被全部删除。

注意：shutil 模块本身没有直接提供删除单个文件的操作。shutil 主要用于更高级的文件和目录操作，如复制、移动、打包等。删除文件通常使用 os 模块中的 os. remove（）或 os. unlink（）方法。

2. 压缩与解压文件

（1）压缩文件。

shutil. make_archive（）是 Python 标准库 shutil 模块中的一个函数，用于创建压缩包或归档文件。这个函数能够将一个目录及其内容打包成一个归档文件，支持的格式包括 zip、tar、gztar（tar. gz）、bztar（tar. bz2）和 xztar（tar. xz）。

如：

```
shutil.make_archive(r'D:\东方学院\财经大数据基础测试\金融照片', 'zip',
root_dir=r'D:\东方学院\财经大数据基础测试\金融照片' )    #压缩到指定目录下
```

运行结果如图 6-17 所示。此时，在"D:\东方学院\ 财经大数据基础测试"目录下创建了一个名为"金融照片 . zip"的压缩包。

（2）解压文件。

shutil. unpack_ archive（）是 Python 标准库 shutil 模块中的一个函数，用于解压归档文件。它可以解压多种格式的归档文件，包括 zip、tar、gztar（tar. gz）、bztar（tar. bz2）和 xztar（tar. xz）等。

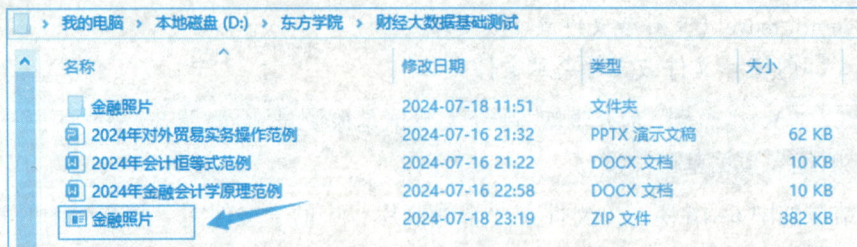

图 6-17　压缩文件

```
shutil.unpack_archive(r'D:\东方学院\财经大数据基础测试\金融照片.zip',
extract_dir=r'D:\东方学院\财经大数据基础测试\解压后的金融照片',format='zip')
```

运行结果如图 6-18 所示。此时，在 "D:\东方学院\ 财经大数据基础测试" 目录下生成了一个名为 "解压后的金融照片" 的文件夹，用于存储压缩包 "金融照片.zip" 解压后的文件。

图 6-18　解压文件

另外，.zip 文件还可以用 zipfile 模块处理，.rar 文件用 rarflie 模块处理，但 rarflie 模块需要安装。

3. 案例——解压文件并分类整理

【例 6-2】新创建 "word 文档" "表格" "pdf 文档" 等文件夹，将 "个人信息与成绩" 文件夹中全部压缩包（100 个）进行解压，将解压后扩展名为 ".doc" ".xlsx" ".pdf" 的文件按类型分类整理放入这三个新建的文件夹中。

```
import os
import zipfile
import glob     #自带的一个文件操作库,用它可以查找到符合条件的文件
import shutil
path=r'C:\Users\ASUS\Desktop\个人信息与成绩'
os.mkdir(path+r'\word 文档')
os.mkdir(path+r'\表格')
os.mkdir(path+r'\pdf 文档')
```

```
os.mkdir(path+r'\解压')
zipFiles=glob.glob(r'C:\Users\ASUS\Desktop\个人信息与成绩\*.zip')
'''
```

　　* 为匹配任意字符,? 为匹配单个字符,也可以用 [] 匹配指定范围内的字符,如 [0-9]
匹配数。glob.glob(r'G:*') 表示获取 G 盘下的所有文件和文件名,但是不包括子文
件夹里的文件。

```
'''
for f in zipFiles:
    z=zipfile.ZipFile(f)
    z.extractall(path+r'\解压')
    z.close()


docxFiles=glob.glob(r'C:\Users\ASUS\Desktop\个人信息与成绩\解压\
*.doc')
for f in docxFiles:
    shutil.move(f,r'C:\Users\ASUS\Desktop\个人信息与成绩\word 文档')
excelFiles=glob.glob(r'C:\Users\ASUS\Desktop\个人信息与成绩\解压\
*.xlsx')
for f in excelFiles:
    shutil.move(f,r'C:\Users\ASUS\Desktop\个人信息与成绩\表格')
pdfFiles=glob.glob(r'C:\Users\ASUS\Desktop\个人信息与成绩\解压\
*.pdf')
for f in pdfFiles:
shutil.move(f, r'C:\Users\ASUS\Desktop\个人信息与成绩\pdf 文档')
```

　　运行结果如图 6-19 所示。如名为"word 文档"的文件夹内全为扩展名为".doc"的
word 文档。

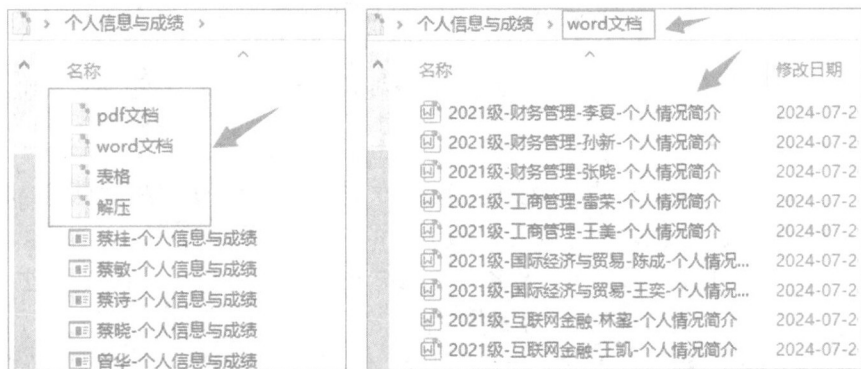

图 6-19　【例 6-2】运行结果

6.2　Excel 文档自动化

▶▶| 6.2.1　Excel 文档与相关库介绍 ▶▶ ▶

Excel 是 Windows 环境下流行的、强大的电子表格应用。在 Python 中，自动化处理 Excel 文档是一项常见的任务。就 Python 操作 Excel 而言，和 VBA 最接近的的解决方案是 win32com 库，利用 Windows 的 COM 机制实现 Python 对 Excel 的控制。

win32com 库操作 xls/xlsx（以及 doc/docx、ppt）文档的原理和 VBA 几乎一样，对象和模型与 VBA 完全一样，只是程序编写风格有区别。win32com 库的操作可以参考 VBA 帮助文档。

如果不熟悉 VBA，学习 win32com 库的难度较高，此时可以通过一些专门的库来实现 Excel 的操作，一些常用的 Python 库及其简要介绍如表 6-1 所示。在选择库时应该根据具体的需求来决定使用哪一个。例如，如果需要处理大量数据或者进行复杂的数据分析，pandas 可能是更好的选择；如果需要创建格式丰富的 Excel 报告，XlsxWriter 可能更适合。

表 6-1　可用于处理 Excel 文档的常用 Python 库

库名	用途	特点
Openpyxl	读写 Excel 2010 Xlsx/Xlsm 文件	支持单元格格式、公式、图表等高级功能，适合处理复杂的 Excel 文件
Xlrd	读取 Excel 数据	简单易用，支持 Xls 和 Xlsx 格式，适合读取操作
Xlwt	写入 Excel 文件	简单易用，只支持 Xls 格式，适合写入操作
Xlutils	Excel 文件处理工具	结合 Xlrd 和 Xlwt 使用，提供实用工具
Pandas	数据分析，包括 Excel 文件读写	提供高抽象层，操作 Excel 像操作 Dataframe 一样简单
Pyexcel	提供统一 Api 处理 Excel 文件	支持多种 Excel 文件格式，包括 Xls、Xlsx、Ods 等
Xlsxwriter	创建 Excel：Xlsx 文件	支持图表、格式、公式等多种复杂功能，适合生成报告

鉴于 pandas 库已在前面章节详细讲述过，因此本节从功能和易学的角度将 openpyxl 库作为 Python 操作 Excel 之选。首先了解一下 Excel 的表格构造。一个 Excel 电子表格文档称为一个工作簿，一个工作簿保存在扩展名为 .xlsx（或 .xls）的文件中。每个工作簿可以包含多个表（也称为工作表）。用户当前查看的表（或关闭 Excel 前最后查看的表），称为活动表。每个表都有一些列（从 A 开始的字母）和一些行（从 1 开始的数字）。在特定行和列的方格称为单元格。每个单元格都包含一个数字或文本值。如图 6-20 所示。

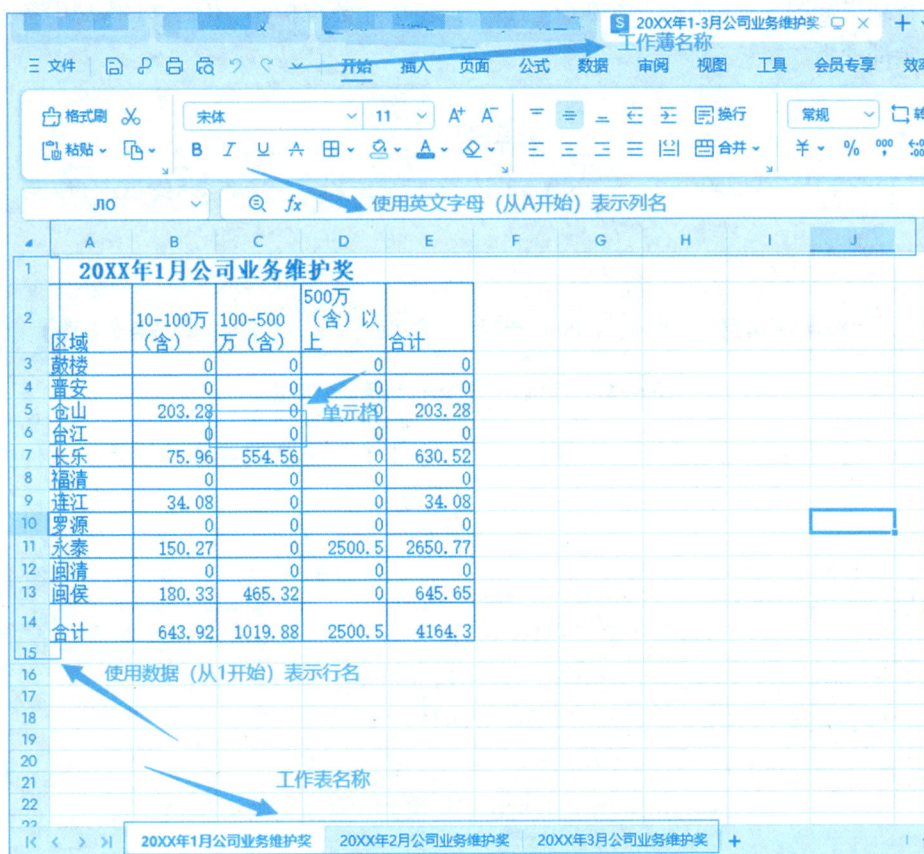

图 6-20 表格界面简介

▶▶| 6.2.2 批量处理 Excel 表格 ▶▶ ▶

【例 6-3】批量重命名一个工作簿中的工作表名称：将"20××年 1-3 月公司业务维护奖 .xlsx"工作簿中各工作表名称的"公司业务维护奖"全部改为"业务奖励清单"。

```
from openpyxl import load_workbook
path=r"C:\Users\ASUS\Downloads\20××年1-3月公司业务维护奖.xlsx"
wbst=load_workbook(path)        #打开工作簿
sheet_names=wbst.sheetnames     #获得工作簿的所有工作表名


#遍历每个工作表,并将每个工作表名称改成新的
for sheet in sheet_names:
    wsht=wbst[sheet]
    wsht.title=sheet.replace("公司业务维护奖","业务奖励清单")
wbst.save(r"C:\Users\ASUS\Downloads\20××年1-3月业务奖励清单.xlsx")
```

运行结果如图 6-21 所示，"20××年 1-3 月公司业务维护奖.xlsx"工作簿中各工作表名称已全部变新。

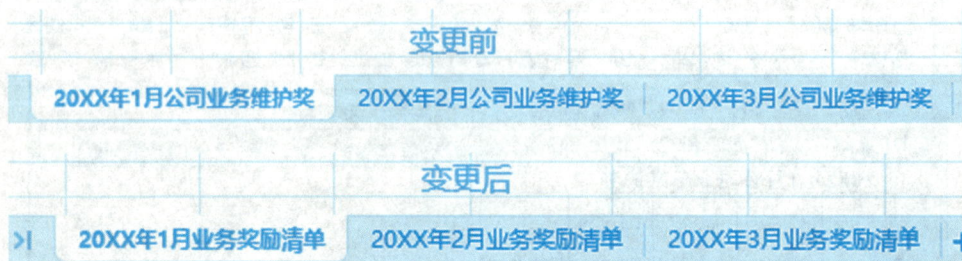

图 6-21 【例 6-3】运行结果前后对比

【例 6-4】批量重命名多个工作簿：将"20××年 1-3 月公司业务维护奖"文件夹中各工作簿名称的"公司业务维护奖"全部改为"业务奖励清单"。

```
import os
from openpyxl import load_workbook
path=r"C:\Users\ASUS\Downloads\20××年 1-3 月公司业务维护奖"
filenames=os.listdir(path) #返回当前目录下所有文件名
for file in filenames:      #循环文件名列表
    wbst=load_workbook(path+'/'+file)  #拼接文件路径
    file=file.replace("公司业务维护奖","业务奖励清单")
    file_path=path+'/'+file
    wbst.save(file_path)       #保存
```

运行结果如图 6-22 所示，"20××年 1-3 月公司业务维护奖"文件夹中出现了重新命名的各工作簿。

图 6-22 【例 6-4】运行结果

【例 6-5】批量更改一个工作簿中所有工作表的内容：将"20××年 1-3 月公司业务维护奖.xlsx"工作簿中各工作表的列名称"区域"改为"销售区域"。

```
from openpyxl import load_workbook
path=r"C:\Users\ASUS\Downloads\20××年 1-3 月公司业务维护奖.xlsx"
```

```
wbst=load_workbook(path)      #打开工作簿
sheet_names=wbst.sheetnames      #获得工作簿的所有工作表名
#遍历每个工作表,更改 A2 单元格的数据
for sheet in sheet_names:
    wsht=wbst[sheet]
    wsht['A2'].value="销售区域"    #直接将 A2 单元格的值改为销售区域
wbst.save(r"C:\Users\ASUS\Downloads\20××年1-3月业务奖励清单.xlsx")
```

运行结果如图 6-23 所示。"20××年 1-3 月公司业务维护奖 .xlsx"工作簿中各工作表中的列名称"区域"已全部更新为"销售区域"。

图 6-23　【例 6-5】运行结果

【例 6-6】 批量修改同一文件夹下所有工作簿中的内容:将"20××年 1-3 月公司业务维护奖"文件夹中各工作簿中的列名称"区域"改为"销售区域"。

```
import os
from openpyxl import load_workbook
path=r"C:\Users\ASUS\Downloads\20××年 1-3 月公司业务维护奖"
filenames=os.listdir(path) #返回当前目录下所有文件名
for file in filenames:      #循环文件名列表
    wbst=load_workbook(path+'/'+file)    #拼接文件路径
    wsht=wbst.active    #打开工作表
    wsht['A2'].value="销售区域" #直接将 A2 单元格的值改为销售区域
    wbst.save(path+'/'+file)#保存
```

运行结果如图 6-24 所示。"20××年 1-3 月公司业务维护奖"文件夹中各工作簿中的列名称"区域"已全部更新为"销售区域"。

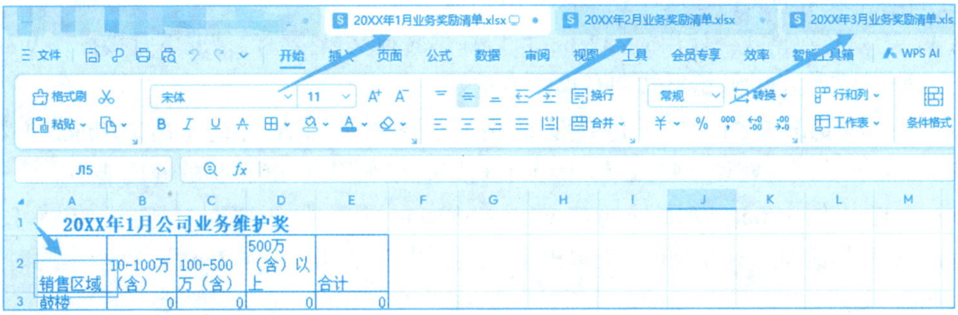

图 6-24　【例 6-6】运行结果

6.3 Word 文档自动化

►►| 6.3.1　Word 文档与相关库介绍　►► ►

在 Python 中，自动化处理 Word 文档是一项常见的任务，这通常是通过一些专门的库来实现的。常用的 Python 库及其简要介绍见表 6-2 所示，可根据需要选用。

表 6-2　可用于处理 word 文档的常用 Python 库

库名	用途	特点
Python-Docx	创建和更新 Word .Docx 文档	支持文本、图片、表格、段落等元素，无须安装 Microsoft Word
Python-Docx-Template	使用 .Docx 模板填充数据生成文档	支持 Jinja2 模板引擎，灵活的数据填充
Win32Com	操作 Microsoft Word 应用程序	功能全面，仅适用于 Windows 系统，需要安装 Microsoft Word
Comtypes	在 Windows 上操作 Word 文档	Win32Com 的替代方案，提供灵活的接口，仅限 Windows
Docx2Txt	将 Word 文档转换为纯文本文件	简单易用，适合提取 Word 文档中的文本内容

在使用 Python 进行自动化处理 Word 文档时，win32com 库具有以下优势：

（1）功能全面。win32com 能够访问 Microsoft Word 的所有功能，包括但不限于文本编辑、格式设置、图片插入、表格操作、宏执行等。这意味着几乎所有在 Word 界面中可以执行的操作都可以通过 win32com 来实现。

（2）精确控制。由于 win32com 直接与 Word 应用程序交互，它可以提供非常精细的控制，例如精确到字符级别的格式设置、段落间距调整、分页控制等。

（3）支持宏和 VBA。如果 Word 文档中包含了 VBA 宏，win32com 可以执行这些宏，这对于自动化复杂的文档处理任务非常有用。

（4）无须转换格式。使用 win32com 可以在不转换文档格式的情况下直接操作 Word 文档，这对于保持文档的原始格式和布局非常重要。

（5）处理复杂文档。对于包含复杂格式、图形、图表或其他高级功能的文档，win32com 能够更好地处理这些元素，因为它可以直接利用 Word 自身的处理能力。

（6）与其他 Office 应用程序集成。win32com 不仅限于 Word，它还支持 Excel、PowerPoint 等其他 Microsoft Office 应用程序，这意味着可以在一个 Python 脚本中同时处理多种 Office 文档。

（7）现有文档处理。如果需要自动化处理已经存在的 Word 文档，win32com 可以轻松打开并编辑这些文档，而不需要将它们转换为其他格式。

尽管 win32com 具有这些优势，但它也有一些限制，比如它仅适用于 Windows 操作系统，并且需要安装 Microsoft Word。此外，与 python-docx 等库相比，win32com 的代码可能更复杂，且性能可能不如直接操作 XML 的库。然而，对于需要充分利用 Word 功能的复杂自动化任务，win32com 仍然是一个强大的工具。因此，本节主要使用 win32com 库来进行 Word 文档的自动化操作。

▶▶| 6.3.2　批量 Word 文档操作　▶▶　▶

【例 6-7】根据表格数据批量生成 Word 文档：读入"公司购销信息 .xlsx"，将每一行信息（即一条购销信息）分别填入"购销合同模板 .docx"中以生成购销合同（注：有多少条购销信息即可生成多少份购销合同）。

在编程程序前，需要在"购销合同模板 .docx"中设置书签，从表格中读取的信息将会按书签的位置填入。如图 6-25 所示，将光标放在所需添加书签的位置，点击"插入"菜单——点击"书签"——在"书签名"栏中填写自命名的书签名称——点击"添加"。按此操作，依次在文档中的各所需位置处添加书签"卖方""买方""总价""卖方签订日期""买方签订日期"。

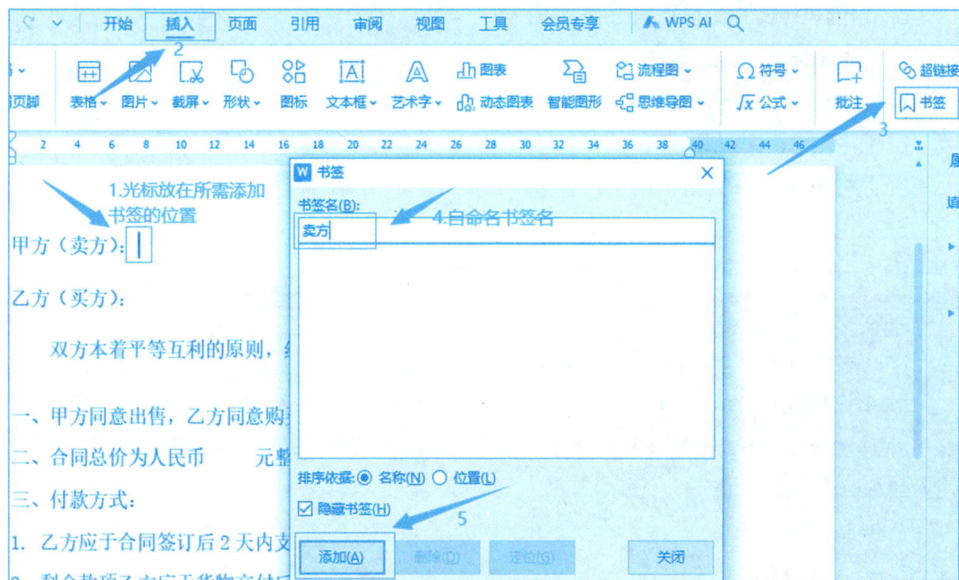

图 6-25　word 文档的书签添加操作

程序如下：

```python
import pandas as pd
import win32com.client
```

```
df=pd.read_excel(r'C:\Users\ASUS\Downloads\公司购销信息.xlsx',
header=1)
    i=0
    while i < len(df):
        wordApp=win32com.client.DispatchEx('Word.Application') #创建一
个与 Microsoft Word 应用程序的连接
        myDoc=wordApp.Documents.Open(r'C:\Users\ASUS\Downloads\购销合
同模板.docx')
        #将表格中所需信息储存在变量 a0-a4 中。
        a0=df['销货公司名称'][i]
        a1=df['购货公司名称'][i]
        a2=str(df['商品总价'][i])    #商品总价为数值类型,使用 str()将其转换为
字符串类型。
        a3=df['签订日期'][i]
        a4=df['合同编号'][i]
        #Bookmark 即为在 word 文档中设置的书签,将信息插入每一个书签处。
        bm0=myDoc.Bookmarks('卖方')
        bm0.Range.Text=a0
        bm1=myDoc.Bookmarks('买方')
        bm1.Range.Text=a1
        bm2=myDoc.Bookmarks('总价')
        bm2.Range.Text=a2
        bm3=myDoc.Bookmarks('卖方签订日期')
        bm3.Range.Text=a3
        bm4=myDoc.Bookmarks('买方签订日期')
        bm4.Range.Text=a3
        myDoc.SaveAs(r'C:\Users\ASUS\Downloads\\'+a4+'购销合同.docx')
        myDoc.Close()
        i+=1
    wordApp.Quit()
```

运行结果如图 6-26 所示。因表格中有 6 行购销信息记录，因此在 "C:\Users\ASUS\Downloads" 目录下生成了 6 份购销合同，且按合同编号进行了命名。打开任一份购销合同，可以看到：甲方名称、乙方名称、合同总价、签订时间都已经填入了相应的信息。

图 6-26　【例 6-7】的运行结果

【小提示】当使用 DispatchEx 报错时，可尝试将其替换为 Dispatch。DispatchEx 返回的是标准的 IDispatch 接口，支持多线程，适用较新版本；而 Dispatch 兼容性较好、通常在低版本使用，但不支持多线程。

【例 6-8】批量合并 Word 文档：将【例 6-7】生成的 6 份购销合同合并为一份 Word 文档（注：每一份购销合同另起一页）

将【例 6-7】生成的 6 份购销合同放入同一个名为"全部的购销合同"文件夹内，运行如下程序：

```python
import pandas as pd
import win32com. client
import os

word=win32com. client. DispatchEx('Word. Application')
word. Visible=False
new_document=word. Documents. Add()
original_docx_path=r'C: \Users \ASUS \Downloads \全部的购销合同'
file_name=os. listdir(original_docx_path)

#为每一个 word 文档添加分页符
for i in file_name:
    wordApp=win32com. client. DispatchEx("Word. Application")
    myDoc=wordApp. Documents. Open(original_docx_path+'/'+i)
    prg_1=myDoc. Paragraphs(1)
    prg_1. PageBreakBefore=True   #在第一段前添加分页符
    myDoc. SaveAs(original_docx_path+'/'+i)
```

```
      myDoc.Close()
wordApp.Quit()

#将某一文件夹中的所有 word 文档合并
for fn in file_name:
      temp_document=word.Documents.Open(original_docx_path+'/'+fn)
      word.Selection.WholeStory()
      word.Selection.Copy()
      temp_document.Close()
      #粘贴到新文档的最后
      new_document.Range()
      word.Selection.Delete()
      word.Selection.Paste()
      #保存最终文件,关闭 Word 应用程序
new_document.SaveAs(r'C:\Users\ASUS\Downloads\全部的购销合同
.docx')
      new_document.Close()
      word.Quit()
```

运行结果如图 6-27 所示。在"C：\Users\ASUS\Downloads"目录下生成了合并后命名为"全部的购销合同.docx"的 word 文档，打开此文档，可以发现原 6 份购销合同已合并到此文档中。

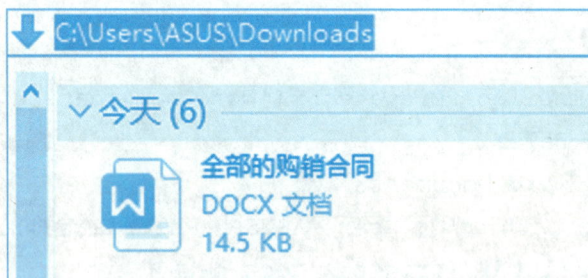

图 6-27 【例 6-8】的运行结果

【例 6-9】自动生成论文格式：从".txt"文件中读取无格式的文档，设置格式后保存为".docx"的文本文档。

```
from win32com.client import constants, Dispatch
wordApp=DispatchEx('Word.Application')
wordApp.Visible=0
wordApp.DisplayAlerts=0
```

```
with open(r'C:\Users\ASUS\Downloads\大数据技术在经济管理领域的应用研
究.txt',encoding='utf-8') as f:
    text=f.read()
myDoc=wordApp.Documents.Add()
myDoc.Range(0,0).InsertBefore(text)
CentimetersToPoints=28.35
myDoc.PageSetup.PageWidth=CentimetersToPoints * 21
myDoc.PageSetup.PageHeight=CentimetersToPoints * 29.7
myDoc.PageSetup.TopMargin=CentimetersToPoints * 3.7
myDoc.PageSetup.BottomMargin=CentimetersToPoints * 3.5
myDoc.PageSetup.LeftMargin=CentimetersToPoints * 2.8
myDoc.PageSetup.RightMargin=CentimetersToPoints * 2.6
myDoc.PageSetup.LinesPage=20
myDoc.Content.Font.NameFarEast="宋体"
myDoc.Content.Font.Size=10.5
Start=myDoc.Paragraphs(2).Range.Start
End=myDoc.Paragraphs(myDoc.Paragraphs.Count).Range.End
myRange=myDoc.Range(Start,End)
myRange.ParagraphFormat.CharacterUnitFirstLineIndent=2
myDoc.Paragraphs(1).Range.Font.NameFarEast="黑体"
myDoc.Paragraphs(1).Range.Font.Size=16
myDoc.Paragraphs(1).Range.Font.Bold=True
myDoc.Paragraphs(1).Range.ParagraphFormat.Alignment=1
myDoc.SaveAs(r'C:\Users\ASUS\Downloads\大数据技术在经济管理领域的应用
研究.docx')
myDoc.Close()
wordApp.Quit()
```

这段程序使用 Python 的 win32com.client 库来操作 Microsoft Word 应用程序,执行以下步骤:

(1)启动 Word 应用程序:使用 DispatchEx 方法启动 Word 应用程序。Visible=0 表示 Word 应用程序在后台运行,不显示用户界面。DisplayAlerts=0 表示关闭所有 Word 的警告和提示。

(2)读取文本文件:使用 open 函数以 UTF-8 编码打开一个文本文件,并读取其内容。

(3)创建新文档并插入文本:创建一个新的 Word 文档,并在文档的开始处插入从文本文件中读取的文本。

(4)设置页面格式:设置文档的页面大小和边距。CentimetersToPoints 是一个转换因子，用于将厘米转换为点（1 厘米 = 28.35 点）。

（5）设置文档字体：将文档内容的字体设置为"宋体"，字号为 10.5。

（6）设置首段格式：定位文档中的第一段，并将其字体设置为"黑体"，字号为 16，加粗，并将段落格式设置为居中对齐。

（7）保存并关闭文档：将文档保存为".docx"文件，关闭文档，并退出 Word 应用程序。

运行结果如图 6-28 所示。

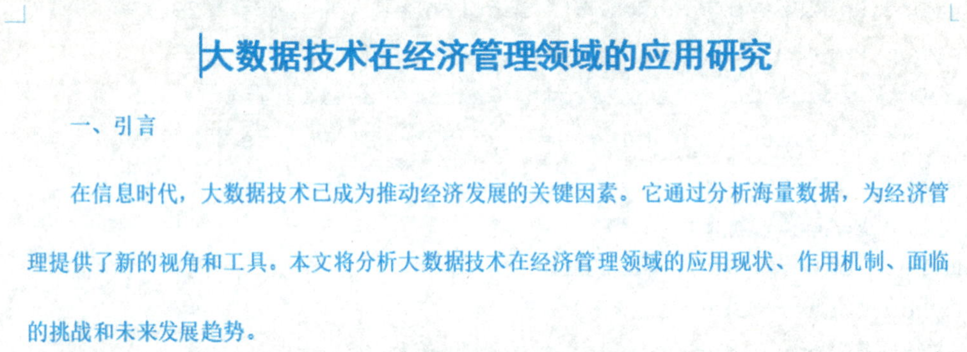

大数据技术在经济管理领域的应用研究

一、引言

在信息时代，大数据技术已成为推动经济发展的关键因素。它通过分析海量数据，为经济管理提供了新的视角和工具。本文将分析大数据技术在经济管理领域的应用现状、作用机制、面临的挑战和未来发展趋势。

图 6-28 【例 6-9】的运行结果

6.4 PDF 文档自动化

▶▶| 6.4.1 PDF 文档与相关库介绍 ▶▶ ▶

在 Python 中，自动化处理 PDF 文档是一项常见的任务，这可以通过多种库来实现。表 6-3 介绍了一些常用的 Python 库及其功能介绍，可根据需要选用。

表 6-3 可用于处理 PDF 文档的常用 Python 库

库名	用途	特点
PYPDF2	读取 PDF 文件和进行基本操作	适合处理不需要高精度格式的 PDF 文档
PDFMINER	提取 PDF 中的文本内容、图片、元数据等信息	适用于需要精确提取文本和布局信息的场合
Reportlab	创建复杂的 PDF 文档，支持图形和图表的绘制	适合生成报告、图表、数据可视化等
PDFRW	读取和写入 PDF 文件，支持 PDF 的页面级别操作	适合进行 PDF 页面重组等操作
Pymupdf（Mupdf）	快速处理 PDF 和 XPS 文档，支持多种格式转换	适合快速读取和转换 PDF 文件

库名	用途	特点
Pdfplumber	提取 PDF 中的文本内容，提供详细的布局信息	适合需要精细提取 PDF 内容的场合
PDF2IMAGE	将 PDF 页面转换为图像	适合需要将 PDF 内容作为图像处理时使用
Camelot	从 PDF 文件中提取表格数据	适合处理包含表格数据的 PDF 文档
TABULA-PY	提取 PDF 中的表格数据	与 Camelot 类似，适合表格数据提取
PYPDF4	PYPDF2 的一个分支，提供相似的 PDF 处理功能	当 PYPDF2 不满足需求时，PYPDF4 可以作为替代

▶▶ 6.4.2 批量 PDF 文档处理 ▶▶ ▶

【例 6-10】Word 文档批量转 PDF 文档：将【例 6-7】生成的 6 份购销合同 Word 文档放入同一个名为"全部的购销合同"文件夹，将此文件夹中的所有 Word 文档转化为 PDF 文档，且存放在同目录下。

```python
import os
import comtypes.client

def d2p(doc_name,pdf_name):
    in_file=doc_name
    out_file=pdf_name
    # create COM object
    word=comtypes.client.CreateObject('Word.Application')
    doc=word.Documents.Open(in_file)
    doc.SaveAs(out_file,FileFormat=17)
    doc.Close()
    word.Quit()

file_path=r'D:\全部的购销合同'
file_list=os.listdir(file_path)

for word_path in file_list:
    doc_name=file_path+"/"+word_path
    pdf_name=file_path+"/"+word_path.strip(".doc" and ".docx")+".pdf"
    d2p(doc_name,pdf_name)
```

这段代码是一个批量转换 Word 文档（".doc"和".docx"格式）为 PDF 的脚本。它使用了"comtypes"库来创建一个 Word 应用程序的 COM 对象，然后使用这个对象来打开、保存和关闭 Word 文档。

（1）导入 os 和 comtypes.client 模块。os 模块用于处理文件路径和目录操作，comtypes.client 模块用于创建 COM 对象。

（2）定义一个函数 d2p，它接受两个参数：doc_name 和 pdf_name。这是用于将 Word 文档转换为 PDF 的函数。

（3）在 d2p 函数内部：使用 comtypes.client.CreateObject 创建一个 Word 应用程序的 COM 对象。使用 word.Documents.Open 方法打开指定路径的 Word 文档。使用 doc.SaveAs 方法将 Word 文档保存为 PDF 格式。FileFormat = 17 表示保存为 PDF 格式。使用 doc.Close（）关闭 Word 文档。使用 word.Quit（）退出 Word 应用程序。

（4）定义一个变量"file_path"，它包含要处理的 Word 文档的目录路径。

（5）使用"os.listdir"方法获取指定目录下的所有文件和子目录。

（6）遍历"file_list"中的每个文件或子目录。

（7）对于每个 Word 文档（".doc"或".docx"格式），提取文件路径和文件名，并将文件名添加到 doc_name 变量中。

（8）对于每个 Word 文档，创建一个新的 PDF 文件名。strip（".doc"and ".docx"）用于移除 Word 文档扩展名，然后添加".pdf"扩展名。

（9）调用 d2p 函数，将每个 Word 文档转换为 PDF。

（10）最后，退出循环，完成所有 Word 文档到 PDF 的转换。

运行结果如图 6-29 所示。

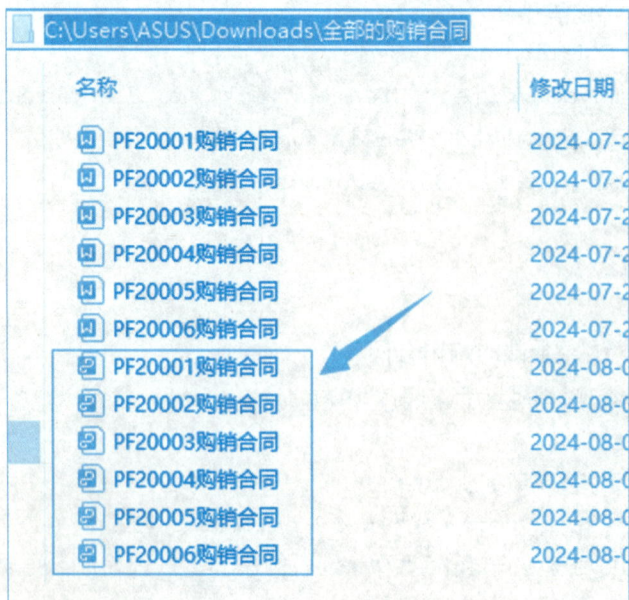

图 6-29　【例 6-10】的运行结果

【例 6-11】合并 PDF：将【例 6-10】中生成的全部的购销合同 PDF 版合并成一份 PDF。

```python
import os
import PyPDF2
from tkinter import filedialog
pdfFiles=[]
file_path=filedialog.askdirectory()
file_list=os.listdir(file_path)
for filename in file_list:
    if filename.endswith('.pdf'):
        pdfFiles.append(filename)
pdfFiles.sort(key=str.lower)
pdfWriter=PyPDF2.PdfWriter()
for filename in pdfFiles:
    pdfFileObj=open(file_path+'/'+filename, 'rb')
    pdfReader=PyPDF2.PdfReader(pdfFileObj)
    mun=len(pdfReader.pages)
    for pageNum in range(0,mun):
        pageObj=pdfReader.pages[pageNum]
        pdfWriter.add_page(pageObj)

    #print(filename)
    pdfOutput=open(file_path+'.pdf', 'wb')
    pdfWriter.write(pdfOutput)
    pdfOutput.close()
```

这段代码是使用 Tkinter 的文件对话框选择文件夹，然后将该文件夹中的所有 PDF 文件合并为一个 PDF 文件的脚本。代码中使用了 PyPDF2 库来处理 PDF 文件。

（1）导入 os 和 PyPDF2 模块。os 模块用于处理文件路径和目录操作，PyPDF2 库用于处理 PDF 文件。

（2）导入 tkinter 模块，并创建一个文件对话框来选择文件夹。

（3）创建一个空列表 pdfFiles，用于存储所有 PDF 文件的文件名。

（4）使用 filedialog.askdirectory()方法打开一个文件夹选择对话框，并将其结果存储在 file_path 变量中。

（5）使用 os.listdir（file_path）方法获取指定文件夹中的所有文件和子目录。

（6）遍历 file_list 中的每个文件或子目录。

（7）对于每个文件，检查其是否以 .pdf 扩展名结尾。如果是，则将其文件名添加到 pdfFiles 列表中。

（8）对 pdfFiles 列表中的文件名进行排序，使其按照字母顺序排列。

（9）创建一个 PyPDF2. PdfWriter 对象，用于创建新的 PDF 文件。

（10）遍历 pdfFiles 列表中的每个文件。打开每个 PDF 文件，并将其内容传递给 pdfReader 对象。获取 PDF 文件中的页面数量 mun。

遍历每个页面，并将页面添加到 pdfWriter 对象中。

（11）打开一个新的文件，并将 pdfWriter 对象的内容写入该文件，创建合并后的 PDF 文件。

（12）关闭文件。

运行结束后在选择的文件夹同位置生成了一份"全部的购销合同.pdf"，文件夹内所有 PDF 文档均已合并到同一份 PDF 文档。

▶ **拓展阅读：AIGC 加快推动办公生产力变革，"打工人"的好日子来了？**

现在还有人没听说过 AI 做 PPT 吗？当前，生成式 AI 的热潮正波及更多行业领域。特别是在办公赛道，AIGC（AI Generated Content）正让 AI 能力全方位融入办公体系，"打工人"的双手有望被大幅解放。AIGC 是人工智能与大数据、云计算、5G 等多个技术领域的整合，是一种跨领域的合作发展模式，而多模态、巨型数据集的飞速发展，AI 优化目标函数及训练模型技术方法的大幅进步使得 AIGC 能力显著提升，让新一轮办公生产力的迭代升级加速来临。

一、办公与 AI 融合应用实现生产力升级

当前，办公行业与 AI 技术的融合应用主要在文字、语音、视频、办公系统等细分领域中，AIGC 逐渐替代重复性、门槛较低的办公方式。

AIGC 如何解放"打工人"的双手？具体而言，在文字环节，主要是智能写作：只需输入标题大纲，即可生成全文初稿；智能改写：对文章中不合理的用词、语序错乱、口语表达等问题进行全面检查和润色建议，提升文章质量；智能排版、标注：针对无段落文本进行一键轻松排版，标注重要观点及数据，提高可读性，以及通过智能翻译帮助用户快速准确地进行多种语言文本翻译操作，通过智能提取快速针对内容编辑区全文段落进行摘要生成等。

在以语音为主的办公音频环节，AI 让语音合成成为可能，即将文本转化为语音，并且赋予不同的声音形象；语音识别则允许将语音撰写为文字流数据。此外还有语音分析，自动对语音进行评价，判定性别、年龄等。

在办公视频环节，AI 生成视频内容摘要值得关注。具体而言，是基于多模态 AI 算法分析视频内容及结构，提取精彩片段并剪除重复内容，将其浓缩为精华摘要短视频，应用于智能视频封面、直播高光集锦、在线课堂精彩回放等场景。

自动化的办公系统同样值得关注。在邮件系统里，允许形成自动生成邮件、进行邮件正文与附件内容的识别、邮件分类自动化；智能客服系统则可以 24 小时在线，自动匹配知识库问题辅助回答。此外，智能会议系统允许进行智能会议室预约、资料同步、智能会议纪要等。而智能 ERP 系统则可以简化流程，进行智能化库存管理、规划、工程和会计处理，通过 ERP 系统的数据预测市场需求、预测产品销售和优化生产计划。

"短期来看，AI 的提效过程仍依赖人工纠错、引导，还无法脱离人类成为独立的生产力，更多作为辅助工具。"国海证券的一份研究报告显示，伴随 AI 的进一步发展，生成式 AI 可能创造新的办公模式，在容错率较低的行业和办公环节也能实现自动应用，每个人都可能拥有自己的 AI 办公助理，AI 将较大限度被应用在日常办公中，不仅作为现有工作的辅助工具，而是真正成为独立的生产力，将解放现有劳动力并实现生产力的又一次变革。若 AI 能够独立作为生产力的一部分，提供 AI 能力的公司也将有能力更大限度参与生产过程的价值分配。

二、积极探索布局行业应用大有可为

"成熟的办公软件应该自己会做 PPT"，这句调侃的背后实则反映了当前办公行业升级的重要特征。主流观点认为，AIGC 引发的办公生产力变革主要是办公的逐渐全自动化。

微软在 Office 365、Microsoft Graph、LLM 大模型基础上，发布了 Copilot。作为搭载了 GPT-4 的 AI "集大成者"，微软宣称 Microsoft 365 Copilot 从 Word、Excel、PPT、Outlook、Teams，到 Microsoft Graph 都做了技术升级，堪称覆盖了"打工人"的大部分办公场景。举个例子，由于软件互通，Copilot 可以在用户的 Word 中调用其他软件的资料，比如根据 OneNote 中的一份素材写文章；还可以根据 Word 内容直接做出 Excel 表格、PPT，实现内容形式的转换。除此以外，它还能根据用户需求改变文风，实现个性化撰写。而在 Excel 中，用户只需导入原始数据，Copilot 就可以自动生成分析报表；还能够用文字下命令的方式对数据进行编辑，不必再去找公式和函数。此外，Copilot 还可以发现数据的相关性，提出假设方案，以及根据用户提出的问题给出公式建议，生成新的模型。

微软 CEO 纳德拉表示，Copilot 的出现是一个里程碑，这意味着人类与电脑的交互方式迈入了新阶段，从此人们的工作方式将改变，开启新一轮的生产力大爆发。

文字"打工人"过瘾了，美术"打工人"怎么办？在 3 月举办的数字体验峰会（Adobe Summit）上，Adobe 推出 Sensei GenAI——在所有 Adobe 产品中融入生成式 AI。例如在 Ps 中集成照片修复功能，通过机器学习技术智能地消除旧照片上的划痕和其他微小瑕疵；蒙版选择工具的改进让用户在精准选择调整流程时更快速、更容易；选择主体在照片上粗略涂抹来覆盖主体或者用选择框框住主体；自适应预设集是在处理照片时独有的一键增强功能，可以快速提升人物肖像的表现力，也可使用预设集的特定功能来放大眼睛、美白牙齿、加深眉毛等。在 Pr 中则实现了自动颜色功能，实现智能色彩调整并加速颜色校对工作流程，而重新混合功能则可以自动修改音乐时长，使音乐与剪辑后的视频更加匹配。

我国企业同样在布局 AIGC，并将其逐步运用到办公赛道中。据了解，金山办公自主研发的文档图片识别与理解、文档转化技术已达到全球领先水平，OCR（光学字符识别）和机器翻译技术水平位列国内第一梯队。

金山办公认为，大语言模型会从两方面改变办公软件行业。一是更好的人机交互。用户学习使用应用功能的成本很高，未来用户只需一句话描述需求，大语言模型就能直接解决问题。二是超强的推理能力。以前的代码都是固定范式的程序，未来的大语言模型具有

一定的推理能力，能够自己写程序，根据用户需求动态生成代码，预计新一代的 AI 技术能进一步提升产品体验。

福昕软件在 AIGC 也有相关技术储备。据介绍，福昕软件研发的 AI 区块识别技术，能实现基于 PDF 设计图纸的符号定位，有助于家装等领域的多方设计图纸协同工作，也能实现对合同语义内容区域结构化识别，可应用于大量公文、合同快速批量化处理的使用场景。此外，敏感信息发现和遮盖技术实现了自动遮盖敏感信息，帮助政府部门或企业在处理文档时符合 GDPR、CCPA&CPRA、HIPAA 等隐私保护法规的要求。

阅文集团通过 AIGC 赋能内容创作，给网文创作者提供可供智能辅助创作的工具，帮助创作者提高文字编辑效率；而经过训练的 AI 写作机器人能够自动生成符合用户需求的文章，有效降低内容创作门槛和成本，让创作者更多关注内容创意，提高内容丰富度。

美图长期深耕图像优化软件，2022 年活跃用户数达 2.4 亿，每月平均产生约 70 亿张（条）照片、视频，为 AIGC 的功能拓展和创新提供了丰富的数据资源。QuestMobile 数据显示，美图在移动影像编辑市场内的用户市占率约 53%，后续美图有望接入 ChatGPT，进一步满足用户智能创作需求。

AIGC 优良的应用前景会进一步推动其市场规模快速增长。第三方机构艾媒咨询数据显示，预计 2023 年中国 AIGC 核心市场规模达 79.3 亿元，2028 年将达 2767.4 亿元。可以预见，随着 AIGC 在办公行业得到进一步深度应用，"打工人"的工作效率会得到倍增，"智能办公"时代加快向我们走来。

（资料来源：学习强国）

本章习题

一、单项选择题（以下选项只有一个正确答案）

1. 使用 os 库来获取当前工作目录的函数是哪一个？（　　）

    A. os. chdir( )   B. os. getcwd( )

    C. os. listdir( )   D. os. mkdir( )

2. 在 Python 的 os 库中，用于改变当前工作目录的函数是什么？（　　）

    A. os. chdir( )   B. os. getcwd( )

    C. os. listdir( )   D. os. mkdir( )

3. 使用 os 库来创建一个新目录，应该使用哪个函数？（　　）

    A. os. makedirs( )   B. os. mkdir( )

    C. os. makedirs（path, exist_ok = True）   D. os. rmdir( )

4. 哪个函数可以用来列出一个目录下的所有文件和子目录？（　　）

    A. os. listdir( )   B. os. walk( )

    C. os. scandir( )   D. os. stat( )

5. 在 shutil 库中，以下哪个函数可以用来移动文件或目录？（　　）

A. shutil. move( )　　　　　　　　　　B. shutil. copyfile( )

C. shutil. copytree( )　　　　　　　　　D. shutil. rmtree( )

6. 如果要解压缩一个 TAR 格式的压缩文件，并且希望保留文件的权限和属性，应该使用 shutil 库中的哪个函数？（　　　　）

A. shutil. unpack_tarfile( )

B. shutil. unpack_archive（'filename. tar'）

C. shutil. copyfileobj（tarfile. open（'filename. tar'））

D. shutil. copy( )

7. 使用 win32com 库对 Word 文档进行操作时，以下哪个类代表文档中的一个段落？（　　　　）

A. Document　　　　B. Paragraphs　　　　C. Table　　　　D. Image

二、多项选择题（有两个及两个以上的正确答案）

1. 哪些函数可以用来操作文件路径？（　　　　）

A. os. path. join( )　　　　　　　　　B. os. path. basename( )

C. os. path. dirname( )　　　　　　　　D. os. path. split( )

2. 哪些函数可以用来遍历目录树？（　　　　）

A. os. walk( )　　　　　　　　　　B. os. listdir( )

C. os. mkdir( )　　　　　　　　　　D. os. getcwd( )

3. 以下哪些函数可以用来复制文件或目录？（　　　　）

A. shutil. copy( )　　　　　　　　　B. shutil. copyfile( )

C. shutil. copytree( )　　　　　　　　D. shutil. move( )

4. 在 Python 中，哪些库可以用来写入数据到 Excel 文件？（　　　　）

A. pandas　　　　B. openpyxl　　　　C. xlwt　　　　D. xlsxwriter

5. 哪些库可以用来自动化操作 Word 文档？（　　　　）

A. python-docx　　B. comtypes　　C. win32com　　D. pandas

6. 哪些库可以用来进行 PDF 自动化操作？（　　　　）

A. PyPDF2　　　　B. pdfplumber　　　　C. pdfminer　　　　D. ReportLab

三、判断题

1. os. path. join( ) 函数在 Python 的 os 库中用于连接两个或多个路径部分，并且会自动处理不同操作系统中的路径分隔符问题。　　　　　　　　　　　　　（　　　）

2. os. remove( ) 函数可以用于删除文件，但不能删除目录。　　　　　（　　　）

3. shutil 库中，shutil. copy( ) 函数不仅可以复制文件内容，还可以复制文件的权限、修改时间等元数据。　　　　　　　　　　　　　　　　　　　　（　　　）

4. shutil. rmtree( ) 函数在 Python 中用于删除非空目录，并且会递归地删除目录下的所有子目录和文件。　　　　　　　　　　　　　　　　　　　　（　　　）

5. 在 Python 中，使用 PyPDF2 库可以对 PDF 文件进行加密，但无法解密加密的 PDF

文件。 （　　）

6. pdfminer 库可以用于提取 PDF 文件中的文本内容，但无法提取其中的图像内容。
（　　）

7. openpyxl 库可以用来读取和写入 Excel2010 及以上版本的 .xlsx 文件，但不能创建新的工作簿。 （　　）

四、实操题

1. 修改"财经大数据基础测试"文件夹中所有文件的文件名，在各文件后面加上"－自己的姓名"，比如你的姓名为张三，则各文件后面加上"－张三"。

2. 将"个人信息与成绩"文件夹中压缩包解压，筛选出与金融相关专业（包含金融学、投资学、互联网金融）的文件，并归集到名为"金融类专业学生"的文件夹中。

3. 将"20××年 1－3 月公司业务维护奖"文件夹中所有文件内的"永泰"改为"平潭"。

4. 修改【例6-7】，使每一份生成的购销合同里面的地址、联系人、联系电话均填写完整。

5. 接上题，将生成的购销合同 word 版全部转换为 PDF 版。

参考文献

[1] 高翠莲，乔冰琴，王建虹．财务大数据基础［M］．北京：高等教育出版社，2021

[2] 张敏，付建华，周钢战．智能财务基础［M］．北京：中国人民大学出版社，2021.

[3] 何华平．学 Python，不加班——轻松实现办公自动化［M］，北京：人民邮电出版社，2021.

[4] 程淮中，王浩．财务大数据分析［M］．上海：立信会计出版社，2022.

[5] 吴晓霞，孙斌，蔡理强．Python 开发与财务应用［M］．北京：人民邮电出版社，2022.

[6] 何国杰，深圳希施玛数据科技有限公司．金融大数据分析（中级）［M］，广州：中山大学出版社，2022.

[7] 周志化，任玉玲，陆树芬．Python 编程基础［M］．上海：上海交通大学出版社，2022.

[8] 李东生．经济大数据分析［M］．兰州：兰州大学出版社，2023.

[9] 潘中建，刘颖．Python 大数据分析［M］．兰州：兰州大学出版社，2023.

[10] 董付国，Python 数据分析、挖掘与可视化［M］．北京：中国工信出版社，2024.